Mobbing am Arbeitsplatz

Hansgeorg Spamer

Mobbing am Arbeitsplatz

Ansprüche des betroffenen Arbeitnehmers
gegenüber Arbeitskollegen und Arbeitgeber

PETER LANG

Frankfurt am Main · Berlin · Bern · Bruxelles · New York · Wien

Die Deutsche Bibliothek - CIP-Einheitsaufnahme

Spamer, Hansgeorg:

Mobbing am Arbeitsplatz : Ansprüche des betroffenen
Arbeitnehmers gegenüber Arbeitskollegen und Arbeitgeber /
Hansgeorg Spamer. - Frankfurt am Main ; Berlin ; Bern ;
Bruxelles ; New York ; Wien : Lang, 2000
   Zugl.: Darmstadt, Techn. Univ., Diss., 1999
   ISBN 3-631-34930-0

Gedruckt auf alterungsbeständigem,
säurefreiem Papier.

D 17
ISBN 3-631-34930-0

© Peter Lang GmbH
Europäischer Verlag der Wissenschaften
Frankfurt am Main 2000
Alle Rechte vorbehalten.

Printed in Germany 1 2   4 5 6 7

Meiner geliebten Mutter

VORWORT

Die vorliegende Arbeit wurde im Wintersemester 1998/1999 vom Fachbereich Rechts- und Wirtschaftswissenschaften der Technischen Universität Darmstadt als Dissertation angenommen.

Das Manuskript war im Winter 1998 abgeschlossen, später erschienene Literatur konnte zum Teil noch in den Fußnoten berücksichtigt werden.

Mein großer Dank gilt Herrn Prof. Dr. Egbert Nickel, der die Arbeit betreut hat und mir stets ein wertvoller und geduldiger Ansprechpartner war. Für seine stets verständnis- und vertrauensvolle Unterstützung möchte ich ihm herzlich danken. Dies gilt insbesondere für die Zeit meiner Tätigkeit an seinem Lehrstuhl, welche nicht nur in wissenschaftlicher, sondern auch in persönlicher Hinsicht eine Bereicherung war.

Danken möchte ich ferner Herrn Prof. Dr. Paul Hofmann, der in kürzester Zeit das Zweitgutachten erstellt hat.

Frankfurt, den 15.08.1999   Hansgeorg Spamer

INHALTSVERZEICHNIS

LITERATURVERZEICHNIS

Adomeit, Klaus:
Gesellschaftsrechtliche Elemente im Arbeitsverhältnis, Berlin 1986.

Alternativkommentar zum Bürgerlichen Gesetzbuch:
Hrsg.: Rudolf Wassermann, Bd. 3, §§ 433 - 853, Neuwied, Darmstadt 1979,
(zit.: AK BGB-Bearbeiter).

Ardelt, E./Buchner, R./Gattinger, E.:
Mobbing aus psychologischer Sicht, Tagungsband der Kammer für Arbeiter und Angestellte für Salzburg vom 3. Juni 1993, S. 27 ff.

Bächle, Hans Ulrich:
Unterrichtungs- und Belehrungspflichten nach dem Betriebsverfassungsgesetz 1972, DB 1973, S. 1400 ff.

Barg, Claus-Dieter:
Mensch ärgere Dich, Touristik Management 7/8/1993, S. 12 ff.

Baumbach, Adolf/Lauterbach, Wolfgang/Albers, Jan/Hartmann, Peter:
Zivilprozeßordnung mit Gerichtsverfassungsgesetz und anderen Nebengesetzen, 57. Aufl., München 1999.

Baumgärtel, Gottfried:
Handbuch der Beweislast im Privatrecht, Bd. 1, 2. Aufl., Köln, Berlin, Bonn, München 1991.

Becker, Michael:
Die stationäre Behandlung psychisch und psychosomatisch erkrankter Menschen aufgrund von Arbeitsplatzbelastungen, Tagungsband der Kammer für Arbeiter und Angestellte für Salzburg vom 3. Juni 1993, S. 17 ff.,
(zit.: Becker, Stationäre Behandlung).

Becker, Michael:
Die stationäre Behandlung psychisch und psychosomatisch erkrankter Menschen aufgrund von Arbeitsplatzbelastungen, Spektrum der Psychiatrie und Nervenheikunde, 3/1993, S. 108 ff.

Becker, Michael:
Mobbing - Depression durch Kollegen - Terror, Ärztliche Allgemeine 4/1993, S. 20.

Becker, Michael:
Kalter Krieg am Arbeitsplatz, Therapiewoche 43, 34/35, 1993, S. 1717 f.

Becker, Michael/Nowosad, Martin:
Mobbing - ein Konfliktphänomen am Arbeitsplatz und seine Auswirkungen, id 8/1993, S. 2 ff.

Beer, Hans:
Über den Betriebsfrieden, AuR 1958, S. 236 ff.

Beermann, Beate:
Psycho-sozialer Streß Arbeitsplatz: Mobbing und seine Folgen, Der Personalrat 9/1993, S. 385 ff.

Beermann, Beate/Meschkutat, Bärbel:
Psychosoziale Faktoren am Arbeitsplatz unter Berücksichtigung von Streß und Belästigung, Schriftenreihe der Bundesanstalt für Arbeitsschutz, Sonderschrift S 38, Dortmund 1995.

Berg, Hans:
Zur Abgrenzung von vertraglicher Drittschutzwirkung und Drittschadensliquidation, NJW 1978, S. 2018 ff.

Beuthien, Volker:
Der Sozialauftrag des Sozialplans - Arbeitsplatzabfindung und arbeitsvertragliche Risikoverteilung, ZfA 1982, S. 181 ff.

BGB - RGRG:
Das Bürgerliche Gesetzbuch mit besonderer Berücksichtigung der
Rechtsprechung des Reichsgerichts und des Bundesgerichtshofes,
12. Aufl., §§ 241 - 413, Berlin, New York 1989,
(zit.: BGB-RGRK-Bearbeiter).

BGB - RGRG:
Das Bürgerliche Gesetzbuch mit besonderer Berücksichtigung der
Rechtsprechung des Reichsgerichts und des Bundesgerichtshofes,
12. Aufl., §§ 812-831, Berlin, New York 1976,
(zit.: BGB-RGRK-Bearbeiter).

BGB - RGRG:
Das Bürgerliche Gesetzbuch mit besonderer Berücksichtigung der
Rechtsprechung des Reichsgerichts und des Bundesgerichtshofes,
12. Aufl., §§ 854 - 1011, Berlin, New York 1979,
(zit.: BGB-RGRK-Bearbeiter).

Bieler, Frank/Heilmann, Joachim:
Mobbing - ein bekanntes Ärgernis unter neuem Namen (?), AuR 1996, S.
430 ff.

Blomeyer, Wolfgang:
Die rechtliche Bewertung des Betriebsfriedens im Individualarbeits- und
Betriebsverfassungsrecht, ZfA 1972, S. 85 ff.

Bock, Markus:
Der Rechtsnormcharakter der Entscheidungen des Großen Senats des
Bundesarbeitsgerichts, Frankfurt am Main, Berlin, Bern, New York, Paris,
Wien 1997.

Brecht, Hans-Theo:
Kommentar zum Betriebsverfassungsgesetz nebst Wahlordnung, Berlin
1972.

Breitsprecher, Roland:
Pons-Globalwörterbuch, Teil 1, Englisch - Deutsch, 2. Aufl., 4.
Nachdruck, Stuttgart, Dresden 1996,
(zit.: Pons-Globalwörterbuch).

Brinkmann, Ralf D.:
Mobbing, Bullying, Bossing - Treibjagt am Arbeitsplatz, Heidelberg 1995.

Brockhaus-Enzyklopädie:
Enzyklopädie in 24 Bänden, 19. Aufl., Bd. 12, Kir-Lag, Mannheim 1990.

Brockhaus-Enzyklopädie:
Enzyklopädie in 24 Bänden, 19. Aufl., Bd. 15, Moe - Nor, Mannheim
1991.

Brockhaus-Enzyklopädie:
Enzyklopädie in 24 Bänden, 19. Aufl., Bd. 19, Rut - Sch, Mannheim 1992.

Brockhaus-Enzyklopädie:
Enzyklopädie in 24 Bänden, 19. Aufl., Bd. 21, Sr - Teo, Mannheim 1993.

Brockhaus-Enzyklopädie:
Enzyklopädie in 24 Bänden, 19. Aufl., Bd. 22, Tep - Ur, Mannheim 1993.

Brommer, Ulrike:
Mobbing - Psycho-Krieg am Arbeitsplatz und was man dagegen tun
kann, München 1995.

Brox, Hans:
Allgemeines Schuldrecht, 25. Aufl., München 1998.

Brox, Hans:
Besonderes Schuldrecht, 23. Aufl., München 1998.

Buchner, Herbert:
Die Bedeutung des Rechts am eingerichteten und ausgeübten Gewerbebetrieb für den deliktsrechtlichen Unternehmensschutz, München 1971.

Bulla, Gustaf-Adolf:
Die Kündigung des Arbeitsverhältnisses unter Druck, FS für Alfred Hueck zum 70. Geburtstag, Berlin 1959, S. 25 ff.
(zit.: Bulla, FS für Hueck).

Burisch, Matthias:
Ausgebrannt, verschlissen, durchgerostet, Psychologie Heute, September 1994, S. 22 ff.

Canaris, Claus-Wilhelm:
Anmerkung zu BAG, Urt. v. 10.5.1971, AP Nr. 6 zu § 628 BGB.

Coenenberg, Adolf Gerhard:
Die Kommunikation in der Unternehmung, Wiesbaden 1966.

Compensis, Ulrike:
Die Fürsorgeplichtverletzung im Anwaltsarbeitsverhältnis, BB 1996, S. 321 ff.

Däubler, Wolfgang:
Das Arbeitsrecht 2, 7. Aufl., Reinbek 1990.

Däubler, Wolfgang:
Mobbing und Arbeitsrecht, BB 1995, S. 1347 ff.

Däubler, Wolfgang/Kittner, Michael/Klebe, Thomas:
Betriebsverfassungsgesetz, 6. Aufl., Frankfurt am Main 1998,
(zit.: DKK-Bearbeiter).

Däubler, Wolfgang/Schumann, Manfred/Wolter, Henner/Bieback, Karl-Jürgen/Colneric, Ninon:
Arbeitskampfrecht (Hrsg. Wolfgang Däubler), 2. Aufl., Baden-Baden 1987,
(zit.: Däubler, Arbeitskampfrecht).

Degen, Barbara:
Sexuelle Belästigung am Arbeitsplatz - Das Beschäftigtenschutzgesetz, Der Personalrat 4/1995, S. 145 ff.

Degenhart, Christoph:
Das allgemeine Persönlichkeitsrecht, Art. 2 I i.V. mit Art. 1 I GG, JuS 1992, S. 361 ff.

Deutsch, Erwin:
Das "allgemeine Lebensrisiko" als negativer Zurechnungsgrund, VersR 1993, S. 1041 ff.

Deutsch, Erwin:
Die Gesundheit als Rechtsgut im Haftungsrecht und Staatshaftungsrecht, Karlsruher Forum 1983 (Jubiläumsausgabe), S. 93 ff.

Deutsch, Erwin:
Allgemeines Haftungsrecht, 2. Aufl., Köln, Berlin, Bonn, München 1996,
(zit.: Deutsch, Allgemeines Haftungsrecht).

Deutsch, Erwin:
Finalität, Sozialadäquanz und Schuldtheorie als zivilrechtliche Strukturbegriffe, FS für Hans Welzel zum 70. Geburtstag, Berlin, New York 1974, S. 227 ff.,
(zit.: Deutsch, FS für Welzel).

Dieball, Heike:
Mobbing und Arbeitsrecht, BB 1996, S. 483 f.

Dietz, Rolf/Nikisch, Arthur:
Arbeitsgerichtsgesetz Kommentar, München und Berlin 1954.

Dölle, Hans:
Aussergesetzliche Schuldnerpflichten, ZgS Bd. 103 (1943), S. 67 ff.

Dreher, Martina:
Das Arbeitsverhältnis im Zeitraum zwischen Vertragsschluß und vereinbarter Arbeitsaufnahme, Frankfurt am Main, Berlin, Bern, New York, Paris, Wien 1998.

Dunz, Walter:
Verhalten als Zurechnungskriterium in der neuen Rechtsprechung des BGH, Karlsruher Forum 1983 (Jubiläumsausgabe), S. 97 ff.

Dütz, Wilhelm:
Arbeitsrecht, 3. Aufl., München 1997.

Dütz, Wilhelm:
Zur privatrechtlichen Bedeutung unterlassener Hilfeleistung (§ 330 c StGB), NJW 1970, S. 1822 ff.

Ebert, Christoph:
Das "Recht am Arbeitsplatz", Pfaffenweiler 1990.

Eckert, Michael:
"Mobbing" - eine juristische Würdigung sozialer Stressoren am Arbeitsplatz, Studienarbeit an der Technischen Universität Darmstadt, Darmstadt 1995.

Ehmann, Horst:
Informationsschutz und Informationsverkehr im Zivilrecht, AcP 188, S. 230 ff.

Eichenhofer, Eberhard:
Sozialrecht, 2. Aufl., Tübingen 1997.

Engisch, Karl:
Der Unrechtstatbestand im Strafrecht - Eine kritische Betrachtung zum heutigen Stand der Lehre von der Rechtswidrigkeit im Strafrecht, Hundert Jahre Deutsches Rechtsleben, FS zum hundertjährigen Bestehen des Deutschen Juristentages, Bd. 1, Karlsruhe 1960, S. 401 ff., (zit.: Engisch, FS zum hundertjährigen Bestehen des Deutschen Juristentages).

Enneccerus, Ludwig/Lehmann, Heinrich:
Recht der Schuldverhältnisse, 15. Bearbeitung, Tübingen 1958.

Enneccerus, Ludwig/Nipperdey, Hans Carl:
Allgemeiner Teil des Bürgerlichen Rechts, 15. Auflage, Zweiter Halbband, Tübingen 1960,
(zit.: Enneccerus/Nipperdey, Allg. Teil).

Erfurter Kommentar zum Arbeitsrecht:
Herausgeber Thomas Dieterich, München 1998,
(zit.: Erfurter Kommentar-Bearbeiter).

Erman, Walter:
Handkommentar zum Bürgerlichen Gesetzbuch, Bd. 1, §§ 1 - 853, 9. Aufl., Münster 1993,
(zit.: Erman-Bearbeiter).

Erman, Walter:
Handkommentar zum Bürgerlichen Gesetzbuch, Bd. 2, §§ 854 - 2385, 9. Aufl., Münster 1993,
(zit.: Erman-Bearbeiter).

Esser, Axel/Wolmerath, Martin:
Mobbing: der Ratgeber für Betroffene und ihre Interessenvertretung, Köln 1997,
(zit.: Esser/Wolmerath, Mobbing-Ratgeber).

Esser, Axel/Wolmerath, Martin:
Musterbetriebsvereinbarung "Mobbing", AiB 1997, S. 23 ff.

Esser, Josef/ Schmidt, Eike:
Schuldrecht Bd. 1 Allgemeiner Teil, Teilband 2, 7. Aufl., Heidelberg 1993,
(zit.: Esser/Schmidt).

Esser, Josef/Weyers, Hans-Leo:
Schuldrecht Bd. 2 Besonderer Teil, 7. Aufl., Heidelberg 1991,
(zit.: Esser/Weyers).

Etzel, Thomas:
Mobbing arbeitsrechtlich auf dem Prüfstand, b&b 4/1994, S. 153 ff.

Etzel, Thomas:
Schadensersatzansprüche von Arbeitnehmern, b&b 9/1993, S. 351 ff.

Fabricius, Fritz:
Zur Dogmatik des "sonstigen Rechts" gemäß § 823 Abs. I BGB, AcP 160, S. 273 ff.

Fikentscher, Wolfgang:
Schuldrecht, 9. Aufl., Berlin, New York 1997.

Fitting, Karl/Kaiser, Heinrich/Heither, Friedrich/Engels, Gerd:
Betriebsverfassungsgesetz, 19. Aufl., München 1998,
(zit.: Fitting).

Flory, Peter:
Ansprüche zwischen Arbeitnehmern eines Betriebes, Frankfurt am Main, Berlin, Bern, New York, Paris, Wien 1992.

Flume, Werner:
Allgemeiner Teil des Bürgerlichen Rechts, Bd. 2 Das Rechtsgeschäft, 4. Aufl., Berlin, Heidelberg, New York 1992.

Frey, Erich:
Die Gemeinschaft als anspruchsvernichtendes Element bei der Schadenshaftung von Arbeitnehmern untereinander, AuR 1959, S. 193 ff.

Friese, Ulrich:
Haftungsbegrenzung für Folgeschäden aus unerlaubter Handlung, insbesondere bei § 823 I BGB, Berlin 1968.

Fritsch, Stephan:
Gleichbehandlung als Aufgabe von Arbeitgeber und Betriebsrat nach § 75 Abs. 1 BetrVG, BB 1992, S. 701 ff.

Galperin, Hans/Löwisch, Manfred:
Kommentar zum Betriebsverfassungsgesetz, Bd. 2, 6. Aufl., Heidelberg 1982,
(zit.: Galperin/Löwisch).

Gast, Wolfgang:
Arbeit an den Definitionen, BB 1995, S. 2057 ff.

Gemeinschaftskommentar zum Betriebsverfassungsgesetz:
Fabricius, Fritz/Kraft, Alfons/Wiese, Günther/Kreutz, Peter, Oetker, Hartmut, Bd. 2, §§ 74 -132, 6. Aufl., Neuwied, Kriftel 1998,
(zit.: GK-BetrVG-Bearbeiter).

Gemeinschaftskommentar zum Kündigungsschutzgesetz und zu sonstigen kündigungsschutzrechtlichen Vorschriften:
Gesamtredaktion: Gerhard Etzel, 5. Aufl., Neuwied, Kriftel, 1998,
(zit.: KR-Bearbeiter).

Germelmann, Claas-Hinrich:
Der Betriebsfrieden im Betriebsverfassungsrecht, Frankfurt am Main 1972.

Gernhuber, Joachim:
Das Schuldverhältnis, in: Handbuch des Schuldrechts (Hrsg. Joachim Gernhuber), Bd. 8, Tübingen 1989.

Gesamtkommentar Sozialversicherung:
Bd. 6 - Unfallversicherung, bearbeitet durch Wolfgang Gitter und Bodo Schwarzenberg, Wiesbaden, Stand Mai 1997,
(zit.: Gesamtkommentar RVO-Bearbeiter).

Giesen, Dieter:
Anmerkung zu BGH, Urt. v. 26.1.1971, NJW 1971, S. 801 f.

Gitter, Wofgang:
Sozialrecht, 4. Aufl., München 1996.

Göppinger, Hans:
Kriminologie, 4. Aufl., München 1980.

Gralka, Peer:
Mobbing und Arbeitsrecht, BB 1995, S. 2651 ff.

Greif, Siegfried/Bamberg, Eva/Semmer, Norbert:
Psychischer Streß am Arbeitsplatz, Göttingen 1991.

Grunewald, Benno:
Mobbing - arbeitsrechtliche Aspekte eines neuen Phänomens, NZA 1993, S. 1071 ff.

Grunwald, Wolfgang:
Führung in den 90er Jahren: Ethik tut Not !, zfo 5/1993, S. 337 ff.

Gutsche, Maximilian:
Das Zweite Gleichberechtigungsgesetz, Sinzheim 1996.

Haberstumpf, Helmut:
Die Formel vom Anstandsgefühl aller billig und gerecht Denkenden in der Rechtsprechung des Bundesgerichtshofs, Berlin 1976.

Hage, Marion/Hellmann, Joachim:
Mobbing - ein modernes betriebliches Konfliktfeld, BB 1998, S. 742 ff.

Hahne, Anton:
Mobbing: Konflikte unter Kollegen, zfo 3/1994, S. 188 ff.

Hallenberger, Achim:
Die Pflicht des Arbeitgebers zur Förderung der freien
Persönlichkeitsentfaltung nach § 75 Abs. 2 Betriebsverfassungsgesetz,
Frankfurt am Main, Bern, New York, Paris 1988.

Haller, Robert/Koch, Ulrike:
Mobbing - Rechtsschutz im Krieg am Arbeitsplatz, NZA 1995, S. 356 ff.

Hanau, Peter:
Zwangspensionierung des Arbeitnehmers mit 65 ?, RdA 1976, S. 24 ff.

Hanau, Peter/Adomeit, Klaus:
Arbeitsrecht, 11. Aufl., Neuwied, Kriftel, Berlin 1994.

Handbuch der Sozialversicherung:
Bd. 3, Gesetzliche Unfallversicherung, begründet von Kurt Brackmann,
12. Aufl., Sankt Augustin 1997,
(zit.: Brackmann).

Handbuch des Sozialversicherungsrechts:
Hrsg. Bertram Schulin, Bd. 2 Unfallversicherungsrecht, München 1996,
(zit.: Schulin-Bearbeiter, HS-UV).

Haneberg, Eva:
§ 75 BetrVG 1972 - Rechte und Pflichten, Köln 1986.

Heckelmann, Dieter:
Die einstweilige Verfügung im Arbeitskampf, AuR 1970, S. 166 ff.

Hedemann, Justus Wilhelm:
Der Arbeitsplatz als Rechtsgut, RdA 1953, S. 121 ff.

Helle, Jürgen:
Besondere Persönlichkeitsrechte im Privatrecht, Tübingen 1991.

Herschel, Wilhelm:
Anmerkung zu BAG, Urt. v. 5.4.1984, AP Nr. 2 zu § 17 BBiG.

Herschel, Wilhelm:
Haupt- und Nebenpflichten im Arbeitsverhältnis, BB 1978, S. 569 ff.

Herschel, Wilhelm:
Die Betriebszugehörigkeit als geschütztes Rechtsgut, RdA 1960, S.121 f.

Herschel, Wilhelm:
Druckkündigung und Schadensausgleich, RdA 1953, S. 41 f.

Herschel, Wilhelm:
Druckkündigung und Schadensausgleich, FS für Heinrich Lehmann zum 80. Geburtstag, 2. Bd., Berlin, Tübingen, Frankfurt am Main 1956, S. 662 ff.
(zit.: Herschel, FS für Lehmann).

Hess, Harald/Schlochauer, Ursula/Glaubitz, Werner:
Kommentar zum Betriebsverfassungsgesetz, 5. Aufl., Neuwied, Berlin, Kriftel 1997,
(zit.: Hess/Schlochauer/Glaubitz-Bearbeiter).

von Hoyningen-Huene, Gerrick:
Belästigungen und Beleidigungen von Arbeitnehmern durch Vorgesetzte, BB 1991, S. 2215 ff.

Hubmann, Heinrich:
Das Persönlichkeitsrecht, 2. Aufl., Köln, Graz 1967.

Hueck, Alfred/Nipperdey, Hans Carl:
Lehrbuch des Arbeitsrechts, 7. Aufl., Bd. 1, Berlin, Frankfurt am Main 1963,
(zit.: Hueck/Nipperdey).

Hueck, Alfred/Nipperdey, Hans Carl:
Lehrbuch des Arbeitsrechts, 7. Aufl., Bd. 2, 2. Halbband, Berlin, Frankfurt am Main 1970,
(zit.: Hueck/Nipperdey).

Hueck, Götz:
Der Grundsatz der gleichmäßigen Behandlung im Privatrecht, München und Berlin 1958.

Isele, Hellmut Georg:
Der Stellenwert des Persönlichkeitsrechts in der Inhaltsbestimmung des Arbeitsverhältnisses, FS für Erich Schwinge zum 70. Geburtstag, Köln, Bonn 1973, S. 143 ff.,
(zit.: Isele, FS für Schwinge).

Isele, Hellmut Georg:
Reflexwirkungen der Betriebsverfassung im Individualbereich, RdA 1962, S. 373 ff.

Jauernig, Othmar/Schlechtriem, Peter/Stürner, Rolf/Teichmann, Arndt/Vollkommer, Max:
Bürgerliches Gesetzbuch, 8. Aufl., München 1997,
(zit.:Jauernig-Bearbeiter).

Jauernig, Othmar:
Zivilprozeßrecht, 25. Aufl., München 1998,
(zit.: Jauernig, Zivilprozeßrecht).

Junker, Waltraud:
Die Haftung des Betriebrats, Köln 1965.

Kahr, Dorothea:
Wenn Manager die Lust am Führen verlieren, io Management Zeitschrift 1/1994, S. 22 ff.

Kaiser, Günther:
Viktimologie, in: Festschrift für Horst Schüler-Springorum zum 65.
Geburtstag (Hrsg. Peter-Alexis Albrecht), Köln, Berlin, Bonn, München
1993, S. 3 ff.,
(zit.: Kaiser, Viktimologie).

Kaiser, Günther:
Kriminologie, 2.Aufl., Heidelberg 1988.

Kaller, Paul Kurt:
Juristisches Taschenlexikon, Wiesbaden 1996.

Kater, Horst/Leube, Konrad:
Gesetzliche Unfallversicherung SGB VII, München 1997.

Keuk, Brigitte:
Die Solidarhaftung der Nebentäter, AcP 168, S. 175 ff.

König, Volker:
Die grobe Fahrlässigkeit, Berlin 1998.

Kötz, Hein:
Deliktsrecht, 8. Auflage, Neuwied, Kriftel, 1998.

Koller, Hanspeter:
Strategische Restrukturierung und Kommunikationsmanagement,
Bamberg 1990.

Kollmer, Norbert:
Mobbing im Arbeitsverhältnis, Heidelberg 1997.

Kort, Michael:
Inhalt und Grenzen der arbeitsrechtlichen Personenfürsorgepflicht, NZA
1996, S. 854 ff.

Kort, Michael:
Die Auswirkungen des neuen Bundesdatenschutzgesetzes auf die Mitbestimmung im Arbeitsrecht, RdA 1992, S. 378 ff.

Krystek, Ulrich/Becherer, Doris/Deichelmann, Karl Heinz:
Innere Kündigung, München, Mering 1995.

Küchenhoff, Günther:
Leistungsstörungen im Arbeitsverhältnis, AuR 1965, S. 129 ff.

Kunz, Karl-Ludwig:
Kriminologie: eine Grundlegung, 2. Aufl., Bern, Stuttgart, Wien 1998.

Kupisch, Berthold/Krüger, Wolfgang:
Deliktsrecht, München 1983.

Lackner, Karl:
Strafgesetzbuch: mit Erläuterungen, 22. Aufl., München 1997.

Lange, Hermann:
Schadensersatz, 2. Aufl., in: Handbuch des Schuldrechts (Hrsg. Joachim Gernhuber), Bd. 1, Tübingen 1990.

Larenz, Karl:
Anmerkung zu BGH, Urt. v. 25.4.1956, NJW 1956, S. 1193 f.

Larenz, Karl:
Lehrbuch des Schuldrechts, Bd. 1, Allgemeiner Teil, 14. Aufl., München 1987,
(zit.: Larenz, Schuldrecht AT).

Larenz, Karl:
Lehrbuch des Schuldrechts, Bd. 2, Besonderer Teil, 12. Aufl., München 1981,
(zit.: Larenz, Schuldrecht BT).

Larenz, Karl/Canaris, Claus-Wilhelm:
Lehrbuch des Schuldrechts, Bd. 2 Besonderer Teil, Halbbd. 2, 13. Aufl.,
München 1994,
(zit.: Larenz/Canaris, Schuldrecht BT Bd. II/2).

Lauterbach, Herbert/Watermann, Friedrich:
Kommentar zum Siebten Buche des Sozialgesetzbuchs und zu weiteren
die Unfallversicherung betreffenden Gesetzen, Band 1, 4. Aufl., Stuttgart,
Berlin, Köln 1997,
(zit.: Lauterbach-Bearbeiter, UV-SGB VII).

Leipziger Kommentar:
Strafgesetzbuch - Großkommentar, Bd. 5, §§ 185 - 262, 10. Aufl., Berlin
1988,
(zit.: LK-Bearbeiter).

Leymann, Heinz:
Mobbing - Psychoterror am Arbeitsplatz und wie man sich dagegen
wehren kann, Reinbek 1993,
(zit.: Leymann, Mobbing).

Leymann, Heinz:
Ätiologie und Häufigkeit von Mobbing am Arbeitsplatz - eine Übersicht
über die bisherige Forschung, ZfP 1993, S. 271 ff.

Leymann, Heinz:
Mobbing und Psychoterror am Arbeitsplatz, Sichere Arbeit 5/1992, S. 23
ff.

Leymann, Heinz:
Marketing für qualifizierende Maßnahmen zum Abbau von psychischem
Terror am Arbeitsplatz, in: Geißler, Harald/Schöler, Walter (Hrsg.),
Betriebliche Bildung - Erfahrungen und Visionen, Band 4, Frankfurt am
Main, Berlin, Bern, New York, Wien 1993,
(zit.: Leymann, Marketing).

Leymann, Heinz:
Einführung: Mobbing - Das Konzept und seine Resonanz in Deutschland, in: Der neue Mobbing - Bericht (Herausgeber Heinz Leymann), Reinbek 1995, S. 13 ff.,
(zit.: Leymann, Mobbing-Bericht).

Leymann, Heinz:
Die posttraumatische Streßbelastung und ihre Folgen, in: Der neue Mobbing - Bericht (Herausgeber Heinz Leymann), Reinbek 1995, S. 42 ff.,
(zit.: Leymann, Posttraumatische Streßbelastung und ihre Folgen).

Leymann, Heinz:
Krankheiten und Rechtsprobleme als Folgen von Mobbing, Tagungsband der Kammer für Arbeiter und Angestellte für Salzburg vom 3. Juni 1993, S. 5 ff.
(zit.: Leymann, Krankheiten und Rechtsprobleme als Folgen von Mobbing).

Lipp, Martin:
Krankheitsbedingte Schadensdisposition und "psychisch vermittelter" Gesundheitsschaden - BGHZ 107, 359, JuS 1991, S. 809 ff.

Löwisch, Manfred:
Schutz und Förderung der freien Entfaltung der Persönlichkeit der im Betrieb beschäftigten Arbeitnehmer (§ 75 Abs. 2 BetrVG 1972), AuR 1972, S. 359 ff.

Medicus, Dieter:
Schuldrecht I Allgemeiner Teil, 10. Aufl., München 1998,
(zit.: Medicus Schuldrecht AT).

Medicus, Dieter:
Schuldrecht II Besonderer Teil, 8. Aufl., München 1997,
(zit.: Medicus Schuldrecht BT).

Mertz, Ulrich:
Der individuelle Schutz des Arbeitnehmers im Rahmen der Betriebsverfassung, RdA 1971, S. 203 ff.

Mittmann, Andreas:
Das zweite Gleichberechtigungsgesetz - eine Übersicht, NJW 1994, S. 3048 ff.

Moebius, Monica:
Psychoterror im Betrieb, Psychologie Heute, Januar 1988, S. 32 ff.

Molitor, Erich:
Die Kündigung unter besonderer Berücksichtigung der Kündigung des Arbeitsvertrages, 2. Aufl., Mannheim 1951.

Motive zu dem Entwurfe eines Bürgerlichen Gesetzbuches für das Deutsche Reich:
Bd. 2 - Recht der Schuldverhältnisse, amtliche Ausgabe, Berlin und Leipzig 1888,
(zit. Motive).

Münchener Handbuch zum Arbeitsrecht:
Hrsg. Richardi, Reinhard/Wlotzke, Otfried, Bd. 1, München 1992,
(zit.: Münch.ArbR.-Bearbeiter).

Münchener Handbuch zum Arbeitsrecht:
Hrsg. Richardi, Reinhard/Wlotzke, Otfried, Bd. 2, München 1993,
(zit.: Münch.ArbR.-Bearbeiter).

Münchener Handbuch zum Arbeitsrecht:
Hrsg. Richardi, Reinhard/Wlotzke, Otfried, Bd. 3, München 1993,
(zit.: Münch.ArbR.-Bearbeiter).

Münchener Kommentar zum Bürgerlichen Gesetzbuch:
Hrsg. Rebmann, Kurt/Säcker, Franz Jürgen, Bd. 2, §§ 241 - 432, 3. Aufl., München 1994,
(zit.: MüKo-Bearbeiter).

Münchener Kommentar zum Bürgerlichen Gesetzbuch:
Hrsg. Rebmann, Kurt/Säcker, Franz Jürgen/ Rixecker, Roland, Bd. 4, §§
607 - 704, 3. Aufl., München 1997,
(zit.: MüKo-Bearbeiter).

Münchener Kommentar zum Bürgerlichen Gesetzbuch:
Hrsg. Rebmann, Kurt/Säcker, Franz Jürgen/ Rixecker, Roland, Bd. 5, §§
705 - 853, 3. Aufl., München 1997,
(zit.: MüKo-Bearbeiter).

Münchener Kommentar zum Bürgerlichen Gesetzbuch:
Hrsg. Rebmann, Kurt/Säcker, Franz Jürgen/ Rixecker, Roland, Bd. 6, §§
854 - 1296, 3. Aufl., München 1997,
(zit.: MüKo-Bearbeiter).

Musolesi, Frank/Brinkmann, Ralf:
Neue Mitarbeiter entwickeln sich positiv, wenn ..., io Management
Zeitschrift 1/1993, S. 30 ff.

Neuberger, Oswald:
Mobbing, Übel mitspielen in Organisationen, München und Mering 1994,
(zit.: Neuberger, Mobbing).

Neuberger, Oswald:
Mobbing: Was steckt dahinter ?, Personalführung 10/1994, S. 886 f.

Nickel, Egbert:
Die Problematik der unechten Unterlassungsdelikte im Hinblick auf den
Grundsatz "nullum crimen sine lege" (Art. 103 Abs. 2 GG), Berlin 1972.

Niederalt, Werner:
Die Individualrechte des Arbeitnehmers nach dem
Betriebsverfassungsgesetz 1972 (§§ 75, 81 ff.), München 1976.

Niedl, Klaus:
Mobbing, Bullying am Arbeitsplatz, Mering 1995,
(zit.: Niedl, Mobbing, Bullying am Arbeitsplatz).

Niedl, Klaus:
Mobbing in einem östereichischen Unternehmen - Gemeinsamkeiten und Unterschiede zu Schweden sowie betriebswirtschaftlich relevante Aspekte des Mobbinggeschehens, Tagungsband der Kammer für Arbeiter und Angestellte für Salzburg vom 3. Juni 1993, S. 9 ff., (zit.: Niedl, Betriebswirtschaflich relevante Aspekte des Mobbinggeschehens).

Niedl, Klaus:
Wem nützt Mobbing ?, in: Der neue Mobbing - Bericht (Herausgeber Heinz Leymann), S. 55 ff., Reinbek 1995, (zit.: Niedl, Wem nützt Mobbing ?).

Nikisch, Arthur:
Arbeitsrecht, Bd. 3, 2.Aufl., Tübingen 1966.

Nipperdey, Hans Carl:
Der Arbeitskampf als unerlaubte Handlung - Grundsätzliches zur Frage seiner Rechtswidrigkeit, FS für Friedrich Sitzler zu seinem 75. Geburtstag, Stuttgart 1956, S. 79 ff., (zit.: Nipperdey, FS für Sitzler).

Nipperdey, Hans Carl:
Die Ersatzansprüche für die Schäden, die durch den von den Gewerkschaften gegen das geplante Betriebsverfassungsgesetz geführten Zeitungsstreik vom 27.-29. Mai 1952 entstanden sind, Schriftenreihe der Bundesvereinigung der Deutschen Arbeitgeberverbände, Heft 9, Köln 1953, (zit.: Nipperdey, Zeitungsstreik-Rechtsgutachten).

Nipperdey, Hans Carl:
Das allgemeine Persönlichkeitsrecht, UFITA Bd. 30, 1960, S. 1 ff.

Nipperdey, Hans Carl:
Rechtswidrigkeit, Sozialadäquanz, Fahrlässigkeit, Schuld im Zivilrecht, NJW 1957, S. 1777 ff.

Nipperdey, Hans Carl:
Tatbestandsaufbau und Systematik der deliktsrechtlichen
Grundtatbestände, NJW 1967, S. 1985 ff.

Palandt, Otto:
Bürgerliches Gesetzbuch, 57. Aufl., München 1998,
(zit.: Palandt-Bearbeiter).

Paschke, Marian:
Außervertragliche Sozialbeziehungen - Eine Herausforderung der
zivilrechtlichen Dogmatik, AcP 187, S. 60 ff.

Pawlowski, Hans-Martin:
Methodenlehre für Juristen, 2. Aufl., Heidelberg 1991.

Plagemann, Hermann:
Die Einordnung der gesetzlichen Unfallversicherung in das SGB VII,
NJW 1996, S. 3173 ff.

Podlech, Adalbert:
Gehalt und Funktionen des allgemeinen verfassungsrechtlichen
Gleichheitssatzes, Berlin 1971.

Reinhardt, Rudolf:
Die subjektiven Rechte in § 823 Abs. 1 BGB, Karlsruher Forum 1961, S.
3 ff.

Resch, Martin:
Wenn Arbeit krank macht, Frankfurt am Main, Berlin 1994.

Reuß, W.:
Der sogenannte "Käuferstreik", AcP 156, S. 89 ff.

Richardi, Reinhard:
Betriebsverfassungsgesetz: mit Wahlordnung, 7.Aufl., München 1998,
(zit.: Richardi BetrVG).

Richardi, Reinhard:
Abschied von der gefahrgeneigten Arbeit als Voraussetzung für die Beschränkung der Arbeitnehmerhaftung, NZA 1994, S. 241 ff.

Ricker, Reinhart:
Rechte und Pflichten der Medien unter Berücksichtigung des Rechtsschutzes des einzelnen, NJW 1990, S. 2097 ff.

Riedel, Hansjürgen:
Die Grundsätze für die Behandlung der Betriebsangehörigen nach § 75 Betriebsverfassungsgesetz, JArbR, Bd. 14, S. 79 ff.

Riesenhuber, Karl:
Die Rechtsbeziehungen zwischen Nebenparteien: dargestellt anhand der Rechtsbeziehungen zwischen Mietnachbarn und zwischen Arbeitskollegen, Berlin 1997.

von Roetteken, Torsten:
Beschäftigtenschutzgesetz und Personalratsbeteiligung, Der Personalrat 7/1995, S. 276 ff.

Rolfs, Christian:
Die Neuregelung der Arbeitgeber- und Arbeitnehmerhaftung bei Arbeitsunfällen durch das SGB VII, NJW 1996, S. 3177 ff.

Rombach, Wolfgang:
Killer-Viren als Kopierschutz, CR 1990, S. 101 ff.

Rosenberg, Leo/Schwab, Karl Heinz/Gottwald, Peter:
Zivilprozeßrecht, 15. Aufl., München 1993.

Rückert, Joachim:
"Frei" und "sozial": Arbeitsvertragskonzeptionen um 1900 zwischen Liberalismen und Sozialismen, ZfA 1992, S. 225 ff.

Rüfner, Wolfgang:
Einführung in das Sozialrecht, 2. Aufl., München1991.

Säcker, Franz-Jürgen:
Betriebs- oder unternehmensbezogene Verhaltenspflichten des
Arbeitnehmers und des Betriebsrates bei parteipolitischer Betätigung i.S.
des § 51 Satz 2 BetrVG ?, AuR 1965, S. 353 ff.

Säcker, Franz-Jürgen:
Wahrnehmung legitimer politischer Interessen und Deliktsrecht, ZRP
1969, S. 60 ff.

Schäfer, Herbert:
Cliquengeist und Kameraderie, Kriminalistik 3/1995, S. 205 ff.

Schaub, Günter:
Arbeitsrechts-Handbuch, 8. Aufl., München 1996.

Schiek, Dagmar:
2. Gleichberechtigungsgesetz - Änderungen des Arbeitsrechts, AiB
1994, S. 450 ff.

Schiek, Dagmar:
Zweites Gleichberechtigungsgesetz für die Privatwirtschaft, Köln 1995.

Schlechtriem, Peter:
Schuldrecht Allgemeiner Teil, 3. Aufl., Tübingen 1997.

Schmidt, R.:
Praktisch wichtige Auswirkungen der neuen Schuldtheorie im Zivilrecht,
NJW 1958, S. 488 ff.

Schmidt, Ronald:
Mobbing: Psychoterror am Arbeitsplatz, AiB 1993, S. 666 f.

Schneider, Hans Joachim:
Schwerpunkte und Defizite im viktimologischen Denken der Gegenwart, in: Kriminologische Opferforschung (Hrsg. Günther Kaiser), Heidelberg 1994, S. 21 ff.

Schneider, Klaus:
Mobbing ist "in", AuA 1994, S. 180 ff.

Schönke, Adolf/Schröder, Horst:
Strafgesetzbuch: Kommentar, 25. Aufl., München 1997.

Scholler, Heinrich:
Die Interpretation des Gleichheitssatzes als Willkürverbot oder als Gebot der Chancengleichheit, Berlin 1969.

Schröder, Ulrich:
Altersbedingte Kündigungen und Altersgrenzen im Individualarbeitsrecht, Berlin 1984.

Schünemann, Wolfgang B.:
Die positive Vertragsverletzung - eine kritische Bestandsaufnahme, JuS 1987, S. 1 ff.

Schwenk, Edmund H.:
Das allgemeine Persönlichkeitsrecht des Arbeitnehmers, NJW 1968, S. 822 ff.

Schwerdtner, Peter:
Das Persönlichkeitsrecht in der deutschen Zivilrechtsordnung, Berlin 1976.

Schwerdtner, Peter:
Die Garantie des Rechts auf Arbeit - Ein Weg zur Knechtschaft ?, ZfA 1977, S. 47 ff.

Schwerdtner, Peter:
Fürsorge- und Treuepflichten im Gefüge des Arbeitsverhältnisses oder:
Vom Sinn und Unsinn einer Kodifikation des Allgemeinen
Arbeitsvertragsrechts, ZfA 1979, S. 1 ff.

Schwerdtner, Peter:
Recht der unerlaubten Handlung, Jura 1981, S. 484 ff.

Seiter, Hugo:
Dauerrechtsbeziehungen zwischen Tarifvertragsparteien ?, ZfA 1989, S.
283 ff.

Seiter, Hugo:
Gemeinsame Anmerkung zu den Urteilen des BAG vom 14.2.1978, SAE
1980, S. 154 ff.

Sessar, Klaus:
Über das Opfer, in: Festschrift für Hans-Heinrich Jescheck zum
siebzigsten Geburtstag, Berlin 1985, S. 1137 ff.

Söllner, Alfred:
Grundriß des Arbeitsrechts, 12. Aufl., München 1998.

Soergel, Hans Theodor:
Bürgerliches Gesetzbuch, Bd. 2, §§ 241 - 432, 12. Aufl., Stuttgart, Berlin,
Köln 1990,
(zit.: Soergel-Bearbeiter).

Soergel, Hans Theodor:
Bürgerliches Gesetzbuch, Bd. 4/1, §§ 516 - 651, 12. Aufl., Stuttgart,
Berlin, Köln 1998,
(zit.: Soergel-Bearbeiter).

Soergel, Hans Theodor:
Bürgerliches Gesetzbuch, Bd. 4, §§ 705 - 853, 11. Aufl., Stuttgart, Berlin,
Köln, Mainz 1985,
(zit.: Soergel-Bearbeiter).

Soergel, Hans Theodor:

Bürgerliches Gesetzbuch, Bd. 6, §§ 854 - 1296, 12. Aufl., Stuttgart, Berlin, Köln 1990,

(zit.: Soergel-Bearbeiter).

Sonnenschein, Jürgen:

Der Vertrag mit Schutzwirkung für Dritte - und immer neue Fragen, JA 1979, S. 225 ff.

Staudinger, Julius von:

Kommentar zum Bürgerlichen Gesetzbuch, Zweites Buch, §§ 241 - 243, 13. Bearbeitung, Berlin 1995,

(zit.: Staudinger-Bearbeiter).

Staudinger, Julius von:

Kommentar zum Bürgerlichen Gesetzbuch, Zweites Buch, §§ 243 - 254, 12. Aufl., Berlin 1983,

(zit.: Staudinger-Bearbeiter).

Staudinger, Julius von:

Kommentar zum Bürgerlichen Gesetzbuch, Zweites Buch, §§ 255 - 292, 13. Bearbeitung, Berlin 1995,

(zit.: Staudinger-Bearbeiter).

Staudinger, Julius von:

Kommentar zum Bürgerlichen Gesetzbuch, Zweites Buch, §§ 328 - 361, 13. Bearbeitung, Berlin 1995,

(zit.: Staudinger-Bearbeiter).

Staudinger, Julius von:

Kommentar zum Bürgerlichen Gesetzbuch, Zweites Buch, §§ 611 - 619, 12. Aufl., Berlin 1993,

(zit.: Staudinger-Bearbeiter).

Staudinger, Julius von:
Kommentar zum Bürgerlichen Gesetzbuch, Zweites Buch, §§ 616 - 619,
13. Bearbeitung, Berlin 1997,
(zit.: Staudinger-Bearbeiter).

Staudinger, Julius von:
Kommentar zum Bürgerlichen Gesetzbuch, Zweites Buch, §§ 620-630,
13. Bearbeitung, Berlin 1995,
(zit.: Staudinger-Bearbeiter).

Staudinger, Julius von:
Kommentar zum Bürgerlichen Gesetzbuch, Zweites Buch, §§ 823 - 832,
12. Aufl., Berlin 1986,
(zit.: Staudinger-Bearbeiter).

Staudinger, Julius von:
Kommentar zum Bürgerlichen Gesetzbuch, Zweites Buch, §§ 826-829,
13. Bearbeitung, Berlin 1998,
(zit.: Staudinger-Bearbeiter).

Staudinger, Julius von:
Kommentar zum Bürgerlichen Gesetzbuch, Zweites Buch, §§ 830-838,
13. Bearbeitung, Berlin 1997,
(zit.: Staudinger-Bearbeiter).

Staudinger, Julius von:
Kommentar zum Bürgerlichen Gesetzbuch, Zweites Buch, §§ 833-853,
12. Aufl., Berlin 1986,
(zit.: Staudinger-Bearbeiter).

Staudinger, Julius von:
Kommentar zum Bürgerlichen Gesetzbuch, Drittes Buch, §§ 985 - 1011,
13. Bearbeitung, Berlin 1993,
(zit.: Staudinger-Bearbeiter).

Stege, Dieter/Weinspach, K.F.:
Betriebsverfassungsgesetz, 7. Aufl., Köln 1994.

Stein, Ekkehart:
Freiheit am Arbeitsplatz, FS für Otto Brenner zum 60. Geburtstag,
Frankfurt am Main 1967, S. 269 ff.,
(zit.: Stein, FS für Brenner).

Stoll, Hans:
Zum Rechtfertigungsgrund des verkehrsrichtigen Verhaltens, JZ 1958, S.
137 ff.

Strauch, Dieter:
Verträge mit Drittschutzwirkung, JuS 1982, S. 823 ff.

Thomas, Heinz/Putzo, Hans:
Zivilprozeßordnung, 21. Aufl., München 1998,
(zit.: Thomas/Putzo).

Thomas, Rudolf F.:
Chefsache Mobbing: Souverän gegen Psychoterror am Arbeitsplatz,
Wiesbaden 1993.

Traeger, Ludwig:
Der Kausalbegriff im Straf- und Zivilrecht, Marburg 1904.

Tröndle, Herbert:
Strafgesetzbuch und Nebengesetze, 48. Aufl., München 1997.

Urban, Werner:
"Vertrag" mit Schutzwirkung zugunsten Dritter und
Drittschadensliquidation, Bergisch Gladbach, Köln 1989.

Vogt, Guido:
"Mobbing am Arbeitsplatz", Studienarbeit an der Technischen Universität
Darmstadt, Darmstadt 1996.

Waniorek, Linda/Waniorek, Axel:
Mobbing: Wenn der Arbeitsplatz zur Hölle wird, München, Landsberg am
Lech 1994.

Warschkow, Sigurd:
Schikanen, Belästigungen, Psychoterror - Rechtliche Möglichkeiten gegen Mobbing in der Dienststelle, Der Personalrat 9/1995, S. 365 ff.

Warschkow, Sigurd/Erdmann, Gaby:
Mobbing unterbinden, AiB 1995, S. 509 ff.

Weber, Hansjörg:
Die Nebenpflichten des Arbeitgebers, RdA 1980, S. 289 ff.

Wegener, Selina:
Zur Problematik der Drittschadenshaftung auf Grund von Vertragsverletzungen, Göttingen 1967.

Weigend, Thomas:
Zukunftsperspektiven der Opferforschung, in: Kriminologische Opferforschung (Hrsg. Günther Kaiser), Heidelberg 1994, S. 43 ff.

Weiss, Manfred/Weyand, Joachim:
Betriebsverfassungsgesetz, 3. Aufl., Baden-Baden 1994.

Weiß, Thomas:
Forum: Die Haftung des Arbeitgebers aus § 628 II BGB, JuS 1985, S. 593 ff.

Weitnauer, Hermann:
Zur Lehre vom adäquaten Kausalzusammenhang - Versuch einer Ehrenrettung, Festgabe für Karl Oftinger zum 60. Geburtstag, Zürich 1969, S. 321 ff.

Weitnauer, Hermann:
Zum Schutz der absoluten Rechte, Karlsruher Forum 1961, S. 28 ff.

Wertheimer, Frank/Eschbach, Martin:
Positive Vertragsverletzungen im Bürgerlichen Recht und im Arbeitsrecht, JuS 1997, S. 605 ff.

Wessels, Johannes:
Strafrecht Besonderer Teil 1, 20. Aufl., Heidelberg 1996.

Wieacker, Franz:
Rechtswidrigkeit und Fahrlässigkeit im Bürgerlichen Recht, JZ 1957, S. 535 ff.

Wiedemann, Herbert:
Subjektives Recht und sozialer Besitzstand nach dem KSchG, RdA 1961, S. 1 ff.

Wiese, Günther:
Der Persönlichkeitsschutz des Arbeitnehmers gegenüber dem Arbeitgeber, ZfA 1971, S. 273 ff.

Wiese, Günther:
Der personale Gehalt des Arbeitsverhältnisses, ZfA 1996, S. 439 ff.

Wiese, Günther:
Individualrechte in der Betriebsverfassung, RdA 1973, S. 1ff.

Wiese, Günther:
Persönlichkeitsrechtliche Grenzen sozialpsychologischer Experimente, FS für Konrad Duden zum 70. Geburtstag, München 1977, S. 719 ff., (zit.: Wiese, FS für Konrad Duden).

Wiese, Günther:
Verbot der Benachteiligung wegen des Geschlechts bei der Begründung eines Arbeitsverhältnisses - BAG, Betr 1989, 2279, JuS 1990, S. 357 ff.

Wiethölter, Rudolf:
Der Rechtfertigungsgrund des verkehrsrichtigen Verhaltens, Karlsruhe 1960.

Wilhelm, Thorsten:
Rechtliche Möglichkeiten gegen Mobbing, AuA 1995, S. 234 ff.

Willemsen, Heinz Josef:
Anmerkung zu BAG, Urt. v. 17.3.1988, EzA Nr. 116 zu § 626 BGB n.F.

Wittenzellner, Christine:
Wenn sich Intrigen häufen, io Management Zeitschrift 10/1993, S. 41 ff.

Wolf, Ernst:
"Treu und Glauben", "Treue" und "Fürsorge" im Arbeitsverhältnis, DB
1971, S. 1863 ff.

Worzalla, Michael:
Das Beschäftigtenschutzgesetz in der Praxis, NZA 1994, S. 1016 ff.

Wronka, Georg:
Das Verhältnis zwischen dem allgemeinen Persönlichkeitsrecht und den
sogenannten besonderen Persönlichkeitsrechten, UFITA Bd. 69, 1973,
S. 71 ff.

Würdinger, Hans:
Theorie der schlichten Interessengemeinschaften, Stuttgart 1934.

Wüst, Günther:
Die Interessengemeinschaft - Ein Ordnungsprinzip des Privatrechts,
Frankfurt am Main, Berlin 1958.

Wussow, Werner:
Zur Lehre von der Sozialadäquanz, NJW 1958, S. 891 ff.

Zapf, Dieter/Warth, Konstantin:
Mobbing - Subtile Kriegsführung am Arbeitsplatz, Psychologie Heute,
August 1997, S. 21 ff.

Zippelius, Reinhold:
Juristische Methodenlehre, 6. Aufl., München 1994.

Zöller, Richard:

Zivilprozeßordnung, 20.Aufl., Köln 1997,
(zit.: Zöller-Bearbeiter).

Zöllner, Wolfgang:

Die Stellung des Arbeitnehmers in Betrieb und Unternehmen, 25 Jahre
Bundesarbeitsgericht, München 1979, S. 745 ff.

Zöllner, Wolfgang/Loritz, Karl-Georg:

Arbeitsrecht, 5.Aufl., München 1998.

Zuschlag, Berndt:

Mobbing - Schikane am Arbeitsplatz, Göttingen 1994.

ABKÜRZUNGSVERZEICHNIS

a.A.	anderer Ansicht
a.a.O.	am angegebenen Orte
Abs.	Absatz
AcP	Archiv für die civilistische Praxis
a.F.	alte Fassung
AFS	Schwedisches Gesetzblatt
AiB	Arbeitsrecht im Betrieb
AK	Alternativkommentar
allg.	allgemeine (r, s, n)
Alt.	Alternative
Anh.	Anhang
Anm.	Anmerkung
AP	Arbeitsrechtliche Praxis
ArbG	Arbeitsgericht
ArbGG	Arbeitsgerichtsgesetz
ArbR.	Arbeitsrecht
Art.	Artikel
AT	Allgemeiner Teil
AuA	Arbeit und Arbeitsrecht
Aufl.	Auflage
AuR	Arbeit und Recht
BAG	Bundesarbeitsgericht
BAGE	Entscheidungen des Bundesarbeitsgerichts
BAT	Bundes-Angestelltentarif
BB	Betriebs-Berater
b&b	bilanz & buchhaltung
BBiG	Berufsbildungsgesetz
Bd.	Band
BeschSG	Beschäftigtenschutzgesetz
BetrVG	Betriebsverfassungsgesetz
BGB	Bürgerliches Gesetzbuch
BGBl.	Bundesgesetzblatt

BGB-RGRK	Kommentar, hrsg. von Reichgerichtsräten und Bundesrichtern
BGH	Bundesgerichtshof
BGHSt	Entscheidungen des Bundesgerichtshofes in Strafsachen
BGHZ	Entscheidungen des Bundesgerichtshofes in Zivilsachen
BKVO	Berufskrankheiten-Verordnung
BSG	Bundessozialgericht
BSGE	Entscheidungen des Bundessozialgerichts
BT	Besonderer Teil
BT-DS	Bundestagsdrucksache
BVerfG	Bundesverfassungsgericht
BVerfGE	Entscheidungen des Bundesverfassungsgerichts
BVerwG	Bundesverwaltungsgericht
bzw.	beziehungsweise
CR	Computer und Recht
DAG	Deutsche Angestelltengewerkschaft
DB	Der Betrieb
ders.	derselbe
DKK	Däubler/Kittner|Klebe (Kommentar)
DM	Deutsche Mark
Dok.Ber.B	Dokumentarische Berichte aus dem Bundesverwaltungsgericht, Ausgabe B
Dr.	Doktor
EGBGB	Einführungsgesetz zum Bürgerlichen Gesetzbuche
Einl.	Einleitung
etc.	et cetera
e.V.	eingetragener Verein
EzA	Entscheidungssammlung zum Arbeitsrecht
f.	folgende
FamRZ	Zeitschrift für das gesamte Familienrecht

ff.	fortfolgende
Ffm.	Frankfurt
Fn.	Fußnote (n)
FS	Festschrift
gem.	gemäß
GewO	Gewerbeordnung
GG	Grundgesetz
ggf.	gegebenenfalls
GK	Gemeinschaftskommentar
Gruchot	Beiträge zur Erläuterung des (bis 15.1871: Preußischen) Deutschen Rechts, begr. v. Gruchot (1.1857 - 73.1933)
Halbbd.	Halbband
HGB	Handelsgesetzbuch
HIV	Human immunodeficiency virus
h.M.	herrschende Meinung
Hrsg.	Herausgeber
hrsg.	herausgegeben
HS	Handbuch des Sozialversicherungsrechts
id	Informationsdienst für Personalverantwortliche
i.d.R.	in der Regel
insbes.	insbesondere
io	Industrielle Organisation
i.S.	im Sinne
i.S.d.	im Sinne der (des)
i.S.v.	im Sinne von
i.ü.	im übrigen
i.V.m.	in Verbindung mit
JA	Juristische Arbeitsblätter
JArbR	Das Arbeitsrecht der Gegenwart. Jahrbuch für das gesamte Arbeitsrecht und die Arbeitsgerichtsbarkeit
JR	Juristische Rundschau

JuS	Juristische Schulung
JW	Juristische Wochenschrift
JZ	Juristenzeitung
KG	Kammergericht
KR	Gemeinschaftskommentar zum Kündigungsschutz-gesetz und zu sonstigen kündigungsschutzrecht-lichen Vorschriften
KSchG	Kündigungsschutzgesetz
LAG	Landesarbeitsgericht
LG	Landgericht
LK	Leipziger Kommentar
LM	Nachschlagewerk des Bundesgerichtshofs, hrsg. von Lindenmaier, Möhring u.a.
LT	Landtag (s)
MDR	Monatsschrift für Deutsches Recht
m.E.	meines Erachtens
MüKo	Münchener Kommentar zum Bürgerlichen Gesetz-buch
Münch.ArbR.	Münchener Handbuch zum Arbeitsrecht
MuW	Markenschutz und Wettbewerb
m.w.N.	mit weiteren Nachweisen
n.F.	neue Fassung
NJW	Neue Juristische Wochenschrift
NJW-RR	NJW-Rechtsprechungs-Report Zivilrecht
Nr.	Nummer
NZA	Neue Zeitschrift für Arbeitsrecht
o.	oben
o.g.	oben genannt (e, es, er, en)
OLG	Oberlandesgericht
Pkt.	Punkt

Prof.	Professor
pVV	positive Vertragsverletzung
RdA	Recht der Arbeit
Rdn.	Randnummer
RG	Reichsgericht
RGZ	Entscheidungen des Reichsgerichts in Zivilsachen
RVO	Reichsversicherungsordnung
S.	Satz, Seite
SAE	Sammlung Arbeitsrechtlicher Entscheidungen
SGB	Sozialgesetzbuch
sog.	sogenannte (r, s)
SozR	Sozialrecht (Rechtsprechung und Schrifttum, bearbeitet von den Richtern des Bundessozialgerichts)
ST	Strafsachen
StGB	Strafgesetzbuch
TVG	Tarifvertragsgesetz
u.a.	unter anderem
UFITA	Archiv für Urheber-, Film, Funk- und Theaterrecht
Urt.	Urteil
u.U.	unter Umständen
UV	Unfallversicherung
UVEG	Unfallversicherungs-Einordnungsgesetz
v.	vom, von
v.a.	vor allem
VersR	Versicherungsrecht
vgl.	vergleiche
Vorbem.	Vorbemerkung (en)
WM	Wertpapiermitteilungen
z.B.	zum Beispiel

ZfA	Zeitschrift für Arbeitsrecht
zfo	Zeitschrift für Führung und Organisation
ZfP	Zeitschrift für Personalforschung
ZgS	Zeitschrift für die gesamte Staatswissenschaft
zit.	zitiert
ZPO	Zivilprozeßordnung
ZRP	Zeitschrift für Rechtspolitik
z.T.	zum Teil

Mobbing am Arbeitsplatz
Ansprüche des betroffenen Arbeitnehmers gegenüber Arbeitskollegen
und Arbeitgeber

Einleitung

A. Anlaß der Untersuchung

Am Arbeitsplatz treten, bedingt durch die verschiedenen sich hier ergebenden sozialen Kontakte sowie Interessendivergenzen, naturgemäß
Spannungen zwischen Arbeitgeber und Arbeitnehmer sowie zwischen
den Arbeitskollegen untereinander auf. Gleichzeitig sind Arbeitgeber,
Arbeitnehmer sowie Betriebsrat bzw. dessen Mitglieder dem Grunde
nach an einem möglichst stör- und spannungsfreien Arbeitsablauf respektive Zustand im Betrieb unter Einschluß der zwischenmenschlichen
Beziehungen interessiert[1]. Diesem Interesse tragen zahlreiche arbeitsrechtliche Vorschriften Rechnung. So verpflichtet beispielsweise § 75 II
BetrVG Arbeitgeber und Betriebsrat, auf die positive Gestaltung der Ar-
beitsbedingungen im Interesse der freien Persönlichkeitsentfaltung hin-
zuwirken[2]. § 104 S. 1 BetrVG stellt dem Betriebsrat die Möglichkeit an-
heim, vom Arbeitgeber die Entlassung bzw. Versetzung solcher Arbeitnehmer zu verlangen, welche durch gesetzwidriges Verhalten oder
durch grobe Verletzung der durch § 75 BetrVG postulierten Grundsätze
den Betriebsfrieden wiederholt ernstlich gestört haben.

Die gesetzlichen Instrumentarien können jedoch keinen völlig spannungsfreien Zustand zwischen Arbeitgeber und Arbeitnehmer sowie den
Arbeitnehmern untereinander bewerkstelligen. Meinungsverschieden-
heiten sowie Antipathien zwischen Menschen wird es am Arbeitsplatz,
wie in allen anderen Lebensbereichen auch, immer geben. Kann das
gesetzliche Regelungswerk die Entstehung solcher "zwischenmenschlicher Reibungspunkte" einerseits wohl kaum verhindern, so vermag es
andererseits im Hinblick auf die Austragung solcher Spannungen durch

---

[1]   Vgl. Blomeyer, ZfA 1972, S. 85,93.

[2]   Vgl. Fitting, § 75 , Rdn. 63; Weiss/Weyand, § 75, Rdn. 9; GK-BetrVG-Kreutz,
       § 75, Rdn. 82.

das Gebot bestimmten Tuns oder Unterlassens die Willensentscheidun-
gen der o.g. Personen zu motivieren und kann insoweit eine Verhal-
tenssteuerung bewirken, die dem durch unsere Gesellschaft als schüt-
zenswert angesehenen Katalog von Rechtsgütern Rechnung trägt[3].
Hierdurch werden Konfliktsituationen am Arbeitsplatz zwar keineswegs
eliminiert, jedoch liefert das gesetzliche Regelungswerk gerade auch für
den betrieblichen Bereich zahlreiche Anhaltspunkte dafür, welche Grenzen im Rahmen der innerbetrieblichen Konfliktaustragung jedenfalls
nicht überschritten werden dürfen. Insofern stellt es rechtliche Beurtei-
lungskriterien zur Verfügung, an Hand derer exzessives Verhalten des
Arbeitgebers bzw. des Arbeitskollegen gegenüber dem Arbeitnehmer als
solches festgestellt und mit einer Rechtsfolge belegt werden kann. Leit-
bild dürfte in diesem Kontext ein "relativ spannungsfreier Zustand innerhalb der Belegschaft"[4] sein.

In den oben skizzierten Problemkreis fällt das Thema der vorliegenden
Arbeit. Bei dem unter dem Begriff "Mobbing" gegenwärtig diskutierten
Phänomen geht es, ohne an dieser Stelle eine abschließende Definition
geben zu können, um schikanöses[5], tyrannisierendes[6] bzw. ausgren-
zendes[7] Verhalten oder auch Psychoterror[8] am Arbeitsplatz. Angesprochen wird hierdurch nach wohl einhelliger Meinung nicht die vereinzelt
auftretende, alltägliche Konfliktsituation zwischen einem Arbeitnehmer

---

3   Vgl. Zippelius, S. 2.

4   Diesen Begriff verwendet Blomeyer, ZfA 1972, S. 85, 92. Vgl. hierzu ferner
     Germelmann, S. 155, der ebenfalls feststellt, daß der Betrieb keine gänzlich
     konfliktfreie Ordnung voraussetze, sondern daß hier natürlicherweise eine
     Vielzahl von Konflikten auftrete, die nicht zuletzt wesentlich die Dynamik der
     Sozialstruktur des Betriebes beeinflusse.

5   Vgl. Haller/ Koch, NZA 1995, S. 356; Grunewald, NZA 1993, S. 1071.

6   Etzel, b&b 1994, S. 153; Haller/Koch, NZA 1995, S. 356.

7   Vgl. Däubler, BB 1995, S. 1347; Schaub, § 108, Pkt. V.8.a.

8   Vgl. Leymann, ZfP 1993, S. 271, 272; ders., Sichere Arbeit, Mai 1992, S. 22,
     24; Neuberger, Mobbing, S.8; Brommer, S. 21; Etzel, b&b 1994, S. 153;
     Richardi, BetrVG , § 84, Rdn. 7; Hage/Heilmann, BB 1998, S. 742. Der Begriff
     wird durch die genannten Autoren als Synonym zu dem des Mobbing
     verwendet, ohne ihn weiter zu definieren. Nach allgemeinem sprachlichen
     Verständnis wird man unter dem Begriff "Psychoterror" die Ausübung von
     Zwang bzw. Druck auf die Psyche eines anderen zu verstehen haben; vgl.
     hierzu Brockhaus Enzyklopädie, Band 22, Stichwort: "Terror".

und dessen Arbeitgeber oder Kollegen[9]. Von "Mobbing" soll vielmehr erst in Konstellationen gesprochen werden können, die, gemessen an Intensität, Schwere und Systematik der Einwirkung auf den Arbeitnehmer, über den zuletzt genannten Fall des alltäglichen beruflichen Ärgers deutlich hinausgehen[10]. Der in diesem Zusammenhang verwendete Amerikanismus bezieht sich auf das englische Verbum "to mob", das mit "anpöbeln, bedrängen, über jemanden herfallen" übersetzt werden kann[11]. Unter dem ebenfalls aus dem Englischen stammenden Substantiv "mob" ist eine "spontane, zu Schandtaten bereite Zusammenrottung" zu verstehen[12]. Ursprüngliche Verwendung erfuhr der Begriff durch *Konrad Lorenz*, der mit ihm den Angriff einer Gruppe von Tieren auf einen Eindringling beschrieb[13].

Die Aktualität des Themas "Mobbing am Arbeitsplatz", mit dessen Aufarbeitung gegenwärtig folgerichtigerweise auch die Diskussion über die entsprechenden arbeitsrechtlichen Konsequenzen einsetzt, dürfte auf mehrere Gründe zurückzuführen sein. Bedenkt man einerseits, daß es Erscheinungen wie Schikanen, Spott oder auch Ausgrenzungen am Arbeitsplatz schon so lange geben dürfte wie die Einrichtung der fremdbestimmten Arbeit selbst[14], so ist es aller Wahrscheinlichkeit nach zum einen die recht eingängige Begriffsschöpfung des "Mobbing" selbst, die der entsprechenden, gegenwärtig geführten Diskussion eine gewisse Eigendynamik verliehen hat[15]. Andererseits spricht das allseits festzu-

---

9   Vgl. nur Brinkmann, S. 10 f.; Resch, S. 93; Kollmer, Rdn. 16; ferner Leymann, Mobbing, S. 60 f., der hier ausführt, vor der Etablierung von Mobbing am Arbeitsplatz stünden die täglichen, kleinen Konflikte.

10   Vgl. hierzu Kollmer, Rdn. 7 und 16; Zapf/Warth, Psychologie Heute, August 1997, S. 21, 22; Niedl, Mobbing, Bullying am Arbeitsplatz, S. 23; Resch, S. 93; Brinkmann, S. 10 f., sowie Leymann, Mobbing, S. 60 f.

11   Vgl. Schneider, AuA 1994, S. 180; Haller/Koch, NZA 1995, S. 356; vgl. ferner Pons Globalwörterbuch.

12   Neuberger, Mobbing, S. 8.

13   Hierauf weist Brinkmann, S. 11/12, hin.

14   Vgl. Brinkmann, S. 9; Zuschlag, S. 1, sowie Zapf/Warth, Psychologie Heute, August 1997, S. 21

15   Vgl. nur Neuberger, Mobbing, S. 6 ff., der ausführt, bei dem Begriff "Mobbing" handele es sich um ein Modewort bzw. um einen Sammelbegriff für alle Arten feindseligen, drangsalierenden und schikanierenden Verhaltens in der

stellende große Interesse an dem angesprochenen Problemkreis dafür, daß ihm realiter - bezogen auf den betrieblichen Alltag - eine starke Relevanz beizumessen ist[16]. Dies wiederum erscheint in einer Zeit, für die Erscheinungen wie permanent steigender Leistungs- oder auch Kostensenkungsdruck kennzeichnend sind und in welcher der innerbetriebliche Konkurrenzkampf mit immer größerer Härte ausgetragen wird, nicht weiter verwunderlich. Insoweit spricht vieles dafür, daß das Problemfeld von Schikanen und "psychologischer Kriegsführung"[17] am Arbeitsplatz in den letzten Jahren - zumindest von Intensität und Ausmaß her betrachtet - eine neue Dimension erfahren hat.

Wird das Entladen bzw. die Bewältigung zwischenmenschlicher Konfliktpotentiale und Spannungen in Form von Mobbing[18] in tatsächlicher Hinsicht durchweg geeignet sein, den Betriebsfrieden bzw. das betriebliche Klima zu belasten, so ist in rechtlicher Hinsicht vor allem von Relevanz, welche Reaktionsmöglichkeiten einschließlich etwaiger Anspruchsgrundlagen für den betroffenen Arbeitnehmer bestehen bzw. diesem zustehen. Aber auch die Frage nach Möglichkeiten betrieblicher Prävention ist in diesem Zusammenhang von Interesse. Eine umfassende Untersuchung der Ansprüche des betroffenen Arbeitnehmers gegenüber Arbeitgeber und Kollegen erscheint insbesondere aufgrund der Tatsache angebracht, daß das Phänomen Mobbing in soziologischer, psychologischer, medizinischer sowie betriebswirtschaftlicher Hinsicht bereits eine recht breite Würdigung und Bearbeitung erfahren hat[19],

---

Arbeitswelt, der aktuelle Probleme zur Sprache und ins Gespräch gebracht habe.

16 Vgl. hierzu Schneider, AuA 1994, S. 180, 181, der auf die Einrichtung sog. Mobbing-Telefone hinweist, welche betroffenen Arbeitnehmern die Möglichkeiten eröffnen sollen, sich über ihre einschlägigen Probleme mit Arbeitskollegen, Arbeitgeber oder Vorgesetzten mit einer Vertrauensperson auszutauschen, was wiederum rege genutzt würde. In diesem Kontext vgl. ferner Zapf/Warth, Psychologie Heute, August 1997, S. 21, 22.

17 Als Synonym zu "Mobbing" nennt diesen Begriff beispielsweise Neuberger, Mobbing, S. 8.

18 Vgl. die Ausführungen des Arbeits- und Organisationspsychologen Zuschlag, S. 13, der Mobbing als Coping-Strategie, d.h. als Strategie zur Konfliktbewältigung, einordnet.

19 Vgl. Leymann, Mobbing, S. 9 ff.; ders., ZfP 1993, S. 271 ff.; ders., Sichere Arbeit 1992, S. 22 ff.; Neuberger, Mobbing, S. 6 ff.; Resch, S. 8 ff.; Brommer, S. 7 ff.; Zuschlag, S. 1 ff.; Hahne, zfo 1994, S. 188 ff.; Niedl, Mobbing, Bullying

während innerhalb der juristischen Literatur erst einige wenige und nahezu durchgängig kurz gehaltene Abhandlungen zum in Rede stehenden Thema zu finden sind[20]. Einschlägige Rechtsprechung ist kaum auszumachen und streift den Kern der mit dem Phänomen Mobbing verbundenen Problematik meist nur am Rande[21]. Dies muß um so mehr verwundern, wenn man das entsprechende statistische Material berücksichtigt. So ergab beispielsweise eine in Baden-Württemberg durchgeführte Studie, daß 7,2 % der der Untersuchungsgruppe zugehörigen Arbeitnehmer von Mobbing am Arbeitsplatz betroffen waren[22]. Schätzungen gehen davon aus, daß bundesweit 3-5 % der Berufstätigen Mobbing am Arbeitsplatz zum Opfer fallen[23]. Darüber hinaus wird die Anzahl der durch Mobbing verursachten Suizide in Deutschland auf 2000 pro Jahr

---

am Arbeitsplatz, S. 1 ff. m.w.N.; ders., Betriebswirtschaftlich relevante Aspekte des Mobbinggeschehens, Tagungsband der Kammer für Arbeiter und Angestellte für Salzburg v. 3.6.1993, S. 9 ff.; Ardelt/Buchner/Gattinger, Mobbing aus psychologischer Sicht, a.a.O., S. 27 ff.; Becker, Stationäre Behandlung, a.a.O., S. 17 ff.; ders., Spektrum der Psychiatrie und Nervenheilkunde, Juni 1993, S. 108 ff.; ders., Ärztliche Allgemeine 4/1993, S. 20; Moebius, Psychologie Heute, Januar 1988, S. 32 ff.; Brinkmann, S. 9 ff.; Zapf/Warth, Psychologie Heute, August 1997, S. 21 ff.

20 An dieser Stelle seien genannt: Grunewald, NZA 1993, S. 1071-1073; Haller/Koch, NZA 1995, S. 356-360; Däubler, BB 1995, S. 1347-1351; Bieler/Heilmann, AuR 1995, S. 430-434; Etzel, b&b 1994, S. 153-160, Gralka, BB 1995, S. 2651-2655, Dieball, BB 1996, S. 483-484; Wilhelm, AuA 1995, S. 234 ff.; Schaub, § 108, Pkt. V.8; Kollmer, Rdn. 1 ff.; Hage/Heilmann, BB 1998, S. 742 ff.; Erfurter Kommentar/Dieterich, Art. 2 GG, Rdn. 93. Vgl. ferner v. Hoyningen-Huene, BB 1991, S. 2215-2221, zur eingegrenzten Problematik der Belästigung und Beleidigung von Arbeitnehmern durch Vorgesetzte. Für den Bereich des Anwaltsarbeitsverhältnisses vgl. weiterhin Compensis, BB 1996, S. 321, 322. Eine breitere Darstellung hingegen liefern Eckert, S. 1 ff., sowie Vogt, S. 1 ff.

21 Erstmalige Erwähnung innerhalb der Rechtsprechung erfuhr der Begriff des "Mobbing" - soweit ersichtlich - in einem Urteil des 2. Wehrdienstsenates des Bundesverwaltungsgerichtes, vgl. BVerwG, 2. Wehrdienstsenat, DokBer B 1993, 273, 275 (ST). Eine Begriffsklärung unterblieb a.a.O. jedoch. In der Folge ergingen auch arbeitsgerichtliche Entscheidungen, in der Hauptsache aber verbunden mit der Problematik der Erforderlichkeit einer Betriebsratsschulung zum Thema Mobbing; vgl. hierzu LAG Rheinland-Pfalz, BB 1996, S. 1501 f.; ArbG Oldenburg, AuR 1996, S. 66; ArbG Frankfurt, AiB 1996, S. 557 f.; BAG, BB 1997, S. 1480 f.; ArbG Kiel, BB 1997, S. 1207.

22 Vgl. Däubler, BB 1995, S. 1347, 1351, Fn. 39, mit Verweis auf die Antwort der baden-württembergischen Landesregierung auf eine parlamentarische Anfrage, LT-Drucksache 11/4839, 7.

23 Vgl. Schmidt, AiB 1993, S. 666. Esser/Wolmerath, Mobbing-Ratgeber, S. 17, nennen, auf Deutschland bezogen, die Zahl von ca. 1,27 Millionen Mobbing-Opfern.

veranschlagt[24]. Gestützt werden diese Zahlen durch entsprechende Befunde ausländischer Untersuchungen[25]. Hierbei ist allerdings zu berücksichtigen, daß aufgrund der jeweils unterschiedlichen methodischen Ansätze sowie der Zugrundelegung unterschiedlicher Mobbingdefinitionen eine direkte Vergleichbarkeit zwischen sämtlichen angesprochenen statistischen Ergebnissen nur bedingt möglich ist[26].

Der Grund für die nur sehr zögerliche juristische Auseinandersetzung mit dem Phänomen "Mobbing" dürfte zum großen Teil mit dem Problem verbunden sein, das Phänomen exakt einzugrenzen. Hierbei geht es vor allem um die Frage, ab welchem Grad der Einwirkung Dritter auf den Arbeitnehmer von Mobbing gesprochen werden kann. Eine deutliche Abgrenzung zu vereinzelten, alltäglichen "Reibereien" zwischen Arbeitnehmer und Arbeitgeber respektive Arbeitskollegen erscheint in diesem Kontext geboten. Insoweit mutet es zweckmäßig an, Mobbing als komplexen Vorgang bzw. als einen sich aus zahlreichen Vorkommnissen zusammensetzenden Prozeß zu charakterisieren[27]. Gleichzeitig zeichnen sich gerade hierdurch hinsichtlich der entsprechenden rechtlichen Bewertung Folgeproblematiken ab; dies nicht zuletzt aufgrund der Tatsache, daß unser Recht respektive die hiermit korrelierenden rechtlichen Bewertungen traditionellerweise an Einzelhandlungen anknüpft/anknüpfen[28].

---

24 Schneider, AuA 1994, S. 180, 181 m.w.N.

25 So haben die von dem Diplompsychologen Prof. Dr. Heinz Leymann in Schweden durchgeführten Untersuchungen eine landesweite Quote von 3,5 % der durch Mobbing betroffenen Arbeitnehmer ergeben; vgl. Leymann, ZfP 1993, 271, 274; diesen Wert nennt auch Beermann, Der Personalrat, 9/1993, S. 385, 386; vgl. ferner die Ausführungen von Niedl, Mobbing, Bullying am Arbeitsplatz, S. 42-43, zu finnischen und norwegischen Untersuchungen.

26 Vgl. nur Niedl, a.a.O., S. 42.

27 Vgl. hierzu etwa die Ausführungen innerhalb der Antwort der baden-württembergischen Landesregierung auf eine parlamentarische Anfrage, LT-Drucksache 11/4839, 7, in der festgestellt wird, Mobbing sei keine einzelne Handlung, sondern ein Prozeß, der somit auch nur in seinem Verlauf betrachtet und bewertet werden könne. Vgl. ferner Däubler, BB 1995, S. 1347, mit dem Hinweis darauf, daß sich das Phänomen "Mobbing" nicht auf ein oder zwei konkrete Handlungen reduzieren lasse.

28 Vgl. nur Däubler, BB 1995, S. 1347.

Die o. angesprochene Eingrenzungsproblematik stellt sich weiterhin in zeitlicher Hinsicht. Diesbezüglich ist zu bedenken, daß es sich bei dem Phänomen "Mobbing" überwiegend um einen schleichenden Prozeß handeln wird[29], dessen Beginn nicht immer leicht zu bestimmen sein dürfte. Vorstadien und Entwicklungsstufen sind hier wahrscheinlich. Anfänglich wird es in vielen Fallkonstellationen nur zu einzelnen und oftmals als alltäglich einzustufenden Konflikten, Unverschämtheiten oder Gemeinheiten kommen, die jedoch in der Folge, insbesondere beim Ausbleiben klärender Gespräche, zu ständiger Schikane, Tyrannei, Ausgrenzung bzw. psychischer Terrorisierung des betroffenen Arbeitnehmers führen bzw. eskalieren[30]. Die Übergänge zwischen den einzelnen Entwicklungsstufen werden sich dabei oftmals als fließend darstellen; eine klare zeitliche Grenzziehung zwischen ihnen wird demzufolge in vielen Fällen schwierig sein.

Eine abschließende, allgemein anerkannte Definition des Phänomens "Mobbing" hat sich zum gegenwärtigen Zeitpunkt noch nicht etabliert[31]. Ziel der Untersuchung wird daher zunächst sein, die wesentlichen definitorischen Ansätze in Literatur und Rechtsprechung herauszuarbeiten, um eine Eingrenzung vornehmen und anschließend einen eigenen Definitionsvorschlag als Ausgangsbasis für die weitere Betrachtung vorstellen zu können.

Den Schwerpunkt der Arbeit sollen die rechtlichen Auswirkungen von Mobbing am Arbeitsplatz darstellen. Ziel der zugrundeliegenden Untersuchung muß hierbei sein, die noch unklare Rechtslage, welche aus der erst einsetzenden Auseinandersetzung mit dem Phänomen "Mobbing"

---

29 Vgl. Schäfer, Kriminalistik 3/1995, S. 205, 206; Niedl, S. 69; Barg, Touristik Management 7/8 1993, S. 12,14, sowie Zapf/Warth, Psychologie Heute, August 1997, S. 21, 23.

30 Vgl. hiezu das von Leymann, Mobbing, S. 57 ff., entwickelte "Vier-Phasenmodell", in welchem er zwischen "Konflikten, einzelnen Unverschämtheiten und Gemeinheiten" (Phase 1), "Übergang zu Mobbing und Psychoterror" (Phase 2), "Rechtsbrüchen durch Über- und Fehlgriffe der Personalverwaltung" (Phase 3) und dem "Ausschluß aus der Arbeitswelt " (Phase 4) differenziert. Mit dem genannten Phasenmodell setzt sich etwa auch Eckert, S. 32 ff., auseinander.

31 Dies stellt auch Neuberger, Personalführung 1994, S. 886, fest.

resultiert, aufzuhellen und die entsprechenden zivil- bzw. arbeitsrechtlichen Konsequenzen aufzuzeigen. In diesem Zusammenhang wird die Notwendigkeit einer Klärung der (Vor-)Frage, was begrifflich unter dem Phänomen "Mobbing" zu verstehen ist und welche denkbaren Verhaltensweisen potentieller Mobber hierbei von Relevanz sein können, überaus deutlich. Denn nur die Klärung dieser (Vor-)Frage bewirkt eine Skizzierung des Kataloges "mobbingtypischer" Lebenssachverhalte, die die Anknüpfungspunkte für entsprechende rechtliche Bewertungen darstellen. Demgemäß kann lediglich durch Klärung dieser (Vor-)Frage Aufschluß über die Bandbreite der rechtlichen Reaktions- bzw. Präventionsmittel gewonnen werden.

Inhaltlich ist bezüglich der Problematik des schikanösen, tyrannisierenden, ausgrenzenden bzw. die Psyche des betroffenen Arbeitnehmers terrorisierenden Verhaltens[32] an das gesamte zivil- respektive arbeitsrechtliche Anspruchsspektrum zu denken. Neben der Untersuchung des Platzgreifens etwaiger Ansprüche auf Schadensersatz stellt sich auch die Frage, ob und welche Primärleistungsansprüche einschlägig sein können. Des weiteren sind negatorische sowie quasinegatorische Ansprüche des betroffenen Arbeitnehmers in Erwägung zu ziehen.

Schließlich stellt sich im Rahmen der Untersuchung des Phänomens "Mobbing" die Problematik der Beweisbarkeit. Dieses, für die *tatsächliche* Durchsetzbarkeit *rechtlich* bestehender Ansprüche durchweg maßgebliche Kriterium weist im zu untersuchenden Bereich deswegen eine besondere Relevanz auf, als hier oftmals äußerst subtile, sich über einen längeren Zeitraum erstreckende Attacken[33] vorliegen werden[34]. Weiterhin ist in diesem Kontext zu untersuchen, welche Probleme aus der meist isolierten Stellung[35] des gemobbten Arbeitnehmers resultieren.

---

32   Zu dieser vorläufigen Skizzierung des Mobbingbegriffes vgl. den Text bei den Fn. 5-8 dieser Arbeit.

33   Vgl. Niedl, S. 68.

34   Vgl. hierzu Grunewald, NZA 1993, S. 1071, 1073; Däubler, BB 1995, S. 1347, 1350; Etzel, b&b 1994, S. 153, 159; Resch, S. 178.

35   Vgl. zu dieser nur Brinkmann, S. 38 ff.

B. Gang der Untersuchung

Den Ausgangspunkt der Untersuchung stellt eine Begriffsklärung des unter dem Stichwort "Mobbing" gegenwärtig auf breiter Ebene diskutierten Phänomens dar. Hierbei erfolgt zunächst ein Blick sowohl über die bundesdeutschen Grenzen hinaus als auch hin zu der Beurteilung des Phänomens durch außerjuristische wissenschaftliche Disziplinen. Hiernach werden bereits existierende juristische Definitionsansätze dargestellt, um schließlich einen eigenen Definitionsvorschlag vorzustellen (1. Kapitel des ersten Hauptteils).

Im 2. Kapitel des ersten Hauptteils erfolgt eine Auseinandersetzung mit möglichen Ursachen und Wirkungen von Mobbing am Arbeitsplatz.

Gegenstand des zweiten Hauptteils der Untersuchung - der gleichzeitig ihren Schwerpunkt darstellt - bildet die rechtliche Bewertung von Mobbing am Arbeitsplatz. Inhaltlich stehen hierbei die rechtlichen Reaktionsmöglichkeiten des betroffenen Arbeitnehmers stark im Vordergrund. Darüber hinaus werden aber in gedrängter Form auch juristisch gangbare Wege angedeutet, die Entstehung von Mobbing am Arbeitsplatz zu verhindern. Ausgangspunkt aller Überlegungen ist hierbei das bestehende (arbeits-) rechtliche Instrumentarium. Einzubeziehen ist in diesem Kontext an gegebener Stelle das im September 1994 in Kraft getretene Gesetz zur Durchsetzung der Gleichberechtigung von Männern und Frauen[36], das in Art. 10 einen möglichen Teilbereich des Mobbing regelt. In dem genannten Artikel, dem sog. Beschäftigtenschutzgesetz (im folgenden BeschSG)[37], erfährt die Problematik der sexuellen Belästigung am Arbeitsplatz eine gesetzliche Regelung[38].

---

36   Zweites Gleichberechtigungsgesetz vom 24.6.1994, BGBl. I 1994, S. 1406 ff.

37   Gesetz zum Schutz der Beschäftigten vor sexueller Belästigung am Arbeitsplatz, BGBl. I 1994, S. 1406, 1412 f.

38   Vgl. hierzu die erläuternden Ausführungen von Gutsche, S. 116 ff.; Worzalla, NZA 1994, S. 1016 ff.; ferner Mittmann, NJW 1994, S. 3048 ff.; von Roetteken, Der Personalrat 1995, S. 276 ff.; Degen, Der Personalrat 1995, S. 145 ff.; zum möglichen Zusammenhang zwischen sexueller Belästigung und Mobbing vgl. Wilhelm, AuA 1995, S. 234, sowie Schiek, S. 5, welche die sexuelle Belästigung als häufigste Form von "Mobbing" ansieht.

Innerhalb des 1. Kapitels des zweiten Hauptteils wird das rechtliche Verhältnis zwischen gemobbten Arbeitnehmer und mobbendem/mobbenden Arbeitskollegen bzw. werden die hiermit korrespondierenden Anspruchsgrundlagen beleuchtet. Zunächst wird hierbei der Frage nachgegangen, ob insoweit vertragliche Ansprüche eine Rolle spielen können. Möglicher Ansatzpunkt ist diesbezüglich die Rechtsfigur des "Vertrages mit Schutzwirkung zugunsten Dritter". Die Anwendbarkeit dieser Figur im rechtlichen Verhältnis von Arbeitnehmern untereinander wird im genannten Zusammenhang einer kritischen Würdigung unterzogen.

Im Anschluß hieran werden denkbare Ansprüche deliktischer Natur auf ihre Einschlägigkeit hin überprüft. An dieser Stelle erfolgt stellvertretend für den weiteren Fortgang der Untersuchung eine Auseinandersetzung mit der durch die Literatur aufgestellten These, die deliktische Haftung im Bereich Mobbing werde durch die Rechtsfigur des "sozialadäquaten Verhaltens" stark eingeschränkt bzw. gänzlich ausgeschlossen. Darauf folgend wird der Frage nachgegangen, ob und inwieweit die deliktische Haftung im Falle von Mobbing durch die Vorschriften der §§ 104 ff. SGB VII eine Beschränkung erfahren kann. Hier ist v.a. von Relevanz, ob der durch Mobbing hervorgerufene Personenschaden begrifflich einen Arbeitsunfall bzw. eine Berufskrankheit i.S. der genannten Vorschriften darstellen kann.

Das 1. Kapitel des zweiten Hauptteils der Arbeit schließt mit der Untersuchung der Frage, ob dem gemobbten Arbeitnehmer negatorische bzw. quasinegatorische Ansprüche - also solche auf Beseitigung oder Unterlassung - seinen mobbenden Arbeitskollegen gegenüber zustehen.

Das 2. Kapitel des zweiten Hauptteils verläßt den Bereich der rechtlichen Beziehungen zwischen gemobbtem und mobbendem Arbeitnehmer. Es wendet sich der Untersuchung der Anspruchssituation des gemobbten Arbeitnehmers gegenüber dem für das Mobbing letztlich verantwortlichen Arbeitgeber zu. An erster Stelle der Erörterung stehen hierbei solche Ansprüche, die ihre Grundlage in der vertraglichen Bindung zwischen Arbeitgeber und gemobbtem Arbeitnehmer finden. In diesem

Kontext wird insbesondere auf den Umfang der arbeitgeberseitigen Fürsorgepflicht eingegangen.

Im Rahmen der sich anschließenden Untersuchung deliktischer Ansprüche wird vorab schwerpunktmäßig analysiert, welche deliktsrechtlich relevanten Mobbingformen speziell dem Arbeitgeber als dem Dienstherren des Arbeitnehmers zur Verfügung stehen. Des weiteren wird insbesondere geprüft, inwieweit § 75 II BetrVG sowie § 2 I BeschSG als Schutzgesetze i.S.v. § 823 II BGB qualifiziert werden können.

Das 3. Kapitel des zweiten Hauptteils hat die Problematik der Beweisbarkeit von Mobbing am Arbeitsplatz zum Inhalt. Als Exkurs folgt in gedrängter Form eine Auseinandersetzung mit der Thematik der betrieblichen Mobbing-Prävention.

Die Arbeit schließt mit einer Zusammenfassung der wesentlichen Ergebnisse in Form von Thesen.

Erster Hauptteil: Der zu bewertende Lebenssachverhalt

1. Kapitel: Mobbing - Begriffsklärung, Abgrenzung und Definition

Eine verbindliche und abschließende Definition des unter dem Stichwort "Mobbing" diskutierten Phänomens ist, wie bereits erwähnt, nicht existent[39]. Vonnöten erscheint daher die Darstellung der wesentlichen bisherigen Definitions- und Eingrenzungsvorschläge, die einer kritischen Würdigung unterzogen und an Hand derer die einschlägigen Charakteristika des Begriffes herausgearbeitet werden sollen. Berücksichtigung finden sollen hier neben juristischen Ansätzen vor allen Dingen die Erkenntnisse weiterer wissenschaftlicher Disziplinen wie beispielsweise der (Arbeits-) Psychologie sowie der Personalwirtschaftslehre, da in diesen Bereichen eine in Relation zur Rechtswissenschaft weit eingehendere Auseinandersetzung mit der zu untersuchenden Problematik stattgefunden hat. Hiernach soll ein eigener Definitionsvorschlag erfolgen, der gleichzeitig die Basis für die anschließende rechtliche Beurteilung des Phänomens darstellen wird.

A. Interdisziplinäre Beurteilungs- und Sichtweisen des Phänomens

Eine eingehende Auseinandersetzung mit psychischen Belastungsfaktoren oder auch Stressoren[40] am Arbeitsplatz hat v.a. in den skandinavischen Ländern stattgefunden.

In den hier interessierenden Problembereich fällt zunächst die norwegische Untersuchung von *Matthiesen/Raknes/Rokkum* aus dem Jahre 1989. Die Verfasser sehen Mobbing als gegeben an, wenn "eine oder mehrere Person(en) eines abgegrenzten Bereiches (Arbeitsgemeinschaft) wiederholt und über längere Zeit negativen Reak-

---

39   Vgl. hierzu den Text bei Fn. 31.

40   Vgl. Moebius, Psychologie Heute, Januar 1988, S. 32.

tionen oder Handlungen durch eine oder mehrere Person(en) desselben Bereichs ausgesetzt ist (sind)"[41].

Ebenso aus Norwegen stammt die 1990 veröffentlichte Arbeit von *Kile*, nach welcher Mobbing gesundheitsgefährliche [Personal-] Führung darstellt, die sich durch "langwierige und ausdauernde Schikane eines oder mehrerer Untergebener durch einen Führer"[42] auszeichne.

Im Gegensatz zu der von *Matthiesen/Raknes/Rokkum* aufgestellten Definition wird hier der Kreis der als Mobber in Betracht kommenden Personen auf Führungskräfte beschränkt.

In Schweden setzte die Forschung hinsichtlich des Problemfeldes "Psychoterror[43] am Arbeitsplatz" 1982 ein[44]. Aus dem Jahre 1987 stammt die Veröffentlichung von *Thylefors*, die Mobbing tatbestandlich als gegeben ansieht, wenn eine oder mehrere Personen "wiederholte Male und über längere Zeit negativen Handlungen durch ein anderes oder mehrere andere Individuen ausgesetzt ist/sind". In systematischer Weise werde hier u.a. das Selbstwertgefühl einer Person zerstört[45].

Besondere Beachtung verdienen die Forschungsergebnisse des ebenfalls in Schweden tätigen Arbeitspsychologen *Leymann*. Auch dieser hat sich eingehend mit destruktiven und lang anhaltenden Auswüchsen von persönlichen Konflikten am Arbeitsplatz beschäftigt. In Anbetracht der Tatsache, daß *Leymann* bislang mit Abstand die zahlreichsten Publikationen zum Thema Mobbing vorgelegt hat[46] und sein diesbezüglicher

---

41   Matthiessen/Raknes/Rokkum, Mobbing pa arbeidsplassen, zitiert nach Niedl, Mobbing, Bullying am Arbeitsplatz, S. 19.

42   Kile, Helsefarlege leiarskap, zitiert nach Niedl, Mobbing, Bullying am Arbeitsplatz, S. 19.

43   Zum Begriff des Psychoterrors vgl. die Erläuterungen unter Fn. 8.

44   Leymann, Sichere Arbeit, Mai 1992, S. 22, 24.

45   Thylefors, Syndabockar. Om utstötning och mobbning i arbetslivet, zitiert nach Niedl, Mobbing, Bullying am Arbeitsplatz, S. 19.

46   Vgl. auch Neuberger, Mobbing, S. 6.

definitorischer Ansatz weitgehende Akzeptanz gefunden hat[47], soll letzterer im folgenden umfassend dargestellt werden.

Nach *Leymann* handelt es sich bei dem Phänomen Mobbing um Psychoterror am Arbeitsplatz, der sich dadurch auszeichnet, daß im Rahmen der Konflikt-Entwicklung einzelne Personen hauptsächlich von Kollegen und/oder Vorgesetzten nachhaltig und über einen längeren Zeitraum in die Enge getrieben werden[48]. *Leymann* definiert Mobbing als "negative kommunikative Handlungen, die gegen eine Person gerichtet sind (von einer oder mehreren anderen) und die sehr oft und über einen längeren Zeitraum hinaus vorkommen und damit die Beziehung zwischen Täter und Opfer kennzeichnen"[49]. Durch wiederholte Belästigungen und starke Kränkungen werde eine bestimmte Person "weichgemacht" oder - sozialpsychologisch ausgedrückt - stigmatisiert[50]. Auch von einem Ausstoß aus der entsprechenden Arbeitsgruppe könne in diesem Kontext gesprochen werden[51].

Leymann konkretisiert den Aspekt der Häufigkeit und des Zeitraums dahingehend, daß die Übergriffe über ein halbes Jahr oder länger mindestens einmal pro Woche vorkommen müßten[52].

Er teilt die von ihm als "negative kommunikative Handlungen" bezeichneten Verhaltensweisen in fünf Gruppen ein, die er ihrer jeweiligen Zielrichtung nach voneinander abgrenzt:

---

47 So auch im Rahmen der Antwort der baden-württembergischen Landesregierung auf eine parlamentarische Anfrage zum Thema Psychostreß und Psychoterror am Arbeitsplatz (Mobbing), LT-Drucksache 11/4839, 6; vgl. ferner Brommer, S. 22; Resch, S. 93, Fn. 4; Etzel, b&b 1994, S. 153; Beermann, Der Personalrat 1993, S. 385, 386; Becker/Nowosad, id 8/1993, S. 2, 3; Becker, Theraphiewoche 1993, S. 1717; Ardelt/Buchner/Gattinger, Mobbing aus psychologischer Sicht, Tagungsband der Kammer für Arbeiter und Angestellte für Salzburg v. 3.6.1993, S. 27; kritisch hingegen Hahne, zfo 1994, S. 188 ff., sowie Neuberger, Mobbing, S. 13 ff.

48 Leymann, ZfP 1993, S. 271, 272.

49 Leymann, Mobbing, S. 21.

50 Leymann, Marketing, S. 291, 292.

51 Ebenda.

52 Leymann, Mobbing, S. 22.

1. Gruppe: Angriffe auf die Möglichkeiten, sich mitzuteilen
2. Gruppe: Angriffe auf die sozialen Beziehungen
3. Gruppe: Angriffe auf das soziale Ansehen
4. Gruppe: Angriffe auf die Qualität der Berufs- und Lebenssituation
5. Gruppe: Angriffe auf die Gesundheit[53].

Den von ihm festgelegten Verhaltensgruppen ordnet *Leymann* insgesamt 45 Verhaltensweisen zu. So fallen nach *Leymann* in Gruppe 1 (Angriffe auf die Möglichkeiten, sich mitzuteilen) beispielsweise folgende Aktivitäten: Ständige Unterbrechungen, Anschreien oder lautes Beschimpfen, ständige Kritik an der Arbeit, Telefonterror, mündliche und schriftliche Drohungen sowie Kontaktverweigerung durch abwertende Blicke oder Gesten.

Angriffe auf die sozialen Beziehungen (Gruppe 2) sieht *Leymann* in den Fällen als gegeben an, in denen nicht mehr mit dem/der Betroffenen[54] geredet wird, man sich nicht mehr ansprechen läßt oder der Gemobbte wie Luft behandelt wird [eine Auswahl].

Angriffe auf das soziale Ansehen (Gruppe 3) erblickt *Leymann* z.B. darin, daß über den Betroffenen Gerüchte verbreitet werden, er lächerlich gemacht wird, seine Arbeitseinsätze in falscher und kränkender Weise beurteilt werden, seine Entscheidungen in Frage gestellt werden, er beschimpft wird oder sexuellen Annäherungen ausgesetzt ist.

Gruppe 4 der "negativen kommunikativen Handlungen" umfaßt nach *Leymann* z.B. folgende Verhaltensweisen: Man weist dem Betroffenen keine Arbeit zu, man überträgt ihm sinnlose Arbeit, man weist ihm Arbeitsaufträge weit unter seinem eigentlichen Können zu, dem Betroffenen werden ständig neue Aufgaben übertragen, oder er erhält Arbeitsaufträge, die seine Qualifikation übersteigen.

---

53 Leymann, Mobbing, S. 23.

54 Im folgenden wird zwecks Wahrung des Leseflusses jeweils nur noch das männliche Substantiv verwendet, wohl um die Tatsache wissend, daß in vielen Teilbereichen der zu untersuchenden Problematik Frauen in weit stärkerem Maße als Männer betroffen sind (insbesondere im Bereich der sexuellen Belästigung).

Angriffe auf die Gesundheit, welche in Gruppe 5 fallen, erblickt *Leymann* beispielsweise in dem Zwang zu gesundheitsschädlichen Arbeiten, in der Androhung körperlicher Gewalt, in körperlichen Mißhandlungen sowie in sexuellen Handgreiflichkeiten[55].

Aus dem deutschsprachigen Raum (Österreich) gilt es zunächst, die definitorischen Ansätze von *Niedl* zu erwähnen. Seiner - wirtschaftswissenschaftlich orientierten - "empirischen Analyse zum Phänomen sowie zu personalwirtschaftlich relevanten Effekten von systematischen Feindseligkeiten"[56] legt dieser eine Definition zugrunde, nach welcher unter Mobbing am Arbeitsplatz Handlungen einer Gruppe oder eines Individuums zu verstehen sind, denen von einer Person, die diese Handlungen als gegen sie gerichtet wahrnimmt, ein feindseliger, demütigender oder einschüchternder Charakter zugeschrieben wird. Die Handlungen müßten zudem häufig auftreten und über einen längeren Zeitraum andauern. Ferner müsse sich die betroffene Person aufgrund wahrgenommener sozialer, ökonomischer, physischer oder psychischer Charakteristika außerstande sehen, sich zu wehren oder ihrer jeweiligen Situation zu entkommen[57].

An anderer Stelle beschreibt der Autor - nach eigenem Bekunden in Anlehnung an *Leymann* - das Phänomen des Mobbing im Arbeitsleben als das Auftreten von Handlungen, die von Individuen oder einer Gruppe auf systematische Art gegen eine bestimmte Person ausgeübt werden, wobei die Handlungen vom Betroffenen subjektiv als feindselig interpretiert werden, oft (nahezu täglich, mindestens aber einmal pro Woche) auftreten und über einen längeren Zeitraum (mindestens ein halbes Jahr) andauern[58].

---

55 Vgl. zum Ganzen Leymann, Mobbing, S. 33-34, mit Verweis auf weitere "negative kommunikative Handlungen".

56 Niedl, Mobbing, Bullying am Arbeitsplatz, S. 1 ff.

57 A.a.O., S. 23.

58 Niedl, Betriebswirtschaftlich relevante Aspekte des Mobbinggeschehens, Tagungsband der Kammer für Arbeiter und Angestellte für Salzburg v. 3.6.1993, S. 9, 10.

Die wesentlichen Ansatzpunkte dieser Definitionen liegen zum einen in der Tatsache begründet, daß hier auf die Wahrnehmung bzw. auf das subjektive Empfinden des Betroffenen abgestellt wird. Zum anderen erfolgt eine Klarstellung dahingehend, daß im Falle von Mobbing innerhalb eines längeren Zeitraums in systematischer, also planmäßiger Weise seitens des/der Mobber(s) auf den Betroffenen eingewirkt wird.

In Deutschland hat die 1993 gegründete *Gesellschaft gegen psychosozialen Streß und Mobbing e.V.* folgende Mobbing-Definition geprägt: "Unter Mobbing wird eine konfliktbelastete Kommunikation am Arbeitsplatz unter Kollegen oder zwischen Vorgesetzten und Untergebenen verstanden, bei der die angegriffene Person unterlegen ist (1) und von einer oder einigen Personen systematisch, oft (2) und während längerer Zeit (3) mit dem Ziel und/oder dem Effekt des Ausstoßes aus dem Arbeitsverhältnis (4) direkt oder indirekt angegriffen wird und dies als Diskriminierung empfindet"[59].

Die eben aufgeführte Definition wurde 1993 von dem Neurologen *Becker* aufgegriffen. *Becker* unterhält seit 1994 in Neubrück in Brandenburg eine Spezialklinik, in der ausschließlich Mobbing-Patienten behandelt werden. Nach *Becker* beginnt Mobbing bereits dann, wenn der Betroffene personenbezogene Konflikthandlungen dauerhaft und gezielt gegen sich gerichtet empfindet, aufgrund seiner Unterlegenheit seelisch und/oder körperlich leidet und infolgedessen erkrankt[60]. *Becker* beschreibt Mobbing als "betriebsbedingten psychosozialen Terror" oder auch als ein "Phänomen sozialen Stresses", das durch unethische Kommunikation am Arbeitsplatz bedingt wird[61].

---

59   Zitiert nach Leymann, Mobbing-Bericht, S. 18. Der Entwurf der Definition erfolgte unter Mitarbeit von Leymann; vgl. hierzu Resch, S. 93, Fn. 4 i.V.m. S. 128.

60   Vgl. zum Ganzen Becker, Ärztliche Allgemeine 4/1993, S. 20.

61   Becker, Spektrum der Psychiatrie und Nervenheilkunde, 3/1993, S. 108, 109.

B. Definitionsansätze innerhalb der Rechtswissenschaft

Eine Auseinandersetzung mit ausgrenzendem Verhalten am Arbeitsplatz hat auf juristischer Ebene in Schweden stattgefunden, sicherlich bedingt durch die hier durchgeführten umfangreichen Forschungsarbeiten, die wiederum im Lichte der spezifischen skandinavischen Tradition einer engagierten Arbeitspsychologie zu sehen sind[62]. In diesem Zusammenhang ist die *Verordnung des schwedischen Arbeitsschutzausschusses vom 21. September 1993*[63] zu nennen, die sich gegen Verfolgungen und Drangsalierungen am Arbeitsplatz wendet. Die Verordnung, welche Empfehlungen für das Verhalten aller Beteiligten bei ersten Anzeichen von Mobbing enthält[64], ohne jedoch zwingende Rechtsfolgen für den Fall entsprechender Miß- oder Nichtbeachtung vorzusehen, richtet sich gegen "wiederkehrende tadelnswerte oder negativ geprägte Handlungen, welche in offensiver Weise gegen einzelne Arbeitnehmer gerichtet sind und zur Folge haben können, daß diese aus der Gemeinschaft des Arbeitsplatzes ausgeschlossen werden"[65]. Im Rahmen der Verordnung, welche nicht explizit den Begriff Mobbing verwendet, werden exemplarisch diverse Verhaltensweisen aufgezählt, die den durch die Verordnung festgelegten Tatbestand erfüllen[66] und die nahezu vollständig in dem durch Leymann festgelegten Verhaltenskatalog[67] enthalten sind.

Innerhalb der deutschen Rechtsprechung und juristischen Literatur beschränkt man sich weitestgehend auf das Aufgreifen bereits existierender Definitionen, Schlagwörter oder wörtlicher Übersetzungen[68]. Dies

---

62   Vgl. Ardelt/Buchner/Gattinger, Mobbing aus psychologischer Sicht, Tagungsband der Kammer für Arbeiter und Angestellte für Salzburg v. 3.6.1993, S. 27.

63   Victimization at work, AFS 1993: 17, S. 1 ff.

64   Vgl. Däubler, BB 1995, S. 1347, 1351.

65   Victimization at work, AFS 1993: 17, S. 3.

66   A.a.O., S. 7-8.

67   Vgl. Leymann, Mobbing, S. 33-34.

68   Vgl. Grunewald, NZA 1993, S. 1071; Beermann, Der Personalrat 1993, S. 385-386; Haller/Koch, NZA 1995, S. 356; Schneider, AuA 1994, S. 180; Kaller, Stichwort "Mobbing"; des weiteren Däubler, BB 1995, S. 1347, sowie Antwort der baden-württembergischen Landesregierung auf eine parlamentarische

gilt insbesondere auch für die im Jahre 1997 durch das BAG eher bei-
läufig aufgestellte Definition von Mobbing, welche tatbestandlich ein
"systematisches Anfeinden, Schikanieren oder Diskriminieren von Arbeitnehmern untereinander oder durch Vorgesetzte" voraussetzt[69].

Von den o. genannten Definitionen, die sich ganz überwiegend durch ihren rein repetierenden Charakter auszeichnen, stellt der von *Etzel* verfolgte Ansatz insofern eine Ausnahme dar, als dieser Mobbing in gewissen Fallkonstellationen bereits dann tatbestandlich als gegeben ansieht,
wenn durch eine einzige Handlung in die Rechte eines Mitarbeiters eingegriffen wird und sich die Folgen dieses Eingriffs i.d.R. über mehr als
sechs Monate erstrecken[70].

Erwähnung finden soll fernerhin die von *Warschkow/Erdmann* vorge-
schlagene Mobbing-Definition. Die Autoren verstehen unter Mobbing
den systematisch gezielten, häufigen und rechtswidrigen Eingriff in das
Persönlichkeitsrecht[71] [des Gemobbten]. Ausgehend von dem englischen Substantiv "mob" i.S. einer Zusammenrottung von Personen[72]
scheinen *Warschkow/Erdmann* in jedem Fall von einem gemeinsamen

---

Anfrage vom 25.10.1994, LT-Drucksache 11/4839, 6, in der auf die durch
Leymann präsentierte Definition verwiesen wird.

69   Vgl. BAG, BB 1997, S. 1480, 1481. Das BAG führt hier weiter aus, Mobbing
werde durch Streßsituationen am Arbeitsplatz begünstigt, deren Ursachen u.a.
in einer Über- oder Unterforderung einzelner Arbeitnehmer oder
Arbeitnehmergruppen, in der Arbeitsorganisation oder im Verhalten von
Vorgesetzten liegen könnten. Die zugrundeliegende Entscheidung befaßte
sich jedoch nicht mit einem konkreten Fall von Mobbing am Arbeitsplatz,
sondern mit der von der eigentlichen Problematik eher losgelösten Frage der
Erforderlichkeit einer Betriebsratsschulung zum Thema "Mobbing".

70   Vgl. Etzel, b&b 1994, S. 153. Der Autor hebt hier hervor, daß in jedem Einzelfall
zu prüfen sei, ob Mobbing als Psychoterror am Arbeitsplatz vorliege. Er bejaht
dies für den Fall, in dem Arbeitnehmer von ihrem Arbeitgeber im Rahmen einer
Umstrukturierung in ein Zweierzimmer bzw. Großraumbüro umgesetzt werden,
obwohl erstere einen Anspruch auf ein Einzelzimmer erworben haben, ohne
jedoch weiter darzulegen, warum er hierin einen Fall systematischen, die
Psyche der betroffenen Arbeitnehmer terrorisierenden Vorgehens erblickt.

71   Warschkow/Erdmann, AiB 1995, S. 509, 510.

72   Warschkow/Erdmann, AiB 1995, S. 509, 510; vgl. hierzu Pons
Globalwörterbuch: Der Begriff wird hier mit "Horde, Schar, Bande" übersetzt.

Vorgehen mehrerer Täter auszugehen[73], wobei nicht jeder dieser "bewußt vorsätzlich" handeln müsse, sondern ebensogut als Mitläufer ohne weiteres Nachdenken am Mobbing teilnehmen könne[74].

Interessant ist dieser Ansatz nicht zuletzt deswegen, weil er sich mit der inneren Bewußtseins- bzw. Motivationslage des/der Mobber(s) auseinandersetzt. Unnötig und zu eng geraten erscheint jedoch die ausdrückliche Begrenzung auf Eingriffe in das Persönlichkeitsrecht des Betroffenen, da hierdurch der Eindruck entstehen muß, weitere Rechte und Rechtsgüter desselben könnten im Wege systematischer Schikane oder Anfeindung seitens Dritter nicht verletzt werden. Zudem erscheint die pauschalierte Unterstellung der Rechtswidrigkeit der Eingriffe gerade im Zusammenhang mit Persönlichkeitsrechtsverletzungen unangemessen, da es sich beim allgemeinen Persönlichkeitsrecht um ein sog. Rahmenrecht von generalklauselartiger Weite handelt, bei welchem nach herrschender Auffassung durch einen tatbestandlichen Eingriff die Rechtswidrigkeit nicht ohne weiteres indiziert ist[75].

C. Auswertung und kritische Würdigung der verschiedenen Definitionen sowie Vorstellung eines eigenen Definitionsvorschlages

I. Prozeßcharakter des Mobbing - Abgrenzung von vereinzelt auftretenden, alltäglichen Konflikten

Den dargestellten Eingrenzungs- und Definitionsansätzen ist zu eigen, daß sie in ihrer Gesamtheit (mit Ausnahme des von *Etzel* verfolgten Ansatzes) zunächst für den Tatbestand des Mobbing einen Prozeß oder auch Verlauf als konstituierend voraussetzen, der sich aus mehreren Einzelakten bzw. Verhaltensweisen zusammensetzt. Demnach wäre zwischen dem Phänomen Mobbing im Sinne eines sich entwickelnden

---

73   Diese Prämisse scheint ferner einer auf die personalratliche Tätigkeit ausgerichteten Veröffentlichung von Warschkow, Personalrat 1995, S. 365, 366, zugrunde zu liegen.

74   Warschkow/Erdmann, AiB 1995, S. 509, 510.

75   Vgl. statt vieler Erman-Ehmann, Anhang zu § 12, Rdn. 15.

Prozesses und einzelnen, in diesen Prozeß hineinfallenden Mobbing-Verhaltensweisen zu unterscheiden[76]. Dies wiederum entspräche dem oftmals als Synonym für Mobbing verwendeten Begriff der systematischen Schikane[77], der ein in mehrere Einzelakte gliederbares Vorgehen immanent ist.

Mit dem dargelegten Verständnis des Phänomens stehen weitere, allgemein zugrundegelegte Begriffsmerkmale in Einklang. So wird ferner als Tatbestandsmerkmal, in jeweils unterschiedlicher Ausgestaltung, ein Wiederholungscharakter der einzelnen Mobbing-Verhaltensweisen im Rahmen eines länger andauernden Zeitraums gefordert. Der in diesem Kontext von *Leymann* auf eine Spanne von sechs Monaten festgelegte Zeitraum sowie die von ihm geforderte Häufigkeit der Verhaltensweisen (mindestens einmal pro Woche)[78] finden ihre Berechtigung in dem von ihm gewählten methodischen Ansatz[79], ohne eine weitere, zwingende Begründung für sich in Anspruch nehmen zu können.

Dem Verständnis des in Rede stehenden Phänomens i.S. eines dauerhaften Prozesses oder auch Verlaufes ist beizupflichten. Dies ergibt sich schon aus der Natur der Sache. Zum "Terror oder auch Kleinkrieg am Arbeitsplatz"[80] werden bestimmte Verhaltensweisen nämlich nur dann, wenn ihnen eine gewisse Systematik anhaftet, sie also häufiger, wiederholt oder im Zusammenspiel mit anderen Handlungen oder Unterlas-

---

76   In diesem Sinne Leymann, Mobbing, S. 21, der zwischen Mobbing als zermürbendem Handlungsablauf und einzelnen, diesen Ablauf ausmachenden Handlungen unterscheidet; dem zustimmend Resch, S. 93, der Mobbing als bestimmte soziale Situation bezeichnet, die nicht mit einzelnen Handlungen oder Ereignissen gleichzusetzen sei.

77   Vgl. statt vieler Grunewald, NZA 1993, S. 1071.

78   Vgl. Leymann, Mobbing, S. 22.

79   Dieser ist operational: Durchgeführt wurden ca. 300 Interviews mit Betroffenen sowie deren Ärzten und Betriebsräten, deren Resultat die durch Leymann durchgeführte Auflistung von 45 operativ beschriebenen Handlungen darstellt; vgl. Leymann, ZfP, S. 271, 272. Für die in diesem Zusammenhang durchgeführten statistischen Erhebungen wurde zwecks Grenzziehung Mindestdauer und -häufigkeit der Mobbing-Attacken in oben bezeichneter Weise (vgl. S. 14, bei Fn. 52) festgelegt, vgl. Leymann, Mobbing, S. 22; ders., Mobbing-Bericht, S. 18.

80   Zu diesen schlagwortartigen Beschreibungen des Phänomens vgl. nur Kollmer, Rdn. 5 m.w.N.

sungen auftreten. Dies gilt insbesondere in Bezug auf solche Verhaltensweisen, die einmalig betrachtet keinen die Psyche des Betroffenen belastenden Effekt aufweisen, welche jedoch in der Regel infolge ständiger Wiederholung über einen längeren Zeitraum hinweg - auf subtile Weise - eine solche Wirkung erzielen werden[81].

Ein Beispiel:

Der Vorgesetzte V des Arbeitnehmers A kritisiert eine durch letzteren angefertigte Ausarbeitung. Dies erscheint nicht außergewöhnlich und kann an jedem Arbeitsplatz in vergleichbarer Weise vorkommen. A wird hier zwar nicht gerade begeistert sein, jedoch wird sich das Verhalten seines Vorgesetzten auf ihn nicht nachhaltig in negativer Form auswirken. Werden die Ausarbeitungen des A durch V hingegen ständig und prinzipiell "zerrissen", so wird dies den A belasten und auf dessen Seite eventuell sogar gesundheitliche Beeinträchtigungen nach sich ziehen.

Das Verständnis von Mobbing i.S. eines fortschreitenden Prozesses[82] bedingt gleichzeitig die Zugrundelegung der begrifflichen Merkmale "Dauer und Häufigkeit" bzw. "Wiederholungscharakter". Hierdurch wird zum einen eine sinnvolle Abgrenzung zu einmaligen Auseinandersetzungen am Arbeitsplatz getroffen, die - punktuell und eher zufällig erfolgend - in einem sozialverträglichen Rahmen "alltäglicher zwischen-

---

81 Vgl. hierzu Leymann, Mobbing, S. 22, der hier den treffenden Begriff der "Allerweltshandlung" verwendet. Auch Neuberger, Mobbing, S. 15/16, greift den dargelegten Gedankengang auf, wenn er davon spricht, daß bestimmte Einzel-Handlungen ihr Gewicht und ihre Brisanz erst durch ihre Einbettung in ein bestimmtes Verhaltensmuster (nämlich das der Intrige) bekämen; auf dieser Linie liegen ferner die Ausführungen von Beermann/Meschkutat, S. 30/31, die darauf hinweisen, daß die den psychosozialen Streß ausmachenden Einzelhandlungen für sich gesehen oftmals eher unauffällig seien. Auf den bei isolierter Betrachtung eher unauffälligen Charakter einzelner Mobbing-Verhaltensweisen weisen auch Zapf/Warth, Psychologie Heute, August 1997, S. 21, 23, hin.

82 Vgl. hierzu auch Björkqvist, Trakassering förekommer bland anställda vid AA, S. 15 ff., zitiert nach Niedl, Mobbing, Bullying am Arbeitsplatz, S. 58/59. Von einem "Verlauf" geht nahezu die gesamte einschlägige Literatur aus; vgl. nur Resch, S. 93; Brommer, S. 21/22; Waniorek/Waniorek, S. 64-66; Beermann, Der Personalrat 1993, S. 385/386, sowie Beermann/Meschkutat, S. 5. Vgl. hierzu ferner die entsprechenden Nachweise unter Fn. 27.

menschlicher Kommunikation"[83] liegen. Diese erfüllen nicht den Tatbestand des Mobbing, was nicht zuletzt durch die Tatsache gerechtfertigt
erscheint, daß sie in aller Regel gar nicht geeignet sind, den involvierten
Arbeitnehmer nachhaltig - etwa an Physis oder Psyche - zu beeinträchtigen[84]. Vielmehr sind solche Verhaltensweisen dem normalen Verhal-
tensrepertoire am Arbeitsplatz zuzuschreiben[85] und werden hier als an-
gemessen akzeptiert[86].

Zum anderen läßt die begriffliche Charakterisierung von Mobbing als
Verlauf mittelbar auch Raum für die Erfassung einzelner Verhaltensweisen, denen schon isoliert betrachtet ein erheblicher Unwertcharakter zuzuschreiben ist[87] (beispielhaft sei der Fall der widerrechtlichen Drohung
erwähnt). Aber auch diese einzelnen (Mobbing-) Verhaltensweisen erhalten erst bei ständiger Wiederholung oder im Zusammenspiel mit anderen feindselig geprägten kommunikativen Verhaltensweisen[88] einen
zermürbenden, schikanösen, auf Ausgrenzung gerichteten oder letztere
zumindest bewirkenden Charakter.

Der von *Etzel* verfolgte Ansatz, nach dem Mobbing tatbestandlich u.U.
schon bei Vorliegen einer bestimmten Handlung vorliegen kann, ist
mithin abzulehnen. Er setzt in unzulässiger Weise den komplexen Vorgang terrorisierenden Verhaltens am Arbeitsplatz mit einzelnen, in die-

---

83 Diesen Begriff verwendet Leymann, ZfP 1993, S. 271, 274.

84 Die möglichen (Aus-)Wirkungen von Mobbing am Arbeitsplatz werden, gerade
    im Hinblick auf den diesem Phänomen ausgesetzten Arbeitnehmer, im
    folgenden Kapitel dargestellt.

85 Vgl. hierzu Leymann, Mobbing, S. 32, der darauf hinweist, daß zahlreiche
    Übergriffe bei einmaligem Vorkommen als bloße Unverschämtheiten oder
    dumme Scherze zu charakterisieren seien, wohingegen sie im Falle häufiger
    und über längere Zeit erfolgender Praktizierung den Tatbestand des Mobbing
    erfüllten.

86 So auch Hahne, zfo 1994, S. 188, 190, der die Unvermeidbarkeit alltäglicher
    innerbetrieblicher Konflikte betont und deren oft nützlichen, weil
    stimulierenden und innovationsfördernden Charakter hervorhebt.

87 Niedl, Mobbing, Bullying am Arbeitsplatz, S. 54, spricht hier - in Abgrenzung
    zum Begriff der "indirekten Aggression" - von "direkten Aggressionen".

88 Der Begriff hält sich eng an den von Leymann verwendeten Begriff der
    "negativen kommunikativen Handlung"; vgl. Leymann, Mobbing, S. 21.

sen Prozeß fallenden Vorkommnissen gleich und ist infolgedessen unscharf.

II. Wesen des einzelnen Mobbing-Verhaltens[89] sowie in Betracht zu ziehende Verhaltensweisen

Hinsichtlich der Charakterisierung der einzelnen, in den oben erwähnten Verlauf fallenden Verhaltensweisen läßt sich eine weitreichende Übereinstimmung der jeweiligen definitorischen Ansätze erkennen. So werden diese beschrieben als "negative Reaktionen oder Handlungen" (*Matthiessen/Raknes/Rokkum*)[90], als "negative kommunikative Handlungen" (*Leymann*)[91], als "tadelnswerte oder negativ geprägte Handlungen" (*Verordnung des schwedischen Arbeitsschutzausschusses*)[92]. Den Begriff der "negativen Handlung" verwendet auch *Thylefors*[93].

Diese doch sehr allgemein gehaltenen Beschreibungen werden von *Niedl* dahingehend konkretisiert, daß den betreffenden Handlungen von der Person, die sie als gegen sich gerichtet wahrnehme, ein feindseliger, demütigender oder einschüchternder Charakter zugeschrieben werde[94].

Die wenig konkret anmutenden Einordnungen des einzelnen Mobbing-Verhaltens durch die Literatur bieten im Ergebnis keinen Anlaß zur Verwunderung. Denn begreift man ihr folgend Mobbing als Psychoterror am

---

89   Im Gegensatz zu den meisten der bisher angeführten Publikationen zum Thema Mobbing wird hier nicht auf den Begriff der "Handlung", sondern auf den des "Verhaltens" abgestellt, da in juristischer Hinsicht letzterer den Oberbegriff der Handlung sowie der Unterlassung darstellt; vgl. hierzu zunächst §§ 194 Abs. 1, 241 BGB, ferner Flume, § 10 1, S. 113 f., sowie für den strafrechtlichen Bereich Nickel, S. 107. Dies wiederum trägt den innerhalb des Komplexes Mobbing in Betracht zu ziehenden Verhaltensweisen Rechnung, da diese eben nicht - wovon auch die einschlägige Literatur ausgeht - auf Fälle des aktiven Tuns zu beschränken sind; vgl. statt vieler Leymann, Mobbing, S. 33. Es handelt sich hierbei mithin lediglich um eine terminologische Klarstellung juristischer Natur und nicht um ein Abweichen in der Sache selbst.

90   Vgl. o. bei Fn. 41.

91   Vgl. o. bei Fn. 49.

92   Victimization at work, AFS 1993:17, S. 3.

93   Vgl. o. bei Fn. 45.

94   Niedl, Mobbing, Bullying am Arbeitsplatz, S. 23.

Arbeitsplatz[95] oder setzt man Mobbing - anders formuliert - einem letztlich jedenfalls die Psyche des Betroffenen terrorisierenden Gesamtverhalten gleich, so ist hier ein äußerst breites, kaum eingrenzbares Spektrum einzelner, in den Prozeß fallender Verhaltensweisen vorstellbar.

Däubler spricht in diesem Zusammenhang von "feindseliger unethischer Kommunikation"[96]. Der Begriff der Kommunikation wiederum, seit jeher umstritten, läßt sich in einem weit verstandenen Sinne bezeichnen als "die Summe aller Handlungen, durch die ein Mensch auf einen anderen einwirken will"[97].

Demzufolge wirkt die Einordnung der einzelnen Mobbing-Verhaltensweisen als ihrem Wesen nach negativ einerseits zwar äußerst unspezifisch und vage, wird jedoch andererseits im Hinblick auf die enorme Bandbreite der Möglichkeiten der Arbeitskollegen bzw. des Arbeitgebers, am Arbeitsplatz auf den Arbeitnehmer einzuwirken, verständlich.

Eine Stärke des von *Leymann* geprägten Begriffs der "negativen kommunikativen Handlung"[98] ist es, daß er die Ebene, auf welcher der jeweilige An- bzw. Übergriff erfolgt, nämlich die der Kommunikation, ausdrücklich nennt.

Die von *Niedl* angeführte Deskription der gegen den betroffenen Arbeitnehmer gerichteten "Handlungen" als einen demütigenden, einschüchternden und feindseligen Charakter aufweisend stellt auf den ersten Blick eine gelungene Konkretisierung des oben angesprochenen Termi-

---

95   Zu dieser Gleichsetzung sowie dem Begriff des Psychoterrors vgl. die Nachweise und Erläuterungen unter Fn. 8. Richardi, BetrVG, § 84, Rdn. 7, weist in diesem Zusammenhang zu Recht darauf hin, bei Mobbing, durch welches der Arbeitnehmer unter den Psychoterror von Kollegen oder Vorgesetzten gesetzt werde, handle es sich um eine Beeinträchtigung schwerer Art.

96   Däubler, BB 1995, S. 1347.

97   Diese Definition verwendet Weaver, Recent Contributions to the Mathematical Theory of Communication, zitiert nach Coenenberg, S. 35/36, Fn. 50. Noch weiter gehen Watzlawick/Beavin/Jackson, Kommunikation, S. 51, zitiert nach Koller, S. 17, Fn. 2., die unter Kommunikation jegliches Verhalten subsumieren.

98   Leymann, Mobbing, S. 21.

nus der "negativen Handlung" dar, wobei "feindselig" hierbei als Oberbegriff anzusehen ist, da dieser Begriff die beiden weiteren Termini "einschüchternd" und "demütigend" umfaßt. Gelungen erscheint die er-
wähnte Definition aufgrund der Tatsache, daß das Merkmal der "Feindseligkeit" ungleich deutlichere Konturen aufweist als die allzu nebulös
erscheinende Bezeichnung der "negativen" Handlung.

Der von *Niedl* gewählte Ansatz enthält jedoch zwei Schwachpunkte.
Zum einen wird i.d.R. nur eine Gesamtschau diverser Vorkommnisse am
Arbeitsplatz den Schluß auf die Tatsache zulassen, daß der involvierte
Arbeitnehmer in systematischer Weise einem Psychoterror[99] unterzogen
werden soll. *Ein* Vorkommnis, aus diesem Kontext herausgelöst und isoliert betrachtet, wird einen solchen "feindseligen Charakter" nicht in jedem Fall sichtbar zu Tage treten lassen (vgl. das oben unter C.I. er-
wähnte Beispiel der einmaligen Kritik einer Ausarbeitung)[100].

Des weiteren vermag der am jeweiligen *subjektiven* Empfinden des betroffenen Arbeitnehmers orientierte Ansatz[101] von *Niedl* in juristischer
Hinsicht schon aus Gründen der Rechtssicherheit nicht zu überzeugen.
Denn um einen konkreten Lebenssachverhalt rechtlich beurteilen zu
können und diesen in Relation zu gleich gelagerten Fällen den jeweils
geltenden rechtlichen Vorschriften gemäß tatsächlich gleich zu behandeln[102], ist es nötig, ihn in *objektiv* nachvollziehbarer Weise zu bestimmen[103]. Dies kann nur auf der Grundlage des breitestmöglichen Konsen-

---

99 Zum Begriff vgl. die entsprechende Erläuterung unter Fn. 8.

100 Hiervon scheint Niedl selbst auszugehen, da er von einem feindseligen
Charakter *diverser* Handlungen spricht, diesen feindseligen Charakter aber
nicht einer *einzigen* Handlung zuordnet.

101 Einen solchen vertreten ferner, wenn auch ohne nähere Begründung,
Beermann/Meschkutat, S. 5. Auf das subjektive Empfinden des Betroffenen
stellen ferner ab Warschkow/Erdmann, AiB 1995, S. 509, 510.

102 Dieses "Prinzip der normativen Gleichbehandlung" ist innerhalb der
abendländischen Rechtsordnungen bestimmend; vgl. Pawlowski, Rdn. 53;
zum verfassungsrechtlichen allgemeinen Gleichheitsgrundsatz vgl. ferner
Scholler, Die Interpretation des Gleichheitssatzes als Willkürverbot oder als
Gebot der Chancengleichheit, S. 1 ff. sowie Podlech, Gehalt und Funktionen
des allgemeinen verfassungsrechtlichen Gleichheitsgrundsatz, S. 1 ff.

103 So richtet sich etwa auch die Beurteilung einer Handlung als sittenwidrig im
Rahmen des § 826 BGB nach dem "Anstandsgefühl aller billig und gerecht
Denkenden"; vgl. RGZ 80, 219, 221; BGHZ 10, 228, 232; 69, 295, 297; BAG

ses innerhalb der Rechtsgemeinschaft, nicht aber nach der Maßgabe der von Fall zu Fall involvierten Personen, geschehen[104].

Der Aspekt der individuellen Wahrnehmung kann lediglich dann von rechtlicher Relevanz sein, wenn man sich der Frage zuwendet, ob durch eine oder mehrere objektiv bestimmbare Verhaltensweise(n) Dritter bei einer bestimmten Person ein Schaden in zurechenbarer Weise verursacht worden ist.

Sollen also einzelne oder mehrere Verhaltensweisen anhand der begrifflichen Merkmale "feindselig", "demütigend" und "einschüchternd" eine zivilrechtlich verwertbare Charakterisierung erfahren, so ist in tatbestandlicher Hinsicht nicht auf das subjektive Empfinden des einzelnen abzustellen, das jeweils völlig unterschiedlich geartet sein kann[105]. Vielmehr ist ein auf die Vielzahl der Fälle anlegbarer objektiver Maßstab vonnöten[106].

NJW 1976, S. 1958. Maßstab ist also auch hier ein objektiver; vgl. Palandt-Thomas, § 826, Rdn. 2. Zu dem angesprochenen Komplex vgl. ferner BGHZ 129, 136 sowie BGH NJW 1991, 914.

[104] Vgl. Zippelius, S. 13, der auf die Notwendigkeit eines gleichartigen, durch breitere Konsensbasis innerhalb der Rechtsgemeinschaft abgesicherten Bewertungsmaßstabes in Bezug auf gleichartige Fallkonstellationen hinweist.

[105] Aus gleichem Grunde ist für die tatbestandliche Fixierung auch unwesentlich, ob der Gemobbte das gegen ihn gerichtete Verhalten tatsächlich - wie von der Gesellschaft gegen psychosozialen Streß und Mobbing e.V. gefordert, vgl. o. S.17 - als diskriminierend empfindet. Gleiches gilt für die von Becker, Ärztliche Allgemeine 4/1993, S. 20, geforderte subjektive Wahrnehmung des Gemobbten hinsichtlich gezielt gegen ihn gerichteter "Konflikthandlungen".

[106] Dies entspricht der Aufgabe einer Definition, die den Sinn eingrenzen und Deutungsmöglichkeiten abschneiden soll; vgl. Gast, BB 1995, S. 2057, 2058. Dementsprechend wird auch in der Begründung der Bundesregierung zum Entwurf des Zweiten Gleichberechtigungsgesetz, BT-DS 12/5468, S. 47, von dem Erfordernis eines "nachprüfbaren objektiven Maßstabes" im Hinblick auf die tatbestandliche Fassung des Begriffes der sexuellen Belästigung gesprochen. Dem stimmt weiterhin, wenn auch unter Vorbehalten, Schiek, S. 160, Rdn. 21, zu, wenn sie ausführt, nur die durchschnittliche Wahrnehmung einer Frau bzw. eines Mannes sei als diesbezüglicher Maßstab in Betracht zu ziehen. Ferner sei nur das Konstrukt des "objektiven Dritten" genannt, das beispielsweise innerhalb von § 102 Abs. 5 S. 2 Nr. 3 BetrVG im Verfahren der einstweiligen Verfügung zur Entscheidung der Frage herangezogen wird, ob ein offensichtlich unbegründeter Widerspruch des Betriebsrates vorliegt; vgl. Hess/Schlochauer/Glaubitz-Schlochauer, § 102, Rdn. 181. Im aufgeführten Kontext sei abschließend der im strafrechtlichen Bereich vertretene Beurteilungsmaßstab hinsichtlich einer "mehr als nur unerheblichen" und damit "unangemessenen" Beeinträchtigung des körperlichen Wohlbefindens genannt; auch dieser bestimmt sich nicht nach dem (möglicherweise völlig

Wenngleich also der Ansatz *Niedls* hinsichtlich des Kriteriums der "Feindseligkeit" als (bedingt) geglückt erscheint, so ist er bezüglich seiner am subjektiven Empfinden des Gemobbten orientierten Ausrichtung abzulehnen.

Unter Berücksichtigung der aufgezeigten Stärken und Schwächen bestehender Ansätze soll im folgenden unter dem einzelnen Mobbing-Verhalten ein kommunikatives Verhalten verstanden werden, welchem an sich oder aber in Ansehung weiterer kommunikativer Verhaltensweisen bei objektiver Würdigung ein feindseliger Charakter zuzuschreiben ist.

Der so festgelegte Begriff des einzelnen Mobbing-Verhaltens läßt in tatsächlicher Hinsicht ein breites Spektrum hierunter subsumierbarer Verhaltensweisen zu, deren jeweiliger Unwertcharakter von Fall zu Fall völlig divergieren kann. In Betracht zu ziehen ist hier strafbares Verhalten (z.b. Sexuelle Nötigung; Vergewaltigung, § 177 StGB[107]; Beleidigung, § 185 StGB; Üble Nachrede, § 186 StGB; Verleumdung, § 187 StGB; Körperverletzung, § 223 StGB; Mißhandlung von Schutzbefohlenen, § 225 StGB; Freiheitsberaubung, § 239 StGB; Nötigung, § 240 StGB) ebenso wie - auf den Einzelfall bezogen - sozialverträglich anmutendes Verhalten (z.b. Erteilung einer Arbeitsanweisung, die den betroffenen Arbeitnehmer über- oder unterfordert oder aber sinnlos ist; Unterlassung der Zuweisung von Arbeitsaufgaben; Vermeidung eines Dialogs mit dem betroffenen Arbeitnehmer; Infragestellen seiner am Arbeitsplatz getroffenen Entscheidungen; Falschbeurteilung seines Arbeitseinsatzes)[108].

---

willkürlichen) subjektiven Empfinden des Betroffenen, sondern ergibt sich aus der Sicht eines objektiven Betrachters; vgl. hierzu Schönke/Schröder-Eser, § 223, Rdn. 4a .

107 Die im Rahmen dieser Arbeit aufgeführten strafrechtlichen Vorschriften entsprechen der aktuellen Fassung des Strafgesetzbuches; vgl. hierzu die im Jahre 1998 eingetretenen Änderungen, wie sie sich insbesondere aus dem 6. Gesetz zur Reform des Strafrechts, BGBl. I 1998, S. 164 ff. , ergeben.

108 Die genannten Beispiele entstammen dem durch Leymann aufgestellten Katalog "Die 45 Handlungen - was die Mobber tun"; vgl. Leymann, Mobbing, S. 33/34. Anzumerken ist hierbei, daß der Leymann´sche Katalog als Fallgruppen einzelne Handlungen (z.B. "Androhung körperlicher Gewalt") ebenso verwendet wie Verhaltensweisen, die begrifflich schon eine Mehrzahl von Handlungen voraussetzen (z. B. "ständige Kritik an der Arbeit"); vgl. Leymann, a.a.O., S. 33/34. Als Mobbing-Verhalten im zugrundegelegten

Festzustellen bleibt, daß die - gemessen an der o. erarbeiteten Definition - in Betracht zu ziehende Bandbreite denkbarer Mobbing-Aktivitäten
eine abschließende Aufzählung der hier relevanten Verhaltensweisen
nicht zuläßt[109]. Auf einen entsprechenden Versuch wird an dieser Stelle
der Arbeit daher bewußt verzichtet[110].

III. Der im Hinblick auf den Mobbing-Prozeß in Betracht zu ziehende Kreis involvierter Personen

Hinsichtlich der Beteiligtenstruktur ergibt die Auswertung der oben aufgeführten Definitionen folgendes Bild: Ganz überwiegend wird davon
ausgegangen, daß Mobbing sowohl von einzelnen Personen als auch
von einer Personengesamtheit ausgeübt werden kann. Hiervon weicht
lediglich *Kile* ab, der von langwieriger und ausdauernder Schikane
durch einen Führer [in Abgrenzung zum Begriff des Untergebenen]
spricht[111]. Im Gegensatz hierzu setzen *Warschkow/Erdmann* offensichtlich in jedem Fall eine Personenmehrheit auf der das Mobbing praktizierenden Seite voraus[112].

Beide Ansichten haben keine zwingende Begründung für sich. Mobbing
im Sinne eines ausgrenzenden, die Psyche des Betroffenen belastenden Verhaltens ist sowohl in der Form der Attacken einzelner als auch in
Gestalt der Übergriffe mehrerer Individuen vorstellbar. Eine Festlegung
auf die eine oder die andere Alternative stünde geradezu in Widerspruch
mit den realiter auftretenden Erscheinungsformen zwischenmenschli-

---

Sinne soll jedoch durchgehend ein einmaliges Vorkommnis verstanden
werden (z.B. "Kritik an der Arbeit").

109   Dies stellen sinngemäß auch Hage/Heilmann, BB 1998, S. 742, 744, fest.

110   Zwecks weiterer in Betracht zu ziehender Verhaltensweisen kann auf den
durch Leymann aufgestellten Katalog verwiesen werden, wenngleich dieser
eben nicht - wie von Leymann vorausgesetzt - als abschließende Aufzählung
verstanden werden darf, sondern lediglich eine Auswahl relevanten Verhaltens
darstellt; in letztgenanntem Sinne auch Etzel, b&b 1994, S. 153, sowie
Neuberger, Mobbing, S. 13/14. Ferner benennt Niedl, Mobbing, Bullying am
Arbeitsplatz, S. 54-55 m.w.N., einige "Mobbingformen", die sich größtenteils im
Leymann´schen Katalog wiederfinden lassen.

111   Vgl. o. bei Fn. 42.

112   Vgl. o. bei Fn. 73.

cher Konflikte respektive den hier zu beobachtenden Bewältigungsstrategien. Sie ist folglich abzulehnen[113].

Ist analog zur Täterseite auch auf der Seite der Betroffenen die prinzipielle Möglichkeit der Involvierung mehrerer Personen in einen Mobbing-Prozeß anzuerkennen[114], so ist hier eine auf die einzelne Person ausgerichtete Betrachtungsweise durchaus angebracht, da Art und Ausmaß der einzelnen relevanten Vorkommnisse von Arbeitsplatz zu Arbeitsplatz divergieren und insoweit, auf den Einzelfall bezogen, eine völlig unterschiedliche juristische Beurteilung rechtfertigen können. Der vorliegenden Untersuchung wird daher letzterer Ansatz zugrundegelegt[115].

IV. Die innere Bewußtseinslage des/der Mobber(s)

Hinsichtlich der inneren Bewußtseinslage im Falle praktizierten Mobbings enthalten die vorstehend angeführten Definitionen mit Ausnahme derjenigen von *Warschkow/Erdmann*[116] keine direkte Aussage. Dies kann schon aus dem Grunde nicht befriedigen, als die diesbezügliche phänomenologische Beurteilung innerhalb der einschlägigen Literatur nicht einheitlich erfolgt. Das Spektrum der in diesem Zusammenhang vertretenen Auffassungen reicht vielmehr von der Annahme absichtsvollen Psychoterrors[117] bis zur Anerkennung der Möglichkeit unreflek-

---

113   An diesem Ergebnis ändert auch der Hinweis auf den im Wege der Übersetzung dem Begriff "Mobbing" zu entnehmende Wortsinn nichts (vgl. hierzu Warschkow/Erdmann, AiB 1995, S. 509, 510), da die genannte Bezeichnung lediglich als eine Art Sammelbegriff für alle Arten feindseligen, drangsalierenden und schikanierenden Verhaltens in der Arbeitswelt anzusehen ist (so Neuberger, Mobbing, S. 6), ihr aber keine Ausschlußfunktion oben genannter Art entnommen werden kann.

114   Vgl. insoweit Matthiessen/Raknes/Rokkum, Mobbing pa arbeidsplassen; Kile, Helsefarlege leiarskap; Thylefors, Syndabockar. Om utstötning och mobbning i arbetslivet, sämtlich zitiert nach Niedl, Mobbing, Bullying am Arbeitsplatz, S.19.

115   Dies entspricht der Mehrzahl der existierenden definitorischen Ansätze; vgl. nur o. bei Fn. 49, 57, 59 und 60.

116   Vgl. o. bei Fn. 74.

117   Vgl. Brinkmann, S. 13.

tierter Mitläuferschaft[118]. Eine genauere Eingrenzung des Phänomens erscheint daher vonnöten. Dieser Eindruck wird weiter durch die Tatsache verstärkt, daß die o.g., kontroversen Standpunkte oftmals in sich widersprüchlich und in juristischer Hinsicht ebenso häufig als unpräzise zu beurteilen sind[119]. Auch der die innere Bewußtseinslage der Mobber ausdrücklich aufgreifende Ansatz von *Warschkow/Erdmann* leidet letztlich unter diesen Schwächen[120].

Zwecks Klärung der aufgeworfenen Fragestellung erscheint es angebracht, sich den Wortsinn der das Phänomen Mobbing charakterisierenden Begriffe des "systematischen Vorgehens"[121] sowie der "Schikane"[122] zu vergegenwärtigen.

Unter einem systematischen Vorgehen ist, wie bereits an anderer Stelle der Arbeit angedeutet wurde[123], nach allgemeinem sprachlichen Ver-

---

118   Vgl. Warschkow/Erdmann, AiB 1995, S. 509, 510.

119   So führt z.B. Zuschlag in seiner 1994 erschienenen Veröffentlichung "Mobbing - Schikane am Arbeitsplatz" auf S. 5 aus, zur Mobbing-Handlung gehöre die Absicht des Akteurs, einen anderen zum Opfer zu machen, ihn zu schikanieren und zu schädigen. Nur achtzehn Seiten später vertritt der Autor jedoch die Ansicht, Mobbing müsse nicht in jedem Fall absichtlich erfolgen, um jemanden in Schwierigkeiten zu bringen oder zu schädigen; vielmehr könne es auch unabsichtlich im Rahmen der Selbsterhaltung oder der für normal gehaltenen Selbstdurchsetzung einzelner Personen in Unternehmen und in Arbeitsteams erfolgen. In ähnliche Widersprüche geraten beispielsweise Zapf/Warth, in: Psychologie Heute, August 1997, die auf S. 22 ausführen, ein Begriffsmerkmal von Mobbing sei die Systematik; die Schikane erfolge hier nicht zufällig, sondern geplant. A.a.O. auf S. 28 vertreten sie hingegen die Ansicht, oft sei den Mobbern nicht bewußt, daß sie "mobbten".

120   Die Autoren führen in AiB 1995, S. 509, 510, aus, Mobbing setze eine systematische Vorgehensweise voraus, welche aber nicht von jedem Täter nachvollzogen werden müsse; letzterer müsse nicht bewußt vorsätzlich handeln, sondern könne ohne weiteres Nachdenken am Mobbing teilnehmen. Allerdings sind die Autoren an gleicher Stelle der Ansicht, Mobbing sei niemals Selbstzweck, werde also nicht etwa aus Spaß an der Freude betrieben, sondern eben nur, um ein bestimmtes Verhalten beim Mobbing-Opfer zu bewirken. Mobbing sei daher immer eine gezielte Vorgehensweise.

121   Vgl. hierzu die Nachweise bei Fn. 45, 59, und 71.

122   Vgl. nur Zuschlag, S. 3; Kollmer, Rdn. 5 ff.; Haller/Koch, NZA 1995, S. 356, sowie Grunewald, NZA 1993, S. 1071.

123   Vgl. o. S. 22.

ständnis eine planvolle, methodische Vorgehensweise zu verstehen[124]. Eine solche wiederum setzt denknotwendigerweise ein bewußtes Agieren voraus.

Zum gleichen Resultat gelangt man, wenn man sich der hinter dem Begriff der "Schikane" stehenden Wortbedeutung zuwendet. Hierunter wird gemeinhin eine auf bösem Willen beruhende Quälerei verstanden[125]. Auch für eine solche ist ein bewußtes Vorgehen der agierenden Personen kennzeichnend, welches hier sogar zielorientiert - da auf das Bereiten von Qualen ausgerichtet - erfolgt.

Beiden durch Literatur[126] und zwischenzeitlich auch durch die Rechtsprechung[127] zur Erläuterung des Phänomens Mobbing herangezogenen Begriffen ist folglich zu eigen, daß sie - ihrem Wortsinn gemäß - ein bewußtes Vorgehen der mobbenden Personen voraussetzen. Dies erscheint schon deswegen als zutreffende Charakterisierung des Phänomens, da sich die hierfür vorauszusetzenden Übergriffe, wie aufgezeigt wurde, über einen längeren Zeitraum erstrecken und sich typischerweise wiederholen. Hier von durchweg unreflektiertem Verhalten auszugehen, wäre rein hypothetisch zwar möglich, trüge jedoch den tatsächlichen Gegebenheiten im Falle lang und nachhaltig ausgeübten Psychoterrors wohl nur in unzureichender Weise Rechnung. Gleichzeitig wird hierdurch noch einmal verdeutlicht, daß es bei der Problematik des Mobbing nicht um kurzfristige und in diesem Falle tatsächlich meist unreflektierte Konfliktsituationen am Arbeitsplatz geht[128].

Der Klarstellung halber sollte in aufgezeigtem Kontext erwähnt werden, daß in den - letztlich zeitlich abzusteckenden - Prozeß der bewußten Druckausübung auf die Psyche des Arbeitnehmers durch eine Akkumu-

---

124   Vgl. hierzu nur Brockhaus Enzyklopädie, Band 21, Stichwort: "systematisch".

125   Vgl. Brockhaus Enzyklopädie, Band19, Stichwort: "Schikane".

126   Vgl. hierzu Fn. 121 und Fn. 122.

127   Vgl. BAG BB 1997, S. 1480 f. = DB 1997, S. 1475 f. = NZA 1997, S. 781 f.

128   Vgl. Kollmer, Rdn. 16, sowie Leymann, Mobbing, S. 32.

lation einzelner Verhaltensweisen punktuell auch solches Verhalten fallen kann, das seitens der Mobber nicht weiter reflektiert wird[129], welches also nicht mit der Intention der Druckausübung erfolgt[130]. Selbst wenn solches Verhalten im konkreten Einzelfall bei objektiver Betrachtung ebenfalls als feindselig bewertet werden kann, so bildet es hier keinen Teil des Gesamtplans des bzw. der Mobber(s). Weil es sich in diesem Fall nicht von normalen, alltäglichen, unreflektierten Konflikten unterscheidet, stellt es phänomenologisch betrachtet keinen Bestandteil der systematischen Terrorisierung der Psyche des gemobbten Arbeitnehmers dar.

Ferner ist eine Differenzierung hinsichtlich der im konkreten Einzelfall durch den Mobbing-Prozeß verursachten Rechtsgutverletzungen und der hieraus resultierenden Schäden angebracht. Diese müssen durchaus nicht immer den durch die Mobber verfolgten Intentionen entsprechen[131]. Auch ist nicht einzusehen, warum Mobber einen Arbeitnehmer nicht etwa aus Langeweile heraus, möglicherweise auf dem Hintergrund tiefer Antipathie, in systematischer Weise mit feindseligem Verhalten konfrontieren sollten, ohne hiermit eine konkrete Rechtsgutverletzung auf Seiten des Kollegen bewirken zu wollen. Die Frage, ob bewußt oder unbewußt eine Rechtsgutverletzung verursacht wird, ist aber dafür ausschlaggebend, ob in juristischer Hinsicht von einer vorsätzlichen oder fahrlässigen Erfolgsverursachung ausgegangen werden kann[132].

---

129 Vgl. hierzu Leymann, Sichere Arbeit Mai 1992, S. 22, 27, der ausführt, vieles, was innerhalb der Mobbingphase geschehe, seien Auswüchse, die ohne weiteres Nachdenken geschähen.

130 Dies wird z.B. der Fall sein, wenn Arbeitnehmer A von seinem Kollegen B nicht gegrüßt wird, weil letzterer schlechte Laune hat und "einfach niemanden sehen möchte".

131 Beispielsweise dann nicht, wenn ein Arbeitnehmer "lediglich" aus dem Betrieb gedrängt werden soll, der Arbeitnehmer jedoch aufgrund des Einwirkens seitens der Kollegen erkrankt.

132 Denn für die Annahme von Vorsatz ist es nötig, daß der Handelnde die gesamten haftungsbegründenden Umstände kennt (z.B. im Deliktsrecht auch die entsprechende Rechtsgutverletzung) und seine Handlung gleichwohl will, wohingegen für die Bejahung von Fahrlässigkeit das Außerachtlassen der im Verkehr erforderlichen Sorgfalt ausreichend ist; vgl. hierzu nur Staudinger-Löwisch, § 276, Rdn. 17 ff. und 23 ff.

V. Definition

Unter Berücksichtigung der im Rahmen der oben durchgeführten Begriffsklärung gewonnenen Erkenntnisse soll der rechtlichen Bewertung des Phänomens "Mobbing am Arbeitsplatz" folgende Mobbing-Definition zugrunde gelegt werden:

(1) Mobbing ist gleichbedeutend mit Psychoterror am Arbeitsplatz[133]. Es stellt einen Prozeß systematischer Druckausübung auf die Psyche des betroffenen Arbeitnehmers dar. Im Verlauf dieses Prozesses wird letzterer durch eine oder mehrere Person(en) in nicht unerheblichem Maße mit kommunikativen und als feindselig zu bewertenden Verhaltensweisen konfrontiert. Hierbei besteht zwischen den als feindselig zu bewertenden Verhaltensweisen ein gewisser zeitlicher Zusammenhang.

(2) Der als feindselig einzuordnende Charakter des jeweiligen Einzelverhaltens ist bei objektiver Würdigung entweder diesem selbst zu entnehmen oder läßt sich in Ansehung weiterer Verhaltensweisen, die ebenfalls in den Prozeß der systematischen Terrorisierung der Psyche des betroffenen Arbeitnehmers fallen, feststellen[134].

(3) Das systematische Einwirken impliziert das Bewußtsein der Mobber, den Gemobbten nachhaltig und über einen längeren Zeitraum hinweg feindseligen und quälenden Verhaltensweisen auszusetzen und hierdurch (jedenfalls) Druck auf seine Psyche auszuüben. Der Eintritt einer konkreten Rechtsgutverletzung muß von diesem Bewußtsein jedoch nicht zwangsläufig umfaßt sein.

Das der o.g. Definition zugrunde gelegte tatbestandliche Merkmal "in nicht unerheblichem Maße" soll sowohl Intensität und Dauer als auch die Häufigkeit der einzelnen Mobbing-Verhaltensweisen innerhalb des Mobbing-Prozesses erfassen. Insoweit erfolgt eine Anlehnung an den Begriff der Verursachung einer *nicht völlig unerheblichen* Störung der

---

133   Zum Begriff des Psychoterrors vgl. die Nachweise unter Fn. 8.

134   Zu dieser Klarstellung vgl. die Ausführungen auf S. 20 ff.

inneren Lebensvorgänge, welcher eine Gesundheitsverletzung i.S.v. § 823 I BGB kennzeichnet[135]. Auch auf den innerhalb des § 223 StGB in Zusammenhang mit dem Tatbestandsmerkmal der "körperlichen Miß-handlung" verwendeten Begriff "in mehr als unerheblicher Weise" kann hierbei verwiesen werden[136].

Hierdurch wird auf der einen Seite eine allzu starke Fixierung auf eine bestimmte Dauer und Häufigkeit der Mobbing-Attacken, wie sie für den *Leymann´schen* Ansatz[137] charakteristisch ist, vermieden. Zum anderen wird, insbesondere durch Verwendung des Plurals, klargestellt, daß einmalige Konfliktsituationen nicht schon den Tatbestand des Mobbing erfüllen[138].

Auch das Kriterium des "gewissen zeitlichen Zusammenhangs" zwischen den einzelnen als feindselig zu bewertenden Verhaltensweisen soll verdeutlichen, daß es sich bei dem Phänomen des Mobbing nicht um punktuell auftretende und mit großen zeitlichen Zäsuren aufeinander folgende Geschehnisse handelt, die lediglich eine jeweils isolierte Betrachtung und Bewertung rechtfertigen würden. Wird auf diesem Wege der Prozeßcharakter des Mobbing wiederholt unterstrichen, so soll auch hier - entgegen dem *Leymann´schen* Ansatz[139] - das Abstellen auf eine jeweils fixe Maximalzeitspanne zwischen den einzelnen Mobbing-Verhaltensweisen vermieden werden, da diese von Fall zu Fall variieren kann.

---

135   Vgl. statt vieler Staudinger-Schäfer, § 823, Rdn. 24 m.w.N.

136   Vgl. zu letzterem nur Schönke/Schröder-Eser, § 223, Rdn. 4 a.

137   Leymann, Mobbing, S. 22.

138   So auch Kollmer, Rdn. 16, der von "alltäglichem beruflichen Ärger" spricht.

139   Vgl. o. S. 14.

2. Kapitel: Ursachen- und Wirkungsbetrachtung

Soll eine juristische Bewertung von Mobbing in oben dargelegtem Sinne erfolgen, so erscheint es zweckmäßig, zuvor in gedrängter Weise die in Betracht zu ziehenden Ursachen und Wirkungen darzulegen. Während erstere v.a. für die arbeitsrechtlich relevanten Möglichkeiten der Prävention von Bedeutung sind, spielen letztere innerhalb des Bereichs der rechtlichen Intervention bzw. Sanktion eine entscheidende Rolle.

Der Einordnung des Phänomens Mobbing als multikausal bzw. komplex[140] folgend, ist eine differenzierte Analyse der hiermit korrelierenden Ursachen und Wirkungen jedoch nicht erklärter Anspruch der vorliegenden Untersuchung; eine solche würde ihren Rahmen sprengen. Die folgenden Ausführungen beschränken sich daher im wesentlichen auf die Darstellung des aktuellen Standes der einschlägigen Forschung.

A. Ursachen

Die Frage der Ursachen von Mobbing erscheint bislang noch nicht abschließend geklärt[141]. Wissenschaftlich gesicherte Erkenntnisse können hierzu, insbesondere auf den deutschsprachigen Raum bezogen, nur in geringem Umfang angeboten werden[142]. Zum gegenwärtigen Zeitpunkt ergibt sich folgendes Bild:

I. Der Konflikt als Ausgangspunkt für Mobbing am Arbeitsplatz

Begreift man Mobbing als fehlgeleitete Bewältigung zwischenmenschlicher *Differenzen* am Arbeitsplatz[143], so erscheint als Grundvorausset-

---

140   Vgl. Däubler, BB 1995, S. 1347; ebenso Beermann/Meschkutat, S. 10.

141   Vgl. hierzu Beermann, Der Personalrat 1993, S. 385, 386.

142   Vgl. Niedl, Mobbing, Bullying am Arbeitsplatz, S. 236-237; empirisches Material wird in begrenzter Weise angegeben durch Beermann/Meschkutat, S. 16 und 19.

143   Vgl. hierzu die Antwort der baden-württembergischen Landesregierung auf eine parlamentarische Anfrage zum Thema "Psychostreß und Psychoterror am Arbeitsplatz (Mobbing), LT-Drucksache 11/4839, S. 19, in der Mobbing als "eine unangemessene Strategie der Streßbewältigung" bezeichnet wird.

zung für die Entstehung von Mobbing ein Konflikt notwendig[144]. Denn es ist der Begriff des Konfliktes, der nach allgemeinem sprachlichen Verständnis das "Zusammentreffen .... *unterschiedlicher* Positionen .... zwischen mehreren Personen"[145] charakterisiert. Auf den Arbeitsplatz bezogen kann unter diesem Begriff eine zwischen Arbeitgeber und Arbeitnehmer bzw. zwischen den Arbeitskollegen untereinander ausgetragene Auseinandersetzung - möglicherweise motiviert durch Differenzen hinsichtlich bestimmter Werte, Macht- oder Verteilungsverhältnisse - verstanden werden[146].

Die zur Auslösung von Konflikten am Arbeitsplatz potentiell geeigneten Umstände wiederum können ganz unterschiedlicher Natur sein. Eine abschließende Aufzählung erscheint hierbei nicht möglich. Im einfachsten Falle werden bloße Antipathien seitens des/der Mobber(s) zugrunde liegen[147]. Weiterhin werden oftmals Faktoren wie ein ausgeprägtes Konkurrenzdenken[148], eine größere Leistungsverdichtung im Beruf und die daraus resultierenden Streßpotentiale[149] einen Konflikt am Arbeitsplatz entstehen lassen. Das Auftreten entsprechender "Ursachenbündel" ist dabei durchaus naheliegend.

---

144   Vgl. Leymann, Mobbing, S. 129; Schneider, AuA 1994, S. 180, 181; Hage/Heilmann, BB 1998, S. 742, 743; ebenso die Antwort der baden-württembergischen Landesregierung auf eine parlamentarische Anfrage, vgl. Fn. 143.

145   Vgl. Brockhaus Enzyklopädie, 12. Band, Stichwort "Konflikt" m.w.N., insbesondere hinsichtlich biologisch orientierter, sozialpsychologischer sowie psychologischer Ansätze.

146   Vgl. Zuschlag, S. 13.

147   Vgl. Kollmer, Rdn. 19.

148   Vgl. hierzu Ardelt/Buchner/Gattinger, Mobbing aus psychologischer Sicht, Tagungsband der Kammer für Arbeiter und Angestellte für Salzburg v. 3.6.1993, S. 27, die hier von einem übertriebenen Konkurrenzdenken im Sinne eines "Besser-sein-Müssens" sprechen.

149   Vgl. Barg, Touristik Management 7/8 1993, S. 12, 14.

Ein Beispiel:

Eine Arbeitsgruppe besteht aus den Arbeitnehmern A,B,C und D. Sie übertrifft im Arbeitsjahr 1996 ihr Produktionssoll um 10 %. Daraufhin wird für das Folgejahr die Sollvorgabe seitens der Geschäftsleitung um 5 % erhöht. In den ersten Monaten des neuen Jahres ist Arbeitnehmer D jedoch oftmals krankheitsbedingt arbeitsunfähig. Die Kollegen A-C müssen, um den Ausfall zu kompensieren, vermehrt länger im Betrieb anwesend sein. Gleichzeitig sinkt die Produktivität der Gruppe. Das Erreichen des Jahressolls erscheint zusehens unwahrscheinlicher. Sind die Kollegen anfangs noch verständnisvoll, so ändert sich dies zusehends. A und B fragen sich nach einer Weile, ob D "überhaupt wirklich krank" sei. Zusätzlich wollen sie "um jeden Preis" das Plansoll erreichen, um "im Betrieb voranzukommen". Arbeitnehmer C zweifelt zwar nicht an der tatsächlichen Arbeitsunfähigkeit des D, hat aber auf Dauer "wirklich keine Lust mehr, anderer Leute Arbeit zu übernehmen". Die Kollegen gehen daraufhin immer unfreundlicher mit Arbeitnehmer D um. Sie suchen jedoch nicht etwa ein klärendes Gespräch, sondern es kommt vielmehr zu offenen Anfeindungen und Schikanen gegenüber D.

Als weiterer Umstand, welcher die Entstehung von Konflikten am Arbeitsplatz bewirken kann, ist die extreme Zergliederung von Arbeitsaufgaben und einhergehend hiermit die mangelnde Einsicht in Entscheidungen sowie eine fehlende Rückmeldung hinsichtlich des Erfolges der arbeitsplatzspezifischen Tätigkeit zu nennen[150]. Durch die in solchen Konstellationen als unbefriedigend einzustufende Gesamtsituation der betroffenen Arbeitnehmer steigt ihr jeweiliges Aggressionspotential. Daß sich hierdurch wiederum das Risiko erhöht, die Aggressionen an einem "Sündenbock"[151] abzureagieren, liegt auf der Hand.

---

150   Vgl. Ardelt/Buchner/Gattinger, Mobbing aus psychologischer Sicht, Tagungsband der Kammer für Arbeiter und Angestellte für Salzburg v. 3.6.1993, S. 29; Beermann, Der Personalrat 1993, S. 385, 387.

151   Diesen Begriff verwenden Ardelt/Buchner/Gattinger, Mobbing aus psychologischer Sicht, Tagungsband der Kammer für Arbeiter und Angestellte für Salzburg v. 3.6.1993, S. 29; ebenso Moebius, Psychologie Heute, Januar 1988, S. 32, sowie Kahr, io Management Zeitschrift 1/1994, S. 22, 24.

Ferner können unterschiedliche Vorstellungen von Arbeitgeber und Arbeitnehmer hinsichtlich der Frage einer Weiterbeschäftigung konfliktauslösend sein, insbesondere dann, wenn der Arbeitnehmer eine starke kündigungsschutzrechtliche Position innehat.

Ein Beispiel:

Arbeitnehmer A ist schon seit Jahrzehnten bei Arbeitgeber B beschäftigt. Gemäß dem einschlägigen Tarifvertrag ist A nicht mehr ordentlich kündbar. Eines Tages äußert B dem A gegenüber, er sei nicht mehr an dessen Diensten interessiert, A solle sich daher besser einen anderen Arbeitgeber suchen. Dieser entgegnet, er wolle unbedingt weiterhin im Betrieb des B arbeiten. B ist "über so viel Sturheit" empört und versucht, dem A durch Schikanen und ständige Nörgelei das Leben am Arbeitsplatz zur Hölle zu machen, um so eine Eigenkündigung des A zu erreichen. Nach einem Jahr kündigt A tatsächlich wegen der geschilderten Umstände[152].

Schließlich bleibt als weiterer, potentiell zur Auslösung eines Konflikts geeigneter Umstand die sozial exponierte Stellung des Gemobbten zu nennen[153]. Von einer solchen läßt sich beispielsweise dann sprechen, wenn Frauen in typischen Männerberufen bzw. Männer in tradierter Weise Frauen zugewiesenen Berufen tätig werden, vorausgesetzt, die Kollegenschaft ist in den genannten Fällen tatsächlich nach dem "üblichen" geschlechtsspezifischen Muster strukturiert[154].

---

152   In diesem Fall ist von rechtswidrigem outplacement auszugehen; vgl. hierzu Niedl, Wem nützt Mobbing?, S. 61-62; zum sittenwidrigen Outplacement ferner Etzel, b&b 1993, S. 351.

153   Resch, S. 136 -138, mit dem Hiweis darauf, daß eine sozial exponierte Stellung von der jeweiligen Gruppenstruktur abhängig und infolgedessen nicht die Persönlichkeit des Gemobbten als solche für die Entstehung von Mobbing am Arbeitsplatz verantwortlich sei. Ardelt/Buchner/Gattinger, Mobbing aus psychologischer Sicht, Tagungsband der Kammer für Arbeiter und Angestellte für Salzburg v. 3.6.1993, S. 28, sprechen in genanntem Kontext von "abweichendem Verhalten".

154   Vgl. zu diesem Beispiel die Ausführungen von Resch, S. 137.

II. Unzureichende Konfliktbewältigung

Arbeitsplatzbezogene Probleme und hieraus resultierende Konflikte erscheinen bei Lichte betrachtet unvermeidbar[155]. Die Managementforschung vertritt daher nach einer längeren Periode, die sich durch eine Beurteilung von Konflikten als kontraproduktiv auszeichnete, nunmehr konsequenterweise den Standpunkt, Konflikte seien normal, allgegenwärtig, wiederkehrend, unvermeidlich, lediglich handhabbar und letztendlich produktiv nutzbar[156]. Diese Beurteilung von Konflikten erscheint in gleichem Maße realistisch, wie sie in zutreffender Weise die Auseinandersetzung mit ihnen bezeichnet: im Wege einer "Handhabung".

Denkbar sind jedoch unterschiedliche Formen der Konflikthandhabung. Während eine sachgerechte Problem- bzw. Konfliktbewältigung im Wege einer An- und Aussprache, also im Rahmen der offenen Auseinandersetzung, geboten erscheint[157], erfolgt eine solche im Laufe des Mobbing-Prozesses gerade nicht[158]; hier werden Probleme nicht gelöst, sondern personifiziert[159]. Es erfolgt eine Stigmatisierung, die mit dem Richten akkumulierter streßbedingter Agressionspotentiale gegen einen "Sündenbock"[160] einhergeht. Im weiteren Verlauf kann es zu gegenseiti-

---

155 Vgl. Leymann, Mobbing, S. 60; Vogt, S. 42 m.w.N.; Grunwald, zfo 1993, S. 337, 339, spricht in Bezug auf den Balance-Akt zwischen verschiedenen innerbetrieblichen Erwartungen und Forderungen (beispielsweise Unternehmensziele versus Mitarbeiterziele) von einem "unauflösbaren Dilemma"; vgl. ferner Wittenzellner, io Management Zeitschrift 10/1993, S. 41, 44, die ausdrücklich hervorhebt, daß es eine konfliktfreie Organisation nicht gebe.

156 Vgl. statt vieler Berthel, Personalmanagement: Grundzüge für Konzeptionen betrieblicher Personalarbeit, S. 306, zitiert nach Niedl, Mobbing, Bullying am Arbeitsplatz, S. 30.

157 Beermann/Meschkutat, S. 40 nennen den Begriff der "offenen Kommunikation" als Mittel zur Verhinderung bzw. Eindämmung des Phänomens Mobbing.

158 Thomas, S. 27, spricht in diesem Zusammenhang von "mangelnder Kommunikationsfähigkeit aller Beteiligten".

159 Vgl. Leymann, Mobbing, S. 131.

160 Zu diesem Begriff vgl. die Nachweise unter Fn.151.

gen Verhaltensbeeinflussungen kommen, die wiederum die Vorurteile der ausgrenzenden Person(en) bestätigen[161].

III. Begünstigende Faktoren

Hinsichtlich der die systematische Terrorisierung bzw. Ausgrenzung einer einzelnen Person begünstigenden Umstände sind verschiedene Faktoren in Erwägung zu ziehen. Zum einen kann mangelhaftes Führungsverhalten der Vorgesetzten eine wesentliche Rolle für die Entwicklung von Mobbing am Arbeitsplatz darstellen[162]. Ein Fehlverhalten der Vorgesetzten ist in diesem Zusammenhang dann als gegeben anzusehen, wenn entsprechende Entwicklungen gänzlich ignoriert[163] oder aber sogar toleriert oder protegiert[164] werden[165]. Ebenfalls negativ auswirken dürfte sich ein extrem autoritärer oder gar repressiver Führungsstil[166].

Des weiteren ist es die Organisation der Arbeit selbst, welche die Entwicklung von Mobbing forcieren respektive ermöglichen kann[167]. Zu

---

161   Vgl. Brinkmann, S. 93; ebenso Leymann, ZfP 1993, S. 271, 277; Beermann/Meschkutat, S. 6, sprechen in diesem Kontext von einer "Polarisierung in Täter- und Opferrolle".

162   So auch Resch, S. 134 ff.; Leymann, Mobbing, S. 137 ff.; Barg, Touristik Management 7/8 1993, S. 12, 14; Beermann/Meschkutat, S. 11.

163   Vgl. Resch, S. 134.

164   Vgl. Brinkmann, S. 123; weiter Musolesi/Brinkmann, io Management Zeitschrift 1/1993, S. 30, 32, die sich zur Konflikt-Entwicklung durch Führungsdefizite innerhalb der Einarbeitungsphase neuer Mitarbeiter äußern.

165   Eine den Mobbing-Prozeß begünstigende Verhaltensweise liegt hier jeweils schon deswegen vor, da in den beiden erstgenannten Fällen dem Mobber direkt oder indirekt der Rücken gestärkt und im letztgenannten Fall der Mobbing-Prozeß sogar aktiv gefördert wird; in jedem der genannten Fälle wird Mobbing durch unzureichendes Führungsverhalten erst ermöglicht; vgl. hierzu Zuschlag, S. 28. Für die letztgenannte Alternative mangelhaften Führungsverhaltens hat sich im Verlauf der letzten Jahre auch der Begriff Bossing etabliert. Er ist auf Untersuchungen von Kile zurückzuführen; vgl. Brinkmann, S. 12. Da der Begriff lediglich als ein Unterfall von Mobbing anzusehen ist, soll ihm im weiteren Verlauf der Untersuchung keine besondere Bedeutung beigemessen werden. Gleiches gilt für die synonym zu "Mobbing" verwendeten Begrifflichkeiten des "Bullying", des "(sexual) harassment" sowie des "(employee) abuse"; vgl. dazu Brinkmann, a.a.O.

166   Ardelt/Buchner/Gattinger, Mobbing aus psychologischer Sicht, Tagungsband der Kammer für Arbeiter und Angestellte für Salzburg v. 3.6.1993, S. 28 m.w.N.

167   Leymann, Mobbing, S. 133 ff.

denken ist in diesem Kontext an extreme Unterforderung einzelner Arbeitnehmer, die, motiviert durch ihre sie nicht zufriedenstellende Situation am Arbeitsplatz, Mobbing-Aktivitäten entfalten[168]. Aber auch der entgegengesetzte Fall der permanenten Überbelastung des einzelnen oder einer Arbeitsgruppe kann über die Erzeugung einer Dauerstreßsituation Mobbingtendenzen begünstigen[169]. Als konfliktfördernd und somit zur Auslösung eines Mobbing-Prozesses prinzipiell geeignet erscheinen weiterhin unklare Kompetenzen sowie nicht eindeutig voneinander abgrenzbare Arbeitsbereiche[170]. Anzuführen sind schließlich Mängel organisatorischer Art, welche in unnötiger Weise das innerbetriebliche Streßpotential ansteigen lassen, wie z. B. die dauerhafte Unterbesetzung einer Abteilung[171].

Schließlich sind als konfliktfördernde bzw. -vertiefende Umstände noch Ängste um den eigenen Arbeitsplatz[172] sowie ein Absinken des innerbetrieblich herrschenden moralischen Niveaus[173] zu nennen.

IV. Keine Prädisposition der Mobbing-Opfer

Die Frage einer mit dem Phänomen Mobbing verbundenen Prädisposition der diesem ausgesetzten Personen wird in der Literatur nicht einheitlich beantwortet. Während ein Abstellen auf die jeweilige Persönlichkeitsstruktur des Gemobbten teilweise für gänzlich unzulässig gehalten wird[174], reicht das Spektrum der vertretenen Ansichten von vermitteln-

---

168 Wittenzellner, io Management Zeitschrift 10/1993, S. 41, 43; Leymann, Mobbing, S. 136.

169 Vgl. die Antwort der baden-württembergischen Landesregierung auf eine parlamentarische Anfrage zum Thema "Psychostreß und Psychoterror am Arbeitsplatz (Mobbing)", LT- Drucksache 11/4839, 19.

170 Vgl. Barg, Touristik Management 7/8 1993, S. 12, 14.

171 Vgl. Resch, S. 133.

172 Barg, Touristik Management 7/8 1993, S. 12, 14.

173 Vgl. Beermann, Der Personalrat 1993, S. 385, 387; Resch, S. 139-140; vgl. des weiteren Grunwald, zfo 1993, S. 337 u. 338, der auf einen zunehmenden allgemeinen Werteverfall hinweist.

174 Vgl. Leymann, Mobbing, S. 141 ff., mit Hinweis auf die im Rahmen seiner Forschung erzielten statistischen Ergebnisse.

den Auffassungen[175] bis hin zu stark persönlichkeitsorientierten Ansätzen[176].

Eine Festlegung auf einen der erwähnten Standpunkte erscheint aufgrund der erst einsetzenden Diskussion innerhalb der Literatur schwierig. Mutet einerseits die völlige Außerachtlassung einzelfallspezifischer Persönlichkeitsmerkmale, besonders in Relation zu der jeweiligen Gruppenstruktur betrachtet, etwas "blauäugig" an[177], so erscheint andererseits ein starres Abheben auf konkrete Charakteristika einer Person aufgrund seines beinahe fatalistisch wirkenden Determinationscharakters äußerst bedenklich. Eine solch opfertypologisch geprägte Sichtweise brächte zudem die Gefahr mit sich, mittelbar entschuldigend im Hinblick auf innerbetriebliche Entgleisungen zu wirken.

Es scheint daher konsequent, den charakteristischen Eigenschaften einer Person dann einen Einfluß auf Konfliktentwicklungen und -verläufe zuzuschreiben, wenn die betreffende Person durch ihre persönlichen Merkmale von einer bestehenden Gruppennorm abweicht[178].

---

175   Vgl. hierzu Brinkmann, S. 91 ff.; Niedl, Mobbing, Bullying am Arbeitsplatz, S. 47 ff., sowie Zuschlag, S. 29 ff. Brinkmann, a.a.O., weist darauf hin, daß dem Grundsatz nach ein jeder das Opfer systematischer Feindseligkeiten am Arbeitsplatz werden könne, das Risiko jedoch in dem Maße steige, in welchem von der jeweils herrschenden Gruppennorm abgewichen werde.

176   Vgl. hierzu die 1991 erstellte Studie von Einarsen/Raknes, Mobbing i arbeidslivet, zitiert nach Niedl, Mobbing, Bullying am Arbeitsplatz, S. 50, innerhalb derer versucht wurde, den Zusammenhang zwischen den beiden Persönlichkeitsfaktoren "Soziale Angst" und "Selbstachtung" in Relation zu Mobbing zu setzen. Beermann/Meschkutat, S. 11/12, sprechen von "persönlichen Gegebenheiten", welche die Entstehung von Mobbing begünstigen könnten, und führen in diesem Zusammenhang auch die Persönlichkeitsstruktur gemobbter Personen an. Gleichzeitig wird jedoch hervorgehoben, daß es nicht etwa ein "typisches Mobbingopfer" gebe. Einen Ursachenzusammenhang zwischen Mobbing und der Persönlichkeitsstruktur des Opfers meinen schließlich auch Zapf/Warth, Psychologie Heute, August 1997, S. 20, 28, erkennen zu können.

177   So kritisiert auch Brinkmann, S. 92, die von Leymann aufgestellte These, Persönlichkeitsmerkmale der Opfer spielten bei Mobbing keine Rolle.

178   Vgl. in diesem Sinne Resch, S. 136/137, der von einer "sozial exponierten Stellung" des Gemobbten spricht. Brinkmann, S. 92, redet hier von Ausstoßungsreaktionen gegenüber Gruppenmitgliedern, die von der Norm abweichen. Zuschlag, S. 31, nennt gewisse "viktimologische Reize", welche nicht automatisch, sondern nur im Falle geeigneter innerbetrieblicher Interaktionsbedingungen zum Mobben einer Person führten.

Eine gewisse Zurückhaltung gegenüber der Annahme einer Mobbing-Prädisposition erscheint ferner geboten, wenn man sich dem aktuellen Erkenntnisstand der Viktimologie zuwendet. Während hier nämlich über längere Zeit hinweg akribisch versucht wurde, bestimmte Opfertypologien zu entwickeln und aufzuzeigen, welche Persönlichkeitszüge oder sozialen Beziehungen ein Individuum zum Opfer prädestinieren[179], wird inzwischen der Ertrag dieser Bemühungen stark in Zweifel gezogen[180]. *Weigend* sieht das Ergebnis der einschlägigen Forschung vornehmlich darin, daß Opferwerden für den einzelnen eher "Schicksal als selbstprovozierte Antwort auf eine zurechenbare Herausforderung der Straftat" sei[181]. Dem pflichtet *Kaiser* dahingehend bei, daß er die Aussagekraft der opfertypologisch-orientierten Studien als selten über die bloße Beschreibung hinausreichend qualifiziert[182] ; zudem kritisiert der Autor einen Mangel an entsprechender empirischer Absicherung[183]. *Schneider* schließlich bezeichnet das Modell der Opferneigung und -anfälligkeit als wenig erfolgversprechend, wenn es darum gehe, die Häufigkeit des Opferwerdens zu erfassen; er favorisiert hier ein "dynamisches Konzept der Opferkarriere" i.S. eines Interaktionsmodells[184].

Bezüglich des Ausgangspunktes der Überlegungen bleibt somit festzuhalten, daß die prinzipielle Unterstellung einer Prädisposition von Mobbingopfern vermieden werden sollte[185]. Gleichzeitig ist an dieser Stelle

---

179   Einen Überblick bietet Sessar, Über das Opfer, in: FS für Jescheck, 1985, S. 1137, 1140 - 1143; vgl. ferner Kunz, Kriminologie, S. 307, Rdn. 12 ff., sowie Göppinger, Kriminologie, V.3.2.1.1.- V.3.2.1.5., jeweils m.w.N.

180   Vgl. Weigend, Zukunftsperspektiven der Opferforschung, S. 46.

181   A.a.O., S. 47.

182   Kaiser, Viktimologie, in: FS für Schüler-Springorum, 1993, S. 4/5.

183   Kaiser, Kriminologie, § 52, Rdn. 16 u. 19.

184   Schneider, Schwerpunkte und Defizite im viktimologischen Denken der Gegenwart, S. 24/25. Der Autor geht von einem Viktimisierungsprozeß aus, in welchem die Opferrolle durch Interaktion mit dem Täter erlernt werde. Das Opfer werde in seine Rolle hineingedrängt, gewöhne sich an sie und nehme am Ende dieses Degradierungs- und Stigmatisierungsprozesses ein "viktimelles Selbstbild" an; vgl. a.a.O., S. 25-26.

185   Niedl, Mobbing, Bullying am Arbeitsplatz, S. 51, hält entsprechende Behauptungen aufgrund der bisher lediglich in geringem Umfang vorliegenden Ergebnisse im Bereich prozeßauslösender und -fördernder Persönlichkeitsfaktoren zumindest für verfrüht, zumal hiermit "monokausale

darauf hinzuweisen, daß in rechtlicher Hinsicht der Aspekt sog. Schadensanlagen im Rahmen der Adäquanz nach anerkannten schadens-
rechtlichen Grundsätzen ohnehin keine größere Rolle spielt[186]. Denn
eine schon vorhandene Schadensanlage beim Geschädigten schließt
die Zurechnung des Schadens in aller Regel nicht aus[187]. Der BGH hat
in diesem Zusammenhang bereits mehrfach ausgeführt, daß, wer einen
Kranken oder Geschwächten verletze, nicht verlangen könne, so gestellt
zu werden, als habe er einen Gesunden verletzt[188].

Im Gegensatz zu der prinzipiellen Unterstellung einer Mobbing-Prädisposition erscheint hingegen die Annahme berechtigt, daß "Normab-
weichler" in verstärktem Maße der Gefahr ausgesetzt sein dürften, gemobbt zu werden. Grundsätzlich jedoch ist davon auszugehen, daß jede
Person von Mobbing an ihrem Arbeitsplatz betroffen werden kann[189].

B. Wirkungen

Auch im Hinblick auf die Auswirkungen und Folgen von Mobbing existiert erst in geringem Umfang empirisch gesichertes Material[190]. Zu
nennen sind in erster Linie die Folgen und Reaktionen auf Seiten der
dem Mobbing-Prozeß unmittelbar ausgesetzten Personen. Als psycho-

---

Schuldzuweisungen" verbunden sein könnten. Ein Abstellen auf die
Persönlichkeitsstruktur halten ferner für unzulässig Becker, Therapiewoche
1993, S. 1717, sowie Leymann, ZfP 1993, S. 271, 277.

186   Vgl. Riesenhuber, S. 220, sowie Palandt-Heinrichs, Vorbem. zu § 249, Rdn. 67
m.w.N.

187   Vgl. Kupisch/Krüger, S. 55/56; Deutsch, VersR 1993, S. 1041, 1045, sowie
Staudinger-Medicus, § 249, Rdn. 52; dies gilt auch im Falle besonderer
psychischer Labilität; vgl. a.a.O., Rdn. 55 m.w.N.

188   Vgl. nur BGHZ 20, 137, 139; BGH NJW 1974, S. 1510.

189   Dies entspricht dem derzeitigen Stand der einschlägigen empirischen
Forschung; vgl. nur Hage/Heilmann, BB 1998, S. 742, sowie Brinkmann, S. 91.
So wird unterschieden zwischen Mobbing auf horizontaler Ebene (unter
Kollegen) und vertikaler Ebene, wobei auf letzterer sowohl von "oben nach
unten" als auch in entgegengesetzter Richtung gemobbt werde; vgl.
Brinkmann, S. 74 ff., sowie Leymann, Mobbing, S. 35 ff.

190   Vgl. hierzu beispielsweise Schneider, AuA 1994, S. 180, 181, der ausführt,
hinsichtlich der durch Mobbing verursachten volkswirtschaftlichen Schäden
seien "saubere" empirische Belege überhaupt noch nicht vorhanden.

sozialer Streß[191] kann sich Mobbing auf die Gesundheit des Betroffenen in verschiedenartigster Form auswirken. Hierbei kann grundsätzlich auf die Ergebnisse der spezifischen Streßforschung verwiesen werden[192].

Hinsichtlich des zu untersuchenden Phänomens läßt sich im Speziellen anführen, daß der Grad der jeweiligen Befindensbeeinträchtung in aller Regel von Dauer[193] und Art der erfahrenen Übergriffe abhängen wird. Bei dem Vorliegen subtiler Verhaltensweisen seitens der oder des Mobber(s) dürfte im wesentlichen auf die Dauer des Prozesses abzustellen sein[194]. Als typische Streßsymptome, welche schon nach wenigen Tagen auftreten, nennt der Mediziner *Becker* erhöhte Herzfrequenz, erhöhten Blutdruck und eine erhöhte Ausschüttung von Streßhormonen[195]. Auch Magen- und Darmprobleme sowie leichtere Depressionen sollen in diesem Stadium des Mobbing-Verlaufs in Betracht kommen[196].

Bei "anhaltendem Mobbing"[197] über die Dauer von sechs Monaten geht *Becker* von einer Verdichtung der genannten Streßsymptome zu einer posttraumatischen Belastungsstörung aus, die sich durch Symptome wie Schlafstörungen, Gedächtnis- und Konzentrationsstörungen, erhöhte

---

191   Diese Bezeichnung verwendet Brinkmann, S. 21.

192   Vgl. hierzu statt vieler Greif/Bamberg/Semmer, Psychischer Streß am Arbeitsplatz, S. 1 ff. Zu den möglichen Folgen speziell sexueller Belästigungen vgl. Schiek, S. 145 f., Rdn. 10.

193   Vgl. Becker, Spektrum der Psychiatrie und Nervenheilkunde, Juni 1993, S. 108; ders., Ärztliche Allgemeine 4/1993, S. 20; Etzel, b&b 4/1994, S. 153, 156, geht mit zunehmender Mobbingdauer von einer zunehmenden Wesensveränderung des Betroffenen aus.

194   Leymann, Posttraumatische Streßbelastung und ihre Folgen, S. 47 ff., spricht in Bezug auf Mobbing von einem "Krankheitsverlauf" und schlägt eine "hypothetische Syndromätiologie" vor, innerhalb derer er das Krankheitsbild zu Beginn des Mobbing sowie nach der Dauer von sechs Monaten, 1-2 Jahren und 2-4 Jahren beschreibt.

195   Becker, Therapiewoche 1993, S. 1717.

196   Leymann, Posttraumatische Streßbelastung und ihre Folgen, S. 47/48.

197   Der Begriff erscheint aufgrund des Prozeßcharakters von Mobbing terminologisch verunglückt. Leymann, a.a.O., S. 48, hebt daher zu Recht hervor, aufgrund des den Mobbing-Prozeß kennzeichnenden permanenten sozialen Drucks könnten alltäglich auftretende Streßsymptome hier gerade nicht wieder abklingen.

Reizbarkeit sowie Hypervigilanz (Wachsamkeit) auszeichnen könne[198]. Individuell beeinflußt werden könne die Geschwindigkeit der Krankheitsentwicklung durch das aktuelle körperliche und seelische Befinden des Betroffenen zu Beginn des Mobbing-Prozesses sowie seine jeweiligen sozialen Ressourcen und Copingmechanismen (Konfliktbewältigungsmechanismen)[199].

Nach 1 bis 2 Jahren Mobbing kann nach den Untersuchungen *Leymanns* eine Ausweitung des Syndroms zu einem generellen Angstzustand erfolgen[200], bis dieser sich schließlich nach zwei bis vier Jahren des Exponiertseins zu einem chronischen Zustand entwickeln könne; hier sei dann von einer psychiatrischen Krankheit auszugehen[201]. In Extremfällen wird Mobbing darüber hinaus als ursächlich für Suizide der Betroffenen angesehen[202].

---

198 Becker, Therapiewoche 1993, S. 1717.

199 Ebenda.

200 Leymann, Krankheiten und Rechtsprobleme als Folge von Mobbing, Tagungsband der Kammer für Arbeiter und Angestellte für Salzburg v. 3.6.1993, S. 5, 7.

201 Leymann, ZfP 1993, S. 271, 279.

202 Empirisch verwertbares Material gibt es zu diesem Komplex, schon wegen der anzunehmenden Dunkelziffer, kaum; vgl. die Antwort der baden-württembergischen Landesregierung auf eine parlamentarische Anfrage vom 25.10.1994 zum Thema "Psychostreß und Psychoterror am Arbeitsplatz (Mobbing)", LT-Drucksache 11/4839, 20. Einer von Infas angestellten Schätzung nach beträgt die Anzahl der durch Mobbing verursachten Suizide jährlich 2000; zitiert nach Schneider, AuA 1994, S. 180, 181. Schmidt, AiB 1993, S. 666, 667, schätzt den Anteil der durch Mobbing bundesweit ausgelösten Suizide auf 10-20 %. Dieser Wert entpricht dem Ergebnis einer in Schweden erfolgten Untersuchung; vgl. hierzu Leymann, Sichere Arbeit 1992, S. 22, 26. Trotz der unzureichenden empirischen Befunde erscheint jedoch der entsprechende Ansatz nicht völlig verfehlt, da der Zusammenhang zwischen schweren Formen von Depressionen und akuter Selbstmordgefahr nicht von der Hand zu weisen ist; vgl. hierzu Moebius, Psychologie Heute, Januar 1988, S. 32, 39.

Doch die Folgen von Mobbing gehen nicht ausschließlich zu Lasten des Arbeitnehmers[203]. Konsequenzen ergeben sich - zumindest mittelbar - auch für den Arbeitgeber. Sie liegen vornehmlich im Absinken der Motivation und des Leistungsniveaus[204] der exponierten Arbeitnehmer. Letztere "kündigen innerlich"[205] und leisten nur noch "Dienst nach Vorschrift"[206]. Auch erhöhte Fehl- und Krankheitszeiten innerhalb der Belegschaft aufgrund psychosomatischer Beschwerden kommen in Betracht[207]. All dies kann der Produktivität nur abträglich sein. Im Einzelfall ist schließlich auch eine tatsächliche Beendigung der arbeitsvertraglichen Beziehung im Wege der Kündigung in Erwägung zu ziehen.

Die arbeitgeberseitig zu tragenden Mobbingfolgen können daher in gewissem Sinne als Reflexwirkungen der durch das Phänomen auf Arbeitnehmerseite entstehenden Auswirkungen charakterisiert werden. Dies läßt die in diesem Bereich bestehenden Interdependenzen klar zu Tage treten.

Die zuletzt aufgeführten Auswirkungen indizieren fernerhin die volkswirtschaftliche Dimension des Phänomens. Gesicherte empirische Belege sind, auf den bundesdeutschen Raum bezogen, noch nicht vorhanden[208]. Ausfallkosten von über 30 Milliarden DM werden in diesem

---

203   In Anbetracht der aufgezeigten, den Arbeitnehmer betreffenden Folgen von Mobbing erscheint es als eine nicht tolerable Verharmlosung, im Zusammenhang mit dem genannten Phänomen von durchweg normalem, angemessenem und hinzunehmendem Verhalten auszugehen; diesen Eindruck erweckt aber beispielsweise Hahne, zfo 1994, S. 188, 190.

204   Schneider, AuA 1994, S. 180, 181; entsprechende Erkenntnisse ergeben sich auch aus einer von Niedl durchgeführten Auswertung subjektiver, retrospektiver Berichte von 10 Probandinnen; vgl. hierzu Niedl, Mobbing, Bullying am Arbeitsplatz, S. 230.

205   Zum Begriff der "inneren Kündigung" vgl. Krystek/Becherer/Deichelmann, S. 8 ff.

206   In diesen Bereich fällt auch das sog "Burnout-Syndrom"; vgl. hierzu Burisch, Psychologie Heute, September 1994, S. 22 ff.

207   Brinkmann, S. 167 m.w.N.

208   Schneider, AuA 1994, S. 180 f.; Brinkmann, S. 169; Antwort der baden-württembergischen Landesregierung auf eine parlamentarische Anfrage vom 25.10.1994, LT-Drucksache 11/4839, 20/21.

Kontext veranschlagt[209]. Dies erscheint nicht unrealistisch, wenn man berücksichtigt, daß allein die Kosten einer Kündigung und anschließenden Neueinstellung in der Bundesrepublik - je nach hierarchischer Position - mit bis zu fünfzigtausend DM beziffert werden[210].

---

209   Diese Zahl nennt Rokhar (DAG), zitiert nach Barg, Touristk Management 7/8 1993, S. 12, 14; den gleichen Betrag führt Schmidt, AiB 1993, S. 666, 667, an.

210   Vgl. Becker/Nowosad, id 8/1993, S. 2, 5.

Zweiter Hauptteil: Die juristische Bewertung von Mobbing (i.S. eines Prozesses) sowie einzelner Mobbing-Verhaltensweisen

Wendet man sich der rechtlichen Bewertung des oben beschriebenen Phänomens "Mobbing" zu, so hat man sich die Bandbreite der einzelnen hier in Betracht zu ziehenden Verhaltensweisen zu vergegenwärtigen. Es erscheint nicht zweckmäßig, ja kaum durchführbar, im Zusammenhang mit der Untersuchung der entsprechenden Anwendbarkeit einzelner Rechtsvorschriften jeweils auf die Vielzahl der möglichen Mobbing-Attacken einzugehen[211]. Die nachfolgende Untersuchung beschränkt sich daher auf das jeweilige Herausgreifen einiger relevanter Verhaltensweisen, denen an gegebener Stelle exemplarische Bedeutung zukommt.

Die juristische Auseinandersetzung mit dem Phänomen "Mobbing" kann sich jedoch nicht auf die Bewertungen einzelner Verhaltensweisen - welche eben nur Bestandteile des Mobbing-Prozesses darstellen - beschränken. Sie muß vielmehr darüber hinaus, will sie der Problematik des genannten Phänomens gerecht werden, auch den *Prozeß* des Mobbing selbst erfassen. Dies hat insbesondere dort zu gelten, wo mit der rechtlichen Beurteilung dieses Prozesses besondere Problematiken einhergehen. Zu denken ist in diesem Kontext etwa an Fälle von nachhaltig betriebener, jedoch auf subtile Art und Weise vorgetragener Schikanierung eines Arbeitnehmers.

In systematischer Hinsicht erscheint es im aufgezeigten Zusammenhang als sinnvoll, sich zunächst einzelnen Elementen des Mobbing-Prozesses (= einzelne Mobbing-Verhaltensweisen) zuzuwenden, um hiernach den Prozeß als solchen (= Mobbing-Prozeß) rechtlich zu würdigen.

---

[211] Auf die Schwierigkeit der rechtlichen Bewertung von Mobbing am Arbeitsplatz aufgrund der hiermit einhergehenden, nicht zu überblickenden Vielzahl relevanter Verhaltensweisen verweisen ausdrücklich auch Esser/Wolmerath, Mobbing-Ratgeber, S. 225.

1. Kapitel: Ansprüche des gemobbten Arbeitnehmers gegenüber mobbenden Arbeitskollegen (Arbeitnehmern)

A. Vertragliche Ansprüche

Wird ein Arbeitnehmer durch einen Arbeitskollegen in oben beschriebenem Sinne gemobbt, so sind, bedenkt man alleine die in Betracht zu ziehenden gesundheitlichen Folgen oder auch die möglichen Eingriffe in sein allgemeines Persönlichkeitsrecht, erhebliche Beeinträchtigungen der rechtlichen Position des Gemobbten vorstellbar[212]. Hier ergibt sich zunächst die Frage, ob sich das rechtliche Verhältnis der involvierten Arbeitnehmer primär nach den sich aufdrängenden Bestimmungen des Deliktsrechts regelt, oder ob auch vertragliche Ansprüche des gemobbten Arbeitnehmers (z. B. Schadensersatzansprüche) in Erwägung zu ziehen sind. Dies ist deswegen von Relevanz, weil sich vertragliche Ansprüche des gemobbten Arbeitnehmers gegenüber involvierten Arbeitskollegen in mehrfacher Hinsicht positiv auf seine rechtliche Stellung auswirken würden. Während der Gemobbte nämlich als Geschädigter im Rahmen deliktischer Ansprüche nach allgemeinen Grundsätzen alle ihm günstigen bestrittenen Tatsachen zu beweisen hätte[213], wäre bei Anwendbarkeit des § 282 BGB eine ihn begünstigende Beweislastumkehr hinsichtlich des Vertretenmüssens der vertraglichen Pflichtverletzung denkbar[214]. Ferner entfielen die deliktsrechtlichen Beschränkungen hinsichtlich des Schutzes des Vermögens als solchem[215]. Auch die im Verhältnis zu der entsprechenden deliktsrechtlichen Vorschrift des § 852 BGB (Verjährungseintritt drei Jahre ab Kenntnis des Schadens sowie der Person des Ersatzverpflichteten) erheblich längere Verjährungsfrist vertraglicher Ansprüche (30 Jahre gem. § 195 BGB) würde den gemobb-

---

212   Vgl. erster Hauptteil, 2. Kapitel, Punkt B.

213   Vgl. BGHZ 3, 342, 345/346; BGB-RGRK-Steffen, § 823, Rdn. 496; MüKo-
       Mertens, § 823, Rdn. 58.

214   Vgl. BGHZ 23, 288, 290/291; Jauernig-Vollkommer, § 282, Rdn. 4; Staudinger-
       Löwisch, § 282, Rdn. 17 ff.; Soergel-Wiedemann, vor § 275, Rdn. 527 ff.

215   Vgl. hierzu BGHZ 27, 137,140; Erman-Schiemann, § 823, Rdn. 36, sowie
       Palandt-Thomas, § 823, Rdn. 31, der auf die besonderen Voraussetzungen
       der §§ 823 II, 824, 826 und 839 BGB verweist.

ten Arbeitnehmer spürbar begünstigen[216]. Zu nennen bliebe schließlich die Anwendbarkeit des § 278 BGB im Falle einer vertraglichen Beziehung, die im Vergleich zu der entsprechenden, mit einer Exkulpationsmöglichkeit versehenen deliktsrechtlichen Regelung des § 831 I S. 2 BGB eine ganz erhebliche Gläubigerbegünstigung herbeiführen würde[217].

Voraussetzung eines vertraglichen Verhältnisses zwischen einzelnen Arbeitnehmern wäre aber das Zustandekommen entsprechender Verträge zwischen diesen i.S.v. Pflichten begründender Sonderbeziehungen. Dies erscheint schon deswegen problematisch, weil der Arbeitsvertrag als solcher lediglich zwischen dem einzelnen Arbeitnehmer und dem Arbeitgeber geschlossen wird[218].

I. Verschiedene Begründungsansätze

Trotz der eben erwähnten Problematik existieren innerhalb des Schrifttums einige Ansätze, die das Bestehen vertraglicher Beziehungen der einzelnen Arbeitnehmer untereinander bejahen. Hier wurden die unterschiedlichsten Erklärungsversuche ins Felde geführt. So wollte man über die Regeln der Gesellschaft bürgerlichen Rechts gem. §§ 705 ff. BGB[219] sowie über diejenigen der Bruchteilsgemeinschaft nach §§ 741 ff. BGB[220] zu der Begründung einer schuldrechtlichen Sonderbeziehung zwischen Arbeitnehmern eines Betriebes gelangen. Ein gleichgerichte-

---

216   Vgl. Seiter, ZfA 1989, S. 283, 292; zusammenfassend zu den Vorteilen der vertraglichen Haftung auch Sonnenschein, JA 1979, S. 225, 226, sowie Staudinger-Jagmann, Vorbem. zu §§ 328 ff., Rdn. 93.

217   Vgl. nur Palandt-Thomas, § 831, Rdn. 3; Soergel-Zeuner, vor § 823, Rdn. 35, sowie Staudinger-Belling/Eberl-Borges, § 831, Rdn. 23 f.

218   Zu den Parteien des Arbeitsvertrages vgl. Münch. ArbR.-Richardi, § 8, Rdn. 1, sowie Schaub, § 32, Pkt. I.1.a. und b.

219   Als Gemeinschaftsverbindungen kommen hier Betriebsgemeinschaft, Arbeitnehmergemeinschaft sowie das Verhätnis zwischen Arbeitgeber und einzelnem Arbeitnehmer in Betracht; vgl. hierzu Frey, AuR 1959, S. 193, 196 f., sowie G. Hueck, Der Grundsatz der gleichmäßigen Behandlung im Privatrecht, S. 134 ff. Vgl. hierzu ferner Rückert, ZfA 1992, S. 225, 276-278 sowie Adomeit, Gesellschaftsrechtliche Elemente im Privatrecht, S. 1 ff.

220   Zur Bruchteilsgemeinschaft als arbeitsrechtlicher Gemeinschaft vgl. Frey, AuR 1959, S. 193, 197 f., der im Ergebnis aber eine solche ablehnt.

ter Ansatz zielte darauf ab, den Arbeitnehmer als Mitglieder einer juristischen Person einzustufen[221]. Auch gesetzliche Schuldverhältnisse[222], Interessengemeinschaften[223] oder außervertragliche Sozialbeziehungen[224] wurden konstruiert. Weiterhin wurde der Arbeitsvertrag zwischen Arbeitnehmer und Arbeitgeber als Vertrag zugunsten Dritter gem. § 328 I BGB (hinsichtlich der Arbeitskollegen) qualifiziert[225].

All diese Ansätze sind jedoch nicht geeignet, eine vertragliche oder auch vertragsähnliche Beziehung der Arbeitnehmer untereinander zu begründen. Dies liegt zum Teil an der Nichterfüllung der den Begründungsversuchen zugrunde liegenden dogmatischen Voraussetzungen, teils an der inhaltlichen Unschärfe einzelner Ansätze oder aber auch an entgegenstehender Gesetzessystematik. Eingehend mit den erwähnten Begründungsansätzen haben sich in jüngster Zeit erst *Flory*[226] sowie *Riesenhuber*[227] auseinandergesetzt. Diese decken in ihren einschlägigen Untersuchungen in überzeugender Weise die jeweiligen Schwachpunkte der o.g. Ansätze auf. Auf die Ergebnisse dieser Untersuchungen sei daher an dieser Stelle der Arbeit verwiesen[228].

---

221 Vgl. W. Junker, Die Haftung des Betriebsrats, S. 25 ff. m.w.N.

222 Vgl. Dölle, ZgS 103, S. 67 ff., welcher hier die "Lehre vom sozialen Kontakt" entwickelte.

223 Vgl. zur Lehre von der Interessengemeinschaft Würdinger, "Theorie der schlichten Interessengemeinschaften", 1934 sowie Wüst, "Die Interessengemeinschaft ein Ordnungsprinzip des Privatrechts", 1958.

224 Vgl. Paschke, AcP 187, S. 60, 75-77, sowie S. 81 ff., welcher außervertragliche gemeinschaftliche Sozialbeziehungen und hieraus resultierende Rechtsfolgen zwischen einzelnen Arbeitnehmern eines Betriebes bejaht.

225 Vgl. Küchenhoff, AuR 1965, S. 129, 130, Fn. 4, welcher aus der dem Arbeitgeber gegenüber bestehenden vertraglichen Beziehung des Arbeitnehmers dessen Pflicht folgert, den Arbeitsfrieden im Betrieb zu wahren und insbesondere Rücksicht gegenüber jedem anderen Mitarbeiter zu nehmen.

226 Flory, Ansprüche zwischen Arbeitnehmern eines Betriebes, 1992.

227 Riesenhuber, Die Rechtsbeziehungen zwischen Nebenparteien: dargestellt anhand der Rechtsbeziehungen zwischen Mietnachbarn und zwischen Arbeitskollegen, 1997.

228 Für ein detailliertes Eingehen auf die genannten Ansätze besteht an diesem Punkt kein Raum. Ein solches würde vielmehr den Rahmen der vorliegenden Untersuchung, für welche die aufgezeigte Problematik lediglich eine Vorfrage darstellt, sprengen. Aus diesem Grunde sei hier auf die umfangreiche

II. Insbesondere: Der Vertrag mit Schutzwirkung zugunsten Dritter

Genauere Betrachtung soll an dieser Stelle aber die rechtliche Figur des Vertrages mit Schutzwirkung zugunsten Dritter erfahren. Denn im Gegensatz zu den oben bereits genannten Ansätzen, vertragliche Ansprüche zwischen Arbeitnehmern herzuleiten, ist diese Rechtsfigur jüngst sowohl durch *Flory*[229] als auch durch *Riesenhuber* [230] in ihren einschlägigen Untersuchungen zur Begründung einer schuldrechtlichen Sonderbeziehung zwischen Arbeitnehmern eines Betriebes herangezogen worden.

1. Entwicklung, Wesen sowie tatbestandliche Voraussetzungen des "Vertrages mit Schutzwirkung zugunsten Dritter"

Den Ausgangspunkt für die Entwicklung des heute unter dem Begriff des "Vertrages mit Schutzwirkung zugunsten Dritter" bezeichneten Rechtsinstitutes stellte das Bestreben der Rechtsprechung dar, die in vielen Fällen als unzulänglich empfundene Beschränkung der Haftung nach Maßgabe des § 831 BGB zu vermeiden. Es erschien oftmals, insbesondere aus Billigkeitserwägungen, geboten, eine Haftung für den Erfüllungsgehilfen nach § 278 BGB auch dann zu gewährleisten, wenn durch diesen vertragsunbeteiligte Dritte verletzt worden waren[231]. Letztere sollten in diesen Fällen in den Schutzbereich des Vertrages einbezogen werden und zur Geltendmachung eines eigenen vertraglichen

---

Auseinandersetzung mit der zugrundeliegenden Thematik durch Flory, S. 8-51 bzw. Riesenhuber, S. 27 -149 sowie S. 155 ff., verwiesen.

229   Flory, S. 52 ff.

230   Riesenhuber, S. 149 ff.

231   Vgl. Urban, S. 77. Auch Larenz, Schuldrecht AT, § 17 II, bezeichnet den Umstand der unterschiedlichen Haftung für schuldhaftes Gehilfenverhalten in Vertrags- und Deliktsrecht als maßgebliche Ursache für die Entwicklung und Anwendung des Vertrages mit Schutzwirkung zugunsten Dritter. Vgl. in diesem Sinne ferner Brox, Allgemeines Schuldrecht, Rdn. 376; Medicus, Schuldrecht AT, Rdn. 772; Esser-Schmidt, Teil-Bd. 2, § 34 IV.2., sowie Soergel-Hadding, Anh. zu § 328, Rdn. 1.

Anspruchs dem Schuldner gegenüber berechtigt sein[232]. Prägte dieser Drittschutzgedanke zunächst die einschlägige Rechtsprechung des Reichsgerichtes[233], so fand er in der Folge auch durch den BGH weiter Anwendung[234]. Die Bezeichnung des in Rede stehenden Rechtsinstitutes selbst geht - soweit ersichtlich - auf *Larenz* zurück[235] und fand ab der Mitte der fünfziger Jahre Eingang in Rechtsprechung und Literatur[236].

Das Konstrukt des Vertrages mit Schutzwirkung zugunsten Dritter darf aber nicht dazu führen, daß *jeder* Dritte, der bei einer Sorgfaltspflichtverletzung des Schuldners einen Schaden erleidet, einen Schadensersatzanspruch aus dem zwischen Gläubiger und Schuldner geschlossenen Vertrag herleiten kann[237]. Denn hierdurch würde die Grenze zwischen Vertrags- und Deliktshaftung in unzulässiger Weise verwischt werden. Es bestand daher frühzeitig Einigkeit, den Kreis der durch das Institut geschützten Personen eng zu ziehen. Anderenfalls würde das vertragliche Haftungsrisiko ein unkalkulierbares, geradezu uferloses Ausmaß annehmen[238]. Für den Regelfall, in welchem die Vertragsparteien die Schutzwirkungen des Vertrages nicht ausdrücklich qua Verein-

---

232 Anerkanntermaßen sollte sich dieser jedoch lediglich auf die Verletzung vertraglicher Schutz- bzw. Nebenpflichten (sog. sekundäre Sorgfaltspflichten), nicht jedoch auf die Erfüllung primärer Vertrags- bzw. Hauptleistungspflichten, beziehen; vgl. hierzu nur Urban, S. 73.

233 Vgl. nur RGZ 91, 21; RG JW 1915, S. 916; 1919, S. 838; RGZ 85, 183; 152, 175,176.

234 Vgl. etwa BGHZ 1, 383, 386; 5, 378, 384; BGH VersR 1955, S. 49 sowie S. 740, 741 ff; vgl. ferner die Zusammenstellung bei Wegener, S. 40 ff.

235 Vgl. Larenz, Anm. zu BGH NJW 1956, S. 1193.

236 Vgl. Urban, S. 78, Fn. 33.

237 Vgl. statt vieler Brox, Allgemeines Schuldrecht, Rdn. 377.

238 Dieser "Begrenzungsgedanke" ist ganz herrschende Meinung; vgl. hierzu BGHZ 49, 278, 280; 49, 350, 354; 66, 51, 57; BGH NJW 1974, S. 860; 1977, S. 2208, 2209; ferner Medicus, Schuldrecht AT, Rdn. 773; Fikentscher, Schuldrecht, § 37 VII., Rdn. 260 f.; Schlechtriem, Schuldrecht AT, Rdn. 554; Sonnenschein, JA 1979, S. 225; BGB-RGRK-Ballhaus, § 328, Rdn. 82 m.w.N.; ferner Brox, Allgemeines Schuldrecht, Rdn. 377, sowie MüKo-Gottwald, § 328, Rdn. 86, beide m.w.N.

barung auf Dritte erstrecken[239], sind daher durch die Rechtsprechung vier Voraussetzungen für die Einbeziehung dritter Personen in den vertraglichen Schutzkreis aufgestellt worden, die auch innerhalb der Literatur ganz überwiegend Anerkennung erfahren haben. Es sind dies die Kriterien der Leistungsnähe, der Gläubigernähe, der Erkennbarkeit sowie der Schutzwürdigkeit[240]. Diese Kriterien lassen sich in aller Kürze wie folgt charakterisieren:

a) Leistungsnähe

Das Kriterium der Leistungsnähe wird gewöhnlich so umschrieben, daß der Dritte mit der Leistung bestimmungsgemäß in Berührung kommen und durch eine Schutzpflichtverletzung des Schuldners ebenso gefährdet sein müsse wie der Gläubiger selbst[241]. Durch dieses Erfordernis soll der letztlich unüberschaubare Kreis derer abgeschichtet werden, die zufällig mit der Leistung des Schuldners in Berührung kommen und nur "gelegentlich" der Schuldnerleistung einen Schaden erleiden[242].

b) Gläubigernähe

Durch das Tatbestandsmerkmal der Gläubigernähe wurde seitens der Rechtsprechung ursprünglich gefordert, der Gläubiger müsse dem Dritten gegenüber eine Fürsorgepflicht besitzen, müsse für dessen "Wohl und Wehe" mitverantwortlich sein[243]. Auch von einem "personenrechtli-

---

239   Die Möglichkeit einer ausdrücklichen Vereinbarung der Einbeziehung Dritter in den Schutzkreis des Vertrages bleibt den Parteien aufgrund des Grundsatzes der Privatautonomie natürlich unbenommen; vgl. MüKo-Gottwald, § 328, Rdn. 86 u. 88, jeweils m.w.N.

240   Einen Überblick über die Entwicklung bieten Erman-Westermann, § 328, Rdn. 11 ff.; MüKo-Gottwald, § 328, Rdn. 78 ff. sowie Rdn. 86 ff.; BGB-RGRK-Ballhaus, § 328, Rdn. 80 ff.; vgl. ferner Palandt-Heinrichs, § 328, Rdn. 16 ff.

241   BGHZ 49, 350, 354; 61, 227, 234; 70, 327, 329; 129, 136, 168; vgl. ferner Strauch, JuS 1982, S. 823, 826.

242   Vgl. Gernhuber, S. 520.

243   BGHZ 51, 91, 96; 56, 269, 273; 66, 51, 57; BGH NJW 1964, S. 33, 34; 1970, S. 38, 40; 1971, S. 1931.

chen Einschlag" der Rechtsbeziehung zwischen Gläubiger und Drittem wurde gesprochen[244].

Die neuere Rechtsprechung des BGH hat das Kriterium der Gläubiger-nähe, welches vielfach auch als "schutzwürdiges Interesse des Gläubi-gers am Schutz des Dritten" bezeichnet wird[245], abgeschwächt. Als aus-reichend wird nunmehr erachtet, daß die Leistung dem Dritten bestim-mungsgemäß zugute kommen soll[246]. Ferner soll genügen, daß der Gläubiger an der Einbeziehung des Dritten in den vertraglichen Schutz-bereich ein besonderes Interesse hat und die Auslegung des Vertrages unter Berücksichtigung dieses Interesses eine entsprechende Einbe-ziehung des Dritten ergibt[247].

c) Erkennbarkeit

Als dritte Einschränkung der Drittschutzwirkung ist durch den BGH das Kriterium der Erkennbarkeit entwickelt worden. Dieses setzt voraus, daß für den Vertragsschuldner der Kreis der geschützten Dritten erkennbar bzw. vorhersehbar sein muß. Die Erkennbarkeit erstreckt sich hierbei auf die durch die Kriterien der Leistungs- sowie Gläubigernähe beschriebe-nen Umstände[248].

d) Schutzwürdigkeit

Die Schutzwirkung des Vertrages soll schließlich nur dann auf Dritte ausgedehnt werden, wenn diese schutzbedürftig erscheinen. Dies hat

---

244   Vgl. die zahlreichen Nachweise bei Riesenhuber, S. 150, Fn. 540.

245   Vgl. Riesenhuber, S. 150.

246   Vgl. BGHZ 129, 136, 167 m.w.N.

247   Vgl. nur BGH NJW 1984, S. 355, 356; JZ 1985, S. 951, 952, mit ausdrücklichem Hinweis darauf, daß bei entsprechendem Parteiwillen jeder beliebige Dritte in den vertraglichen Schutzbereich einbezogen werden könne; vgl. ferner BGH NJW 1996, S. 2927, 2928.

248   Zum Erfordernis der Erkennbarkeit vgl. BGHZ 49, 350, 354; 75, 321, 323; BGH NJW 1985, S. 489 u. S. 2411. Auch Larenz, Schuldrecht AT, § 17 II, hebt die Bedeutung dieses Kriteriums hervor.

der BGH in zahlreichen Entscheidungen ausgeführt und in diesem Kontext ein mangelndes Schutzbedürfnis insbesondere dann bejaht, wenn das Interesse des Dritten bereits durch eigene direkte vertragliche Ansprüche abgedeckt ist[249].

2. Der Ansatz *Florys*

Flory geht von einer Anwendbarkeit der rechtlichen Konstruktion des Vertrags mit Schutzwirkung zugunsten Dritter auf den Arbeitsvertrag aus, wobei seiner Ansicht nach aus der vertraglichen Bindung zwischen Arbeitgeber und einzelnem Arbeitnehmer eine Schutzwirkung für die übrigen Arbeitnehmer eines Betriebes resultiert[250]. Er führt in diesem Zusammenhang zunächst an, daß der Gedanke eines Vertrages mit Schutzwirkung zugunsten Dritter dem Arbeitsrecht an sich nicht fremd sei[251]. Bezogen auf die tatbestandlichen Voraussetzungen des erwähnten Konstrukts konkretisiert er seinen Standpunkt, indem er das Erfordernis der Leistungsnähe im Hinblick auf die übrigen Arbeitnehmer des Betriebes ("Dritte" i.S.d. Rechtsfigur) bejaht[252]. Ein Betrieb sei auf eine Begegnung der Mitarbeiter angelegt; jeder in dieser organisatorischen Einheit eingegliederte Arbeitnehmer komme daher nicht zufällig, sondern "zwangsläufig bestimmungsgemäß und typischerweise" mit der Leistung seines Kollegen in Berührung, halte sich also in dessen Leistungsbereich auf[253].

Ferner sei eine Gläubigernähe respektive ein berechtigtes Interesse des Arbeitgebers (Gläubiger i.S.d. Rechtsfigur) am Schutz der übrigen Arbeitnehmer des Betriebes gegeben, da ersterer aufgrund der den Ar-

---

249   Vgl. nur BGHZ 70, 327, 329 f. = NJW 1978, S. 883; zustimmend Sonnenschein, JA 1979, S. 225, 229 f.; a.A . Berg, NJW 1978, S. 2018, 2019.

250   Flory, S.65.

251   A.a.O., S. 52.

252   Flory, S. 55-56.

253   A.a.O., S. 56.

beitnehmern gegenüber bestehenden Fürsorgepflicht für deren Wohl und Wehe mitverantwortlich sei[254].

Flory führt weiter aus, auch eine Erkennbarkeit von Leistungsnähe und berechtigtem Interesse des Arbeitgebers am Schutz der übrigen Arbeitnehmer sei für den einzelnen Arbeitnehmer (Schuldner i.S.d. Rechtsfigur) zu bejahen; letzterem sei insbesondere der Kreis der geschützten Kollegen bei Vertragsabschluß erkennbar[255].

Schließlich ergibt sich nach den Darlegungen *Florys* auch ein Schutzbedürfnis hinsichtlich geschädigter Arbeitnehmer eines Betriebes. Er führt diesbezüglich aus, letzteren stünden i.d.R. keine eigenen vertraglichen Ansprüche gegen den Arbeitgeber zu, falls ihre Kollegen arbeitsvertragliche (Neben-) Pflichten verletzten, was damit zusammenhänge, daß der einzelne Arbeitnehmer nur in Ausnahmefällen als Erfüllungsgehilfe gem. § 278 BGB hinsichtlich der arbeitgeberseitigen Fürsorgepflicht anzusehen sei[256].

3. Der Ansatz *Riesenhubers*

Auch nach der Auffassung von *Riesenhuber* resultiert aus dem Arbeitsvertrag zwischen Arbeitgeber und Arbeitnehmer eine Schutzwirkung für die Betriebskollegen[257]. Im Gegensatz zu *Flory* gelangt der Autor jedoch nicht zu diesem Ergebnis, indem er sämtliche durch die Rechtsprechung entwickelte tatbestandliche Voraussetzungen des Rechtsinstituts als berücksichtigungsfähige Eingrenzungskriterien anerkennt und in Bezug auf das Arbeitsverhältnis als gegeben erachtet. Vielmehr finden nach *Rie-*

---

254 A.a.O., S. 57.

255 A.a.O., S. 61.

256 A.a.O., S. 60. Flory versucht jedoch, durch diese Argumentation ein "berechtigtes Interesse des Gläubigers am Schutz des Dritten" zu begründen, während die Frage nach eigenen, nicht aus einem Drittvertrag abgeleiteten vertraglichen Ansprüchen des Dritten üblicherweise als auschlaggebend dafür erachtet wird, ob dem Dritten selbst ein Schutzbedürfnis zugesprochen werden kann; vgl. BGHZ 70, 327, 329/330; Staudinger-Jagmann, Vorbem. zu §§ 328 ff., Rdn. 108; MüKo-Gottwald, § 328, Rdn. 92 m.w.N.

257 Riesenhuber, S. 149, S. 204 sowie S. 287.

senhuber lediglich zwei der durch die Rechtsprechung entwickelten Voraussetzungen - in eingeschränkter Form - Anwendung bei der Klärung der Frage, ob ein bestimmter Vertrag Drittschutz entfaltet.

Der Autor begreift die Schutzwirkung für Dritte als rechtlich anerkannte Drittwirkung eines Schuldverhältnisses, welche im Einzelfall aus der "Anlage" desselben - bestimmt nach Parteivereinbarung, Gesetz und Verkehrssitte - zu begründen sei[258]. Die von der Rechtsprechung entwickelten Kriterien der Leistungsnähe und Gläubigernähe stellten in diesem Kontext lediglich Indizien für eine Schutzwirkung dar; letztere sei jedoch in erster Linie als Teilhabe am Anschlußschuldverhältnis aus diesem begründet und gleichzeitig auch begrenzt[259]. Die rechtliche Grundlage der Schutzwirkung stellt nach *Riesenhuber* das Institut der richterlichen Rechtsfortbildung auf der Basis des Prinzips von Treu und Glauben gem. § 242 BGB dar[260].

Im Hinblick auf die beiden weiteren durch die Rechtsprechung aufgestellten Voraussetzungen vertritt der Autor die Ansicht, dem Kriterium der Erkennbarkeit komme zwar eine unverzichtbare Funktion für die Annahme einer Sonderverbindung bzw. Sonderhaftung zu, da letztere nur bei entsprechender Individualisierung der Beteiligten in Betracht zu ziehen sei[261]. Gleichzeitig könne diesem Merkmal aber keine *eigenständige* Bedeutung beigemessen werden, da es bereits in der "Anlage" des Schuldverhältnisses, welche sich, wie o. bereits erwähnt[262], nach Parteivereinbarung, Gesetz und Verkehrssitte bestimme, aufgehe[263]. Dem durch den BGH entwickelten Erfordernis der Schutzbedürftigkeit schließ-

---

258   A.a.O., S. 159 i.V.m. S. 163 sowie S. 287.

259   Riesenhuber, S. 161 ff. i.V.m. S. 287.

260   A.a.O., S. 155. Diese Einordnung ist umstritten; teilweise wird der Rechtsgrund der Schutzwirkung auch in der (ergänzenden) Auslegung des entsprechenden Hauptvertrages gem. §§ 133, 157 BGB erblickt, die Erstreckung der Schutzpflichten auf Dritte demnach als Ergebnis vertraglicher Gestaltung angesehen; vgl. hierzu die Nachweise bei MüKo-Gottwald, § 328, Rdn. 80.

261   Riesenhuber, S. 163.

262   Vgl. hierzu den vorhergehenden Absatz.

263   Riesenhuber, S. 163.

lich sei jede eigenständige Berücksichtigungsfähigkeit zu versagen. In konsequenter Weise sei es innerhalb der Rechtsprechung ohnehin nicht berücksichtigt worden[264].

Seine Drittschutz-Prämissen zugrunde legend bejaht der Autor eine Schutzwirkung des Arbeitsvertrages hinsichtlich der Betriebskollegen. Die als "Indizien" eingestuften Kriterien der Leistungs- und Gläubigernähe sieht auch er als gegeben an. Zum einen seien Arbeitnehmer den Gefahren, die aus dem Arbeitsverhältnis des Arbeitgebers mit einem Kollegen resultierten, regelmäßig in gleichem Maße ausgesetzt wie der Arbeitgeber (Gläubiger i.S.d. Rechtsfigur des Vertrages mit Schutzwirkung zugunsten Dritter) selbst[265]. Ferner ergebe sich ein Näheverhältnis des jeweils anderen Arbeitnehmers zum Arbeitgeber aus dessen gem. § 618 BGB bestehender Fürsorgepflicht[266]. Die vertragliche und gesetzliche Anlage des Arbeitsverhältnisses schließlich bestätige die o.g. Indizwirkung. Die bestimmungsgemäße Teilhabe und Einbeziehung in den Gefahrenbereich ergebe sich im Regelfall, in dem nicht Einzelarbeit geschuldet werde, aus dem Verständnis der Arbeit als Zusammenarbeit mit dem/den Arbeitskollegen[267]. Ferner stelle beispielsweise § 104 BetrVG eine positiv-gesetzliche Verankerung der Einbeziehung der Betriebskollegen in den Schutzbereich des Arbeitsvertrages dar[268].

4. Stellungnahme

Beiden dargestellten Ansätzen kann im Ergebnis nicht gefolgt werden. Zwar gehen beide Konzeptionen zunächst in zutreffender Weise davon aus, die Kriterien der Leistungs- und Gläubigernähe seien in Bezug auf das Verhältnis Arbeitgeber/Arbeitnehmer/Arbeitskollegen zu bejahen. Denn einerseits kommt hinsichtlich des Kriteriums der Leistungsnähe

---

264   Riesenhuber, S. 163 ff.

265   A.a.O., S. 178.

266   Ebenda.

267   Riesenhuber, S. 179.

268   Ebenda.

der Arbeitnehmer tatsächlich nicht zufällig, sondern bestimmungsgemäß mit der vertraglich geschuldeten Hauptleistung[269] seiner Arbeitskollegen in Berührung. Sowohl er als die Kollegen sind in aller Regel dazu verpflichtet, ihre Arbeit am Betriebssitz, welcher in diesem Kontext als Erfüllungsort i.S.v. § 269 BGB zu qualifizieren ist, anzubieten[270]. "Berührungen" o.g. Art ergeben sich am Ort der Arbeitsstätte daher zwangsläufig.

Andererseits werden hinsichtlich des Merkmals der Gläubigernähe durch die arbeitsvertragliche Bindung des Arbeitnehmers an den Arbeitgeber auf Seiten des letzteren anerkanntermaßen Schutz- und Fürsorgepflichten[271] begründet. Der Arbeitgeber ist aufgrund dieser, dem Arbeitnehmer gegenüber bestehenden Pflichten gehalten, entsprechende Beeinträchtigungen des Arbeitnehmers am Arbeitsplatz - falls möglich und zumutbar - zu verhindern; er hat sich hierbei schützend vor den betroffenen Arbeitnehmer zu stellen[272]. Folglich betreffen den Arbeitgeber auch Schädigungen des Arbeitnehmers an dessen Arbeitsplatz durch Dritte bzw. Arbeitskollegen. Der Arbeitsvertrag erfüllt in dieser Hinsicht sogar die erhöhten Anforderungen der älteren Rechtsprechung des BGH

---

[269] Klargestellt sei an dieser Stelle nochmals, daß, obwohl beim Kriterium der "Leistungsnähe" auf ein bestimmungsgemäßes In-Berührung-Kommen mit der *Hauptleistung* des Schuldners seitens des Dritten abgestellt wird, die Schutzwirkung des Vertrages mit Schutzwirkung zugunsten Dritter sich nur auf die damit verbundenen sog. *sekundären Sorgfaltsplichten*, nicht jedoch auf die *primäre Hauptleistung* selbst erstreckt. Zum "In-Berührung-Kommen mit der Hauptleistung" vgl. hierbei Soergel-Hadding, Anh. § 328, Rdn. 14; MüKo-Gottwald, § 328, Rdn. 87, sowie Palandt-Heinrichs, § 328, Rdn. 16, der allerdings zutreffend präzisiert, daß mit dem bestimmungsgemäßen In-Berührung-Kommen mit der Leistung eben die Gefahr verbunden sei, Schutzpflichtverletzungen ausgesetzt zu werden. Zur Begrenzung des Drittschutzes auf die vertraglichen Schutz- bzw. Nebenpflichten vgl. nur Urban, S. 73; Jauernig-Vollkommer, § 328, Rdn. 19, sowie BGHZ 66, 51, 56 m.w.N.

[270] BAG, NZA 1986, S. 366; MüKo-Keller, § 269, Rdn. 28 m.w.N.

[271] Vgl. zum Begriff der Treue- und Fürsorgepflicht etwa Hueck-Nipperdey, Bd. I, § 48; Schwerdtner, ZfA 1979, S. 1 ff.; Weber, RdA 1980, S. 290 ff.; Herschel, BB 1978, S. 569 ff.; Wolf, DB 1971, S. 1863 ff.; Schaub, § 108, Pkt. I.1., welcher auf den vielfach zu beobachtenden Verzicht des neueren Schrifttums hinsichtlich der Verwendung des Begriffs der Fürsorgepflicht hinweist, da letzterem Patriarchalisches anhafte; in den Entwürfen eines Arbeitsgesetzbuches werde daher von der Wahrung schutzwerter Interessen gesprochen.

[272] Vgl. nur Schaub, § 108, Pkt. V.8., für den Fall der Diskriminierung eines Arbeitnehmers.

an das Kriterium der Gläubigernähe, welche auf die Verantwortlichkeit des Gläubigers für das "Wohl und Wehe" des Dritten abstellte[273].

Die Frage der Einordnung beider Kriterien als echte tatbestandliche Voraussetzungen (*Flory*) oder eben nur als Indizien (*Riesenhuber*) für die Einbeziehung in den vertraglichen Schutzbereich erscheint im besprochenen Kontext von untergeordneter, lediglich terminologischer Bedeutung; ihr soll nicht weiter nachgegangen werden.

Aber schon die durch beide Autoren vertretene These, dem Arbeitnehmer sei bei Abschluß des Arbeitsvertrages regelmäßig der Kreis der geschützten Arbeitskollegen erkennbar[274], verdient keine Zustimmung. Eine solche Erkennbarkeit ließe sich in der ganz überwiegenden Mehrzahl der Fälle ohnehin nur annehmen, wenn man hierfür eine objektive Abgrenzbarkeit des geschützten Personenkreises als ausreichend erachtete. So geschieht dies allerdings seitens des BGH, der in diesem Zusammenhang bereits mehrfach ausgeführt hat, Name und Zahl der zu schützenden Dritten bräuchten dem Schuldner nicht bekannt zu sein[275]. In Bezug auf den Arbeitsvertrag kann diesem weitgehenden Ansatz jedoch nicht gefolgt werden, ohne den Begriff der Erkennbarkeit ad absurdum zu führen. Denn die jeweils in Betracht zu ziehende Anzahl "schutzwürdiger Arbeitnehmer" dürfte, gemessen an der jeweiligen Betriebsgröße, meist erheblich sein[276]. Zudem unterliegt dieser Personenkreis oftmals einer starken Fluktuation. Von einer "engen Begrenzung"

---

273   Vgl. hierzu die Nachweise unter Fn. 243.

274   Das Kriterium der Erkennbarkeit wird außer von Flory auch von Riesenhuber anerkannt, der es lediglich, wie o. ausgeführt, der "Anlage" des Schuldverhältnisses unterordnet; vgl. hierzu die Darstellung innerhalb der beiden vorstehenden Teilabschnitte.

275   Vgl. BGH NJW 1984, S. 355; 1987, S. 1758, 1760; FamRZ 1994, S. 1173; NJW 1995, S. 392.

276   Insoweit berechtigt erscheint die von Larenz, Schuldrecht AT, § 17 II, geäußerte Kritik an der "Saalmiete-Entscheidung" des Reichsgerichts (vgl. RGZ 160, 155). Letzteres hatte sämtliche Versammlungsteilnehmer als "schutzwürdige Dritte" in Bezug auf einen zwischen Mieter und Vermieter abgeschlossenen Mietvertrag eingestuft. Larenz, a.a.O., spricht hier von einem "gänzlich unübersehbaren Personenkreis" und verneint daher konsequenterweise Ansprüche aus Vertrag mit Schutzwirkung zugunsten Dritter.

des Schutzbereichs könnte in Bezug auf größere Betriebe wohl keinesfalls mehr gesprochen werden.

Hinsichtlich der mit der Bejahung einer Schutzwirkung einhergehenden
Problematik der Haftungserweiterung führt *Flory* zudem selbst an, daß
der jeweilige Arbeitnehmer faktisch oftmals keine andere Wahl habe, als
den ihm offerierten Arbeitsplatz durch Abschluß eines entsprechenden
Arbeitsvertrages "anzunehmen". *Flory* räumt ein, daß es bei realistischer
Betrachtung somit in zahlreichen Fällen aufgrund des Fehlens von Aus-
weichmöglichkeiten gar nicht zu einer Kalkulation möglicher Risiken
kommen werde bzw. könne[277]. Gerade die Möglichkeit einer solchen
Risikokalkulation soll aber durch das Kriterium der Erkennbarkeit gewährleistet werden[278]; anderenfalls bliebe dem Schuldner hier regelmäßig das Ausmaß der jeweiligen Haftungserweiterung verborgen.

Weiterhin steht das Kriterium der Schutzwürdigkeit der Annahme einer
Einbeziehung dritter Arbeitnehmer in den Schutzbereich des Arbeitsvertrages entgegen. Dieses Kriterium erhält, entgegen der von *Riesenhuber*
vertretenen Auffassung[279], seine Berechtigung schon alleine aus der
allgemein anerkannten Intention heraus, durch das Konstrukt des Vertrages mit Schutzwirkung zugunsten Dritter den vertraglichen Haftungs-
bereich nicht ausufern zu lassen. Hierbei ist noch einmal der o. skizzierte
"Begrenzungsgedanke" hinsichtlich der Ausweitung der vertraglichen
Haftung durch das gesetzlich nicht geregelte Institut des Vertrages mit
Schutzwirkung zugunsten Dritter hervorzuheben[280]. Das Ziel der in Rede
stehenden Rechtsfigur besteht vor allem darin, Dritte in den Schutzbereich eines zwischen anderen Personen geschlossenen Vertrages einzubeziehen, wenn der Vertrag dies seinem Sinn und Zweck nach und

---

277   Flory, S. 62.

278   Vgl. nur Soergel-Hadding, Anh. zu § 328, Rdn. 17, sowie MüKo-Gottwald,
       § 328, Rdn. 91, die zu Recht darauf hinweisen, daß dies auch dann zu gelten
       habe, wenn man die Schutzwirkung zugunsten Dritter - wie Riesenhuber - auf
       das Vertrauensprinzip oder das Gesetz stützt.

279   Vgl. o. S. 59 f.

280   Zu diesem vgl. die Nachweise unter Fn. 238.

unter Berücksichtigung von Treu und Glauben erfordert[281]. Ausgeschlossen werden sollen hierdurch in erster Linie unbillige Ergebnisse, die dadurch zustande kommen können, daß einer an sich schützenswerten Person aufgrund deliktsrechtlicher Gegebenheiten ein Anspruch gegenüber dem Schädiger zu versagen ist[282]. Maßgebliche Bedeutung erlangt in diesem Zusammenhang die unterschiedliche Ausgestaltung von § 831 BGB einerseits sowie § 278 BGB andererseits. Während § 831 BGB, auf eigenes Verschulden des Geschäftsherrn abstellend, in Abs. 1 S. 2 die Möglichkeit einer Exkulpation desselben vorsieht, enthält § 278 BGB, der auf das Verschulden des Erfüllungsgehilfen (also eines Dritten) abhebt, nicht die Option eines solchen Entlastungsbeweises[283].

In Bezug auf die hier zu untersuchenden Ansprüche von Arbeitnehmern untereinander kommt dieses Kernstück der deliktsrechtlichen Schlechterstellung gegenüber einer entsprechenden vertragsrechtlichen Position praktisch aber nicht zum Tragen. Da nämlich der einzelne Arbeitnehmer im allgemeinen in seiner Person aufgrund seiner eigenen arbeitsvertraglichen Pflicht tätig wird, somit sein eigenes Verhalten in Rede steht, scheidet hier die nach § 831 I S. 2 BGB bestehende Exkulpationsmöglichkeit aus[284]. Dies steht einem potentiellen Schutzbedürfnis betroffener Arbeitnehmer entgegen[285], was letztlich auch die Heranziehung des in Rede stehenden Instituts selbst unnötig erscheinen läßt.

Dieses Ergebnis wird durch eine weitere Überlegung gestützt. Denn anerkanntermaßen setzt eine Haftung gegenüber Dritten und hiermit ein-

---

281   Vgl. etwa BGHZ 66, 51, 57.

282   Vgl. nur MüKo-Gottwald, § 328, Rdn. 78, sowie Larenz, Schuldrecht AT, § 17 II.

283   Vgl. etwa Sonnenschein, JA 1979, S. 225, 230, der darauf hinweist, daß der Vorzug vertraglicher Haftung gegenüber solcher aus Deliktsrecht insbesondere darin bestehe, daß der Schuldner für Hilfspersonen nach § 278 BGB ohne die Möglichkeit einer Entlastung einzustehen habe.

284   Dies sieht auch Flory, S. 7/8.

285   Diese Aussage findet Bestätigung   in Ansehung der richtungweisenden Entscheidungen zum Vertrag mit Schutzwirkung zugunsten Dritter, in denen die Exkulpationsproblematik meist von entscheidender Bedeutung war; vgl. hierzu nur RGZ 91, 24; 102, 232; 87, 65 und 292.

hergehend deren Einbeziehung in den Schutzbereich des Vertrages voraus, daß es dem Schuldner nach Treu und Glauben unter Berücksichtigung des Vertragszweckes zugemutet werden kann, sich - ohne zusätzliche Vergütung - auf das Risiko der erweiterten Haftung einzulassen[286]. Eine solche Zumutbarkeit ergibt sich aber im Hinblick auf den Arbeitsvertrag bei objektiver Wertung der beteiligten Interessen gerade nicht.

Der Arbeitnehmer erhält sein Arbeitsentgelt stets als Gegenleistung für die Erbringung der dem Arbeitgeber geschuldeten Dienste[287]. Hierbei ist durch die Rechtsprechung anerkannt, daß im Rahmen der betrieblich veranlaßten Tätigkeiten des Arbeitnehmers dieser selbst in Fällen grob fahrlässig begangener Vertragspflichtverletzungen nicht uneingeschränkt für Sachschäden gegenüber dem Arbeitgeber zu haften hat, wenn das Schadensrisiko in deutlichem Mißverhältnis zum Verdienst des Arbeitnehmers steht[288]. Dies überzeugt deswegen, weil der Arbeitnehmer anderenfalls durch einmalige Pflichtverletzungen, die für sich betrachtet zwar vermeidbar sind, aufgrund der menschlichen Unzulänglichkeit im Laufe der Zeit am Arbeitsplatz jedoch zwangsläufig auftreten, u.U. finanziell ruiniert werden könnte[289]. Wird diese Einschränkung berechtigterweise aber schon im Hinblick auf die Haftungsrisiken gegenüber einem einzigen, nämlich dem eigentlichen, originären Vertragspartner des Arbeitnehmers als notwendig erachtet, so erscheint die Eröffnung vertraglich begründeter Haftungsrisiken gegenüber einer in den meisten Fällen kaum zu übersehenden Vielzahl von Gläubigern in Form der Arbeitskollegen regelmäßig als unbillig und nicht durch das Arbeitsentgelt abgedeckt[290]. Hieran vermag auch nicht entscheidend die

---

286   Vgl. statt vieler Staudinger-Jagmann, Vorbem. zu §§ 328 ff., Rdn. 107.

287   Schaub, § 66, Pkt. I.2.; Münch. ArbR.-Hanau, § 60, Rdn. 6.

288   BAG NJW 1970, S. 1206, 1207; NZA 1990, S. 97, 98 = DB 1990, S. 48, 49. Für den Fall einer - verschuldensunabhängigen - Mankohaftung vgl. ferner BAG AP Nr. 4 zu § 611 BGB - Haftung des Arbeitnehmers, welches hier einen "angemessenenen wirtschaftlichen Risikoausgleich" fordert.

289   Zu diesem Gedanken vgl. BGH AP Nr. 52 zu § 611 BGB - Haftung des Arbeitnehmers.

290   Auch aus diesem Grunde kann Riesenhuber nicht in der Annahme gefolgt werden, bereits aus der "Anlage" des Arbeitsverhältnisses ergebe sich die

Tatsache etwas zu ändern, daß eine Haftung des Arbeitnehmers für Personenschäden - auch im Falle der Annahme vertraglicher Bande zu seinen Arbeitskollegen - weitgehend durch § 105 SGB VII ausgeschlossen wäre.

5. Zwischenergebnis

Aus obigen Darlegungen ergibt sich somit zweierlei. Zum einen ermöglichen die durch die Rechtsprechung entwickelten Kriterien für die Einbeziehung Dritter in den vertraglich geschützten Bereich eine gebotene und sachgemäße Begrenzung der hiermit einhergehenden Haftungserweiterung. Es ist daher an ihnen festzuhalten.

Zum anderen liegen diese Voraussetzungen - bezogen auf das Verhältnis Arbeitgeber/Arbeitskollegen/Arbeitnehmer - nicht vor. Der hierfür maßgebliche Grund ist im wesentlichen in der insoweit mangelnden Schutzwürdigkeit des Arbeitnehmers zu erblicken. Dieser wird durch die deliktsrechtlichen Regelungen im Verhältnis zu seinen Arbeitskollegen hinreichend geschützt, da die Kollegen im allgemeinen aufgrund ihrer eigenen vertraglichen Verpflichtungen handeln, hier somit regelmäßig keine Tätigkeitsübertragung i.S.v. § 831 BGB zwischen den Arbeitnehmern erfolgt und daher die Exkulpationsmöglichkeit nach § 831 I S. 2 BGB zu Lasten des Geschädigten nicht in Betracht kommt.

Darüber hinaus ist für den Regelfall des Arbeitsvertragsabschlusses nicht von einer Erkennbarkeit des Kreises zukünftiger "schutzwürdiger" Arbeitskollegen auszugehen. Der Arbeitnehmer hat daher typischerweise gerade nicht die Möglichkeit, zum Zeitpunkt des Vertragsabschlusses das Ausmaß möglicher Haftungsrisiken zu überblicken. Sollte dies in seltenen Ausnahmefällen anders sein, so ist diesbezüglich weiter zu bedenken, daß oftmals die Tatsache mangelnder Arbeitsplatzalternativen einer nüchternen Risikokalkulation entgegenstehen wird.

Schließlich ist es dem Arbeitnehmer auch nicht zuzumuten, sich - ohne hierfür eine entsprechende Vergütung zu erhalten - auf eine erweiterte

---

Einbeziehung der Betriebskollegen in den Schutzbereich des Arbeitsvertrages.

vertragliche Haftung gegenüber einer Vielzahl von Gläubigern in Gestalt seiner Arbeitskollegen einzulassen.

Eine schuldrechtliche Sonderbeziehung zwischen Arbeitnehmern eines Betriebes aus Vertrag mit Schutzwirkung zugunsten Dritter kann folglich nicht aus den einzelnen, mit dem Arbeitgeber abgeschlossenen Arbeitsverträgen der Arbeitnehmer hergeleitet werden. Vertragliche Schadensersatzansprüche des Arbeitnehmers gegenüber seinen Arbeitskollegen aus Vertrag mit Schutzwirkung zugunsten Dritter sind mithin, entgegen der von *Flory* und *Riesenhuber* vertretenen Auffassung, abzulehnen.

Dieses Ergebnis steht in Einklang mit der Intention des in Rede stehenden rechtlichen Konstrukts, das in *besonders* gelagerten Fällen unbillige Ergebnisse verhindern soll, keinesfalls aber zu einem "Vertrag mit dem, den es angeht" ausufern darf.

Die sich faktisch zugunsten des Arbeitnehmers ergebenden Schutzwirkungen, welche aus den vertraglichen Verpflichtungen seiner Arbeitskollegen gegenüber dem gemeinsamen Arbeitgeber resultieren, sind mithin als reine Reflexwirkungen mittelbarer Natur einzustufen, die eben keine direkten schuldrechtlichen Sekundärleistungsansprüche begründen.

III. Zusammenfassung

Festzuhalten bleibt an dieser Stelle der Untersuchung, daß vertragliche Ansprüche einzelner Arbeitnehmer untereinander nicht gegeben sind[291]. Sie stellen demzufolge für den gemobbten Arbeitnehmer kein geeignetes Instrumentarium dar, dem/den mobbenden Arbeitskollegen gegenüber rechtliche Forderungen zu erheben.

---

291   Dieses Ergebnis entspricht der ganz h.M. im Schrifttum, wonach sich im Falle schuldhafter Verletzungshandlungen zwischen Arbeitskollegen mangels schuldrechtlicher Sonderverbindungen entsprechende Schutzwirkungen allein aus dem Deliktsrecht ergeben; vgl. nur Münch. ArbR.-Blomeyer, § 52, Rdn. 11; § 59, Rdn. 1; Däubler, BB 1995, S. 1347, 1348; Schaub, § 108, Pkt. V 8. b, sowie Kollmer, Rdn. 81.

B. Deliktische Ansprüche

I. Einzelne Mobbing-Verhaltensweisen

Vor der deliktsrechtlichen Würdigung des Mobbing-Prozesses als solchem erscheint es, wie bereits dargelegt[292], angebracht, diejenigen Verhaltensweisen rechtlich zu analysieren, die in diesen Prozeß hineinfallen können, somit Elemente des Prozesses bilden können und hierbei (bereits für sich alleine betrachtet) ausreichend erscheinen, eine Haftung des Mobbenden aus Delikt zu begründen.

An dieser Stelle ist wiederum zu betonen, daß sich die folgende Darstellung weitestgehend auf das exemplarische Herausgreifen einzelner relevanter Verhaltensweisen beschränkt und daher keinen Anspruch auf jeweilige Vollständigkeit erheben kann[293]. Auch kann im Rahmen der vorliegenden Untersuchung nur auf die wichtigsten in Frage kommenden Anspruchsgrundlagen eingegangen werden[294]. Keine eigenständige Behandlung wird daher insbesondere § 847 BGB erfahren, der inhaltlich den Anspruch auf Schmerzensgeld betrifft, dessen rechtliche Einordnung jedoch umstritten ist. So wird die Norm teils als selbständige Anspruchsgrundlage[295], teilweise lediglich als Spezialregelung des Haftungsumfanges[296] angesehen. Die Vorschrift wird jedoch jedenfalls dort im Zusammenhang mit deliktischen Haftungstatbeständen Erwähnung finden, wo dies hinsichtlich ihrer praktischen Auswirkungen in besonderem Maße geboten erscheint.

---

292   Vgl. o. S. 50.

293   Vgl. hierzu die Ausführungen vor Kapitel 1 des zweiten Hauptteils.

294   Dies hat in gleicher Weise für das noch zu untersuchende rechtliche Verhältnis zwischen Arbeitgeber und Arbeitnehmer zu gelten.

295   Vgl. beispielsweise Palandt-Thomas, § 847, Rdn. 1, sowie Brox, Besonderes Schuldrecht, Rdn. 508.

296   In diesem Sinne vgl. nur AK BGB-Kohl, § 847, Rdn. 1, sowie MüKo-Stein, § 847, Rdn. 10. Auch Lange, § 7 IV.1, spricht der Norm des § 847 BGB die Qualität eines eigenständigen Haftungstatbestandes ab.

1. Ansprüche aus § 823 I BGB

a) Körper und Gesundheit

Zweifelsfrei wird in den Fällen von einer tatbestandlichen Verletzung eines der durch § 823 I BGB geschützten Rechtsgüter bzw. Rechte gesprochen werden können, in welchen einzelnen Arbeitnehmern unter Anwendung körperlicher Gewalt ein "Denkzettel" verpaßt wird[297]. Hier dürfte in aller Regel ein in rechtswidriger und schuldhafter Weise bewirkter Eingriff in die körperliche Unversehrtheit eines anderen (des Arbeitskollegen) und mithin eine Verletzung des Körpers gem. § 823 I BGB[298] vorliegen. Etwas anderes wird nur dann gelten, wenn der Eingriff als völlig unerheblich zu qualifizieren ist[299].

Eine Gesundheitsverletzung gem. § 823 I BGB kommt in Betracht, wenn durch das Verhalten des Mobbers eine Störung der inneren Lebensvorgänge[300] auf Seiten des Gemobbten verursacht wird[301]. Vorauszusetzen ist hierbei das Hervorrufen oder Steigern eines pathologischen Zustandes[302], der medizinisch erheblich, also aus ärztlicher Sicht behandelungsbedürftig ist[303].

---

297   Dieses Beispiel entstammt dem von Leymann, Mobbing, S. 33-34, aufgestellten Katalog einzelner "Mobbing-Handlungen".

298   Vgl. BGH, NJW 1980, S. 1452, 1453.

299   Zur Unerheblichkeit des Eingriffs vgl. BGHSt 14, 269, 271; NJW 1953, S. 1440; MüKo-Mertens, § 823, Rdn. 73.

300   Diese können körperlicher, geistiger oder seelischer Natur sein; vgl. Staudinger-Schäfer, § 823, Rdn. 24 m.w.N.; ferner Medicus, Schuldrecht BT, Rdn. 779 f.

301   Zu der auf der Rechtsfolgenseite ohne Bedeutung bleibenden Unterscheidung zwischen Körper- und Gesundheitsverletzung vgl. BGB-RGRK-Steffen, § 823, Rdn. 8; Jauernig-Teichmann, § 823, Rdn. 3; Staudinger-Schäfer, § 823, Rdn. 12, sowie Deutsch, 25 Jahre Karlsruher Forum, 1983, S. 93.

302   Staudinger-Schäfer, § 823, Rdn. 24.

303   Vgl. MüKo-Mertens, § 823, Rdn. 74. Die Rechtsprechung fordert in diesem Zusammenhang objektiv feststellbare Störungen physiologischer Abläufe im menschlichen Organismus, die nach Größe, Heftigkeit und Dauer über die Grenze der Unbedeutsamkeit hinausgehen, welche also nicht als ganz unerheblich einzustufen sind; vgl. nur OLG Hamm, VersR 1979, S. 579; zum

Durch das Reichsgericht bejaht wurde eine solche in zurechenbarer Weise verursachte Störung z.B. im Falle von massiver Beleidigung[304] sowie ehrkränkender Behandlung[305]. Hier wurden also denkbare Mobbing-Verhaltensweisen[306] als zum Schadensersatz verpflichtende Gesundheitsverletzungen eingeordnet. Im weiteren Verlauf hat der BGH jedoch unter verstärkter Berücksichtigung der Erkenntnisse der Adäquanzlehre[307] in Fällen, in denen ein Gesundheitsschaden durch Einwirkung auf die Psyche des Verletzten vermittelt wurde[308], oftmals einen in zurechenbarer Weise verursachten Schaden verneint[309]. Eine Schadens-

---

Kriterium der Unerheblichkeit vgl. ferner Staudinger-Schäfer, § 823, Rdn. 24 m.w. Rechtsprechungsnachweisen.

304   Vgl. RG Gruchot 65, S. 602 ff. Die aus dem Jahre 1921 stammende Entscheidung des Reichsgerichts sprach einem Prokuristen Schadensersatz zu, weil dieser infolge einer heftigen Auseinandersetzung mit dem Sohn des Inhabers einen Gallensteinanfall erlitten hatte, der zu Gelbsucht und anderen Erkrankungen führte.

305   RG Recht 1913, Nr. 1133. Eine Gesundheitsverletzung i.S.v. § 823 I BGB wurde hier in der "fortgesetzt rücksichtslosen sowie ehrverletzenden Behandlung eines Untergebenen durch den Vorgesetzten" gesehen. Infolge dieser Behandlung war bei dem Untergebenen ein Nervenleiden hervorgerufen worden. Das Reichsgericht bejahte hier ein zum Schadensersatz verpflichtendes Handeln des Vorgesetzten, da dieser zumindest habe voraussehen können, daß der durch ihn verursachte dienstliche Ärger das Nervensystem des Untergebenen beeinflussen mußte und objektiv dazu geeignet war, auf Seiten des Untergebenen ein Nervenleiden hervorzurufen. Zum Fall einer "ehrenkränkenden und beschimpfenden Behandlung" vgl. ferner RG Recht 1915, Nr. 2668.

306   Vgl. Leymann, Mobbing, S. 33-34.

307   Vgl. BGHZ 3, 261, 265 ff.; 18, 286, 288; 41, 123, 125; einen Überblick bieten Palandt-Heinrichs, vor § 249, Rdn. 58 ff., sowie Erman-Kuckuk, vor § 249, Rdn. 31 ff., beide m.w.N.; zur Adäquanztheorie vgl. ferner Weitnauer, Zur Lehre vom adäquaten Kausalzusammenhang, Versuch einer Ehrenrettung, Festgabe für Oftinger, 1969, S. 321 ff., sowie Träger, Der Kausalbegriff im Straf- u. Zivilrecht, S. 159 ff.

308   Hier wird auch von "psychisch vermittelten" Gesundheitsschäden gesprochen, bei welchen durch die Tathandlung(en) die psychische Gesundheit (i.S. des psychischen Wohlbefindens) *verletzt* wird, die daraus resultierenden Gesundheits*schäden* jedoch psychisch-pathologischer oder physiologisch-körperlicher Art sein können; zum genannten Begriff vgl. Lipp, Jus 1991, S. 809, 810 m.w.N.

309   Vgl. statt vieler BGH, NJW 1976, S. 1143 ff. = VersR 1976, S. 639 ff. Hier war ein Landmesser samt seinem Gehilfen mit groben Beleidigungen und leichten Tätlichkeiten von einem Grundstück vertrieben worden. Ungeachtet der Tatsache, daß nach medizinischem Urteil eine Gehirnblutung des Gehilfen durch die Auseinandersetzung ausgelöst worden war, verneinte der BGH vorliegend eine adäquate Verursachung. Er ging vielmehr davon aus, daß sich hier ein Geschehen verwirklicht habe, welches nach dem gewöhnlichen Lauf

verursachung i.s.v. conditio sine qua non reiche eben dann nicht für die Bejahung eines entsprechenden Schadensersatzanspruches aus, falls sich ein Geschehen verwirkliche, das nur "unter besonders eigenartigen, unwahrscheinlichen und nach dem gewöhnlichen Verlauf der Dinge außer Betracht zu lassenden Umständen" eintreten könne[310]. Hiernach erfolgt faktisch ein Haftungsausschluß für solche Fälle, in welchen ein außerhalb jeglicher Lebenserfahrung liegender Kausalzusammenhang vorliegt.

Das haftungsrechtliche Korrektiv der Adäquanz[311] kann daher in den oben skizzierten Fallkonstellationen einer Haftung des Mobbers aus § 823 I BGB entgegenstehen. Greift es jedoch im konkret zu beurteilenden Einzelfall nicht, so kommt in Ansehung von § 847 I BGB neben dem Ersatz des reinen Vermögensschadens auch ein Ersatz immaterieller Schäden in Betracht[312].

b) Leben

Sollten die dem Arbeitnehmer durch einen bzw. mehrere Kollegen beigebrachten Verletzungen seines Körpers oder seiner Gesundheit zum Tode desselben führen, so liegt hierin eine Verletzung des Lebens und folglich eine Rechtsgutverletzung i.s.v. § 823 I BGB. Da in solchen Fällen der Tötung eines Arbeitnehmers jedoch lediglich Ansprüche Dritter nach Maßgabe der §§ 844, 845 BGB in Betracht kommen, soll diesem

---

der Dinge nicht zu erwarten und demzufolge haftungsrechtlich nicht in vertretbarer Weise zurechenbar sei.

310   BGH, VersR 1976, S. 639, 640.

311   Zu diesem Begriff vgl. nur Jauernig-Teichmann, vor §§ 249-253, Rdn. 27.

312   Zum Ersatz von Gesundheitsschädigungen durch Ehrverletzungen vgl. Staudinger-Schäfer, § 847, Rdn. 44, der hier anführt, insbesondere eine Ehrenkränkung, die nicht die Voraussetzungen einer schweren Verletzung des allgemeinen Persönlichkeitsrechts erfülle, könne doch im Falle einer gleichsam hierdurch verschuldeten Gesundheitsverletzung ein Schmerzensgeld rechtfertigen, dessen Bemessung sich dann freilich lediglich an der Abgeltung des immateriellen Schadens aus der Gesundheitsverletzung, nicht aber an derjenigen der Ehrenkränkung zu orientieren habe.

Aspekt - unter Berücksichtigung der dieser Arbeit zugrundeliegenden Fragestellung - nicht weiter nachgegangen werden[313].

c) Freiheit und Eigentum

Rechtlich ohne weitere Schwierigkeiten dem tatbestandlichen Bereich des § 823 I BGB zuzuweisende Beispiele möglicher Mobbing-Attacken stellen Fälle dar, in denen am Arbeitsplatz befindliche Sachen des Arbeitnehmers durch dessen Kollegen ersterem entzogen bzw. beschädigt oder zerstört werden[314]. Aufgrund der hier vorliegenden Eigentumsverletzung i.S.v. § 823 I BGB[315] erwächst dem betroffenen Arbeitnehmer regelmäßig ein entsprechender Schadensersatzanspruch gegen den/die betreffenden Arbeitskollegen.

Gleiches gilt für den Fall, daß ein Arbeitnehmer in seiner körperlichen Bewegungsfreiheit - beispielsweise durch Einschließen in den Betriebsräumen - beeinträchtigt wird. Auch hier wird regelmäßig eine Haftung des/der Kollegen wegen Verletzung der Freiheit[316] des betroffenen Arbeitnehmers gem. § 823 I BGB zu bejahen sein.

d) Recht am Arbeitsplatz (i.S. eines sonstigen Rechts gem. § 823 I BGB)

Fraglich erscheint, ob ein Arbeitnehmer durch mobbendes Verhalten eines oder mehrerer Arbeitskollegen in seinem "Recht am Arbeitsplatz" beeinträchtigt werden könnte. Ein solches Recht wird innerhalb des

---

313 Zu Einzelheiten vgl. statt vieler Erman-Schiemann, § 823, Rdn. 16, sowie §§ 844, 845, jeweils Rdn. 1 ff.

314 Zu der möglichen Mobbing-Qualität solcher Handlungen vgl. Leymann, Mobbing, S. 34.

315 Zum Tatbestandsmerkmal der Eigentumsverletzung vgl. nur Erman-Schiemann, § 823, Rdn. 25 ff., sowie Staudinger-Schäfer, § 823, Rdn. 49 ff.

316 Zur Freiheitsverletzung vgl. MüKo-Mertens, § 823, Rdn. 82 ff.; ferner Palandt-Thomas, § 823, Rdn. 6, der hervorhebt, daß es im Rahmen des § 823 I BGB nicht um Beeinträchtigungen der allgemeinen Handlungsfreiheit, sondern um solche der körperlichen Bewegungsfreiheit gehe; letzteres ist ganz h.M.; vgl. nur RGZ 48, 114, 123; BGHZ 26, 349, 355; BGB-RGRK-Steffen, § 823, Rdn. 14; Staudinger-Schäfer, § 823, Rdn. 44, mit Verweis auf entgegenstehende Auffassungen.

Schrifttums vielfach als subjektives, jedem Arbeitnehmer zukommendes Recht an seinem Arbeitsplatz und in deliktsrechtlicher Hinsicht als "sonstiges Recht" i.S.v. § 823 I BGB qualifiziert[317].

Als dem Prozeß des Mobbing potentiell zuzuschreibende Verhaltensweise käme hier insbesondere die Druckkündigung in Betracht. Eine solche liegt vor, wenn der Arbeitgeber durch gezielte Einwirkung (Druckausübung) eines Dritten oder mehrerer Dritter zur Kündigung eines bestimmten Arbeitnehmers gezwungen wird[318]. Das oftmals verfolgte Ziel der Ausgrenzung[319] seitens der bzw. des Mobber(s) tritt hier in besonders deutlicher Weise zu Tage. Auch fällt diese Art der Einwirkung regelmäßig unter den das einzelne Mobbing-Verhalten kennzeichnenden Begriff der kommunikativen, einen feindseeligen Charakter aufweisenden Verhaltensweise[320]. Zwar wird hier primär und vordergründig auf den Arbeitgeber eingewirkt, der dann zu einer Kündigung berechtigt ist, falls es für ihn keine andere Möglichkeit gibt, dem Druck ohne eigenen schweren wirtschaftlichen Schaden auszuweichen[321]. Auf der anderen Seite wird der Arbeitnehmer aber umgehend von dem Vorgehen seines/seiner Kollegen erfahren, sei es durch diese selbst oder aber durch den Arbeitgeber. Auch hier liegt daher ein Verhalten des/der Kollegen vor, durch welches diese(r) auf seinen/ihren mißliebigen Arbeitskollegen einwirken will/wollen[322].

---

317   Vgl. nur Fabricius, AcP 160, S. 273, 305 ff.; Hedemann, RdA 1953, S. 121, 124/125; Heckelmann, AuR 1970, S. 166, 174 f.; Nipperdey, FS für Sitzler, S. 79, 92 f.; ders., in: Hueck/Nipperdey, Band 2, 2. Halbband, § 49 A .II.2 mit zahlreichen weiteren Nachweisen; ferner Esser/Weyers, § 55 I 2 c.; Herschel, FS für Lehmann, S. 662, 666. Vgl. des weiteren Schaub, § 110, Pkt. I.3. m.w.N., sowie die ausführliche Auseinandersetzung mit der zugrundeliegenden Problematik durch Ebert, S. 1 ff. u. insbes. S. 117, der ein Recht am Arbeitsplatz im Ergebnis ablehnt. Zum "Recht am Arbeitsplatz" vgl. ferner BAG, DB 1998, S. 2617-2618.

318   Vgl. Ebert, S. 4.

319   Vgl. Däubler, BB 1995, S. 1347.

320   Vgl. o.S. 34.

321   BAG AP Nr. 3,8,10 zu § 626 BGB - Druckkündigung; BAG NJW 1987, S. 211.

322   Zu diesem begrifflichen Verständnis der Kommunikation vgl. o. S. 25. Vgl. ferner Bieler/Heilmann, AuR 1996, S. 430, die ebenfalls den denkbaren Zusammenhang von Druckkündigung und Mobbing aufzeigen.

Um die Frage beantworten zu können, ob ein Arbeitnehmer durch mobbendes Verhalten seiner Kollegen (insbes. im Falle der Druckkündigung) in seinem "Recht am Arbeitsplatz" in deliktsrechtlich relevanter
Weise verletzt werden kann, muß zunächst geklärt werden, ob ein solches Recht i.S. eines sonstigen Rechtes gem. § 823 I BGB anzuerkennen ist.

Die Rechtsprechung äußerte sich bislang eher verhalten hinsichtlich der
Anerkennung des "Rechts am Arbeitsplatz" i.S. eines sonstigen Rechts
gem. § 823 I BGB. So führte das Bundesarbeitsgericht in zwei aus dem
Jahre 1954 stammenden Urteilen aus, der Arbeitnehmer erwerbe "nach
einer gewissen Dauer der Beschäftigung ein Recht auf seinen Arbeitsplatz"[323] bzw. "durch die Dauer seiner Zugehörigkeit zum Betrieb und
Unternehmen ein Recht auf die Arbeitsstelle"[324]. Die Berücksichtigung
des Kontextes, in welchem das Bundesarbeitgericht die o.g. Aussagen
getroffen hat, läßt freilich erkennen, daß es unter dem Recht am Arbeitsplatz hier nichts anderes als den Bestandsschutz verstanden wissen
wollte, den ein Arbeitnehmer nach einer über sechs Monate hinausgehenden Beschäftigungsdauer erwirbt. Dieser Bestandsschutz sollte u.a.
auf aneinandergereihte befristete Arbeitsverhältnisse (sog. Kettenver-
träge) ausgedehnt werden. Einen Rückschluß auf die Anerkennung eines absoluten Rechts lassen die o. g. Entscheidungen hingegen nicht
zu.

In einer weiteren, aus dem Jahre 1970 stammenden Entscheidung führte
das Bundesarbeitsgericht aus, es spreche "zum mindesten einiges" für
die Anerkennung eines Rechts am Arbeitsplatz als sonstiges Recht i.S.v.
§ 823 I BGB[325]. Die Bedeutung des Arbeitsplatzes für die Existenz des
Arbeitnehmers sei zu beachten[326]. Durch diese vage Äußerung hat sich
das BAG jedoch weder abschließend festgelegt noch hat es zu einer not-

---

323   BAG AP Nr. 1 zu § 620 BGB - Befristeter Arbeitsvertrag.

324   BAG AP Nr. 7 zu § 1 KSchG.

325   BAG AP Nr. 2 zu § 70 BAT.

326   Ebenda.

wendig erscheinenden Präzisierung des möglichen Inhalts eines "Rechts am Arbeitsplatz" beigetragen.

Ähnlich unklar fiel ein 1978 ergangenes Urteil des Bundesarbeitsgerichtes aus[327]. Hinsichtlich der Frage, ob sich ein Arbeitnehmer im Falle einer rechtswidrigen Kündigung in einer zur Arbeitsniederlegung berechtigenden Notwehrlage befinde, entschied das Bundesarbeitsgericht, daß nach der gegenwärtigen Rechtsordnung, wie sich insbesondere aus dem Kündigungsschutzgesetz ergebe, kein Recht am Arbeitsplatz i.S. eines notwehrfähigen Gutes bestehe[328].

Die o. aufgezeigten Stellungnahmen des Bundesarbeitsgerichts zur rechtlichen Qualität eines Rechts am Arbeitsplatz lassen keine einheitliche Tendenz erkennen. Sie erscheinen zu verhalten und zu wenig präzise, um von einer Anerkennung des Rechts am Arbeitsplatz als sonstiges Recht i.S. von § 823 I BGB innerhalb der (höchstrichterlichen) Rechtsprechung auszugehen[329].

Auch innerhalb der Literatur werden erhebliche Bedenken gegenüber einer solchen Anerkennung angemeldet. Zum Teil wird eine solche ganz entschieden abgelehnt[330]. So wird beispielsweise gegenüber der Qualifizierung als absolutes, gegenüber jedermann bestehendes Recht eingewandt, ein Recht des Arbeitnehmers am Arbeitsplatz ergäbe sich nur aus seinem Arbeitsvertrag. Dieser werde aber nur mit dem Arbeitgeber, nicht jedoch mit dritten Personen abgeschlossen[331].

---

327   BAG AP Nr. 58 zu Art. 9 GG - Arbeitskampf.

328   Ebenda.

329   Vgl. hierzu Seiter, SAE 1980, S. 154, 156, der in einer Urteilsanmerkung u.a. zu BAG SAE 1980, S. 139 ff (= AP Nr. 58 zu Art. 9 GG - Arbeitskampf) sogar die Ansicht vertritt, das BAG habe durch die Ablehnung der Notwehrfähigkeit eines Rechts am Arbeitsplatz mittelbar ein solches Recht gänzlich verneinen wollen.

330   Vgl. nur Schwerdtner, ZfA 1977, S. 47, 82 ff.; ders., Jura 1981, S. 484, 485; Wiedemann, RdA 1961, S. 1 ff.; Zöllner, 25 Jahre Bundesarbeitsgericht, S. 745, 747 ff.; Zöllner/Loritz, S. 181; Reuß, AcP 156, S. 89, 102; weitere zahlreiche Nachweise liefert Ebert, S. 7, Fn. 34.

331   Hanau/Adomeit, S. 203.

Die vorstehende Begründung erscheint plausibel. Hinter ihr verbirgt sich der durch die ganz h.M. vertretene Standpunkt , daß sog. *relative* Rechte, solche Rechte also, die sich nur gegen bestimmte Personen richten, im Gegensatz zu den sog. *absoluten* Rechten, die gegenüber jedermann Geltung beanspruchen können, keine sonstigen Rechte i.S.v. § 823 I BGB darstellen[332]. Sonstige Rechte sind bereits im Hinblick auf ihre Nennung hinter dem "Eigentum" im Rahmen des § 823 I BGB als solche Rechte zu verstehen, die denselben rechtlichen Charakter wie das Eigentum haben, welche wie die Rechtsgüter des Lebens, der Gesundheit und der Freiheit von jedermann zu beachten sind und welche demzufolge als ausschließliche Rechte charakterisiert werden können[333].

Dem o. aufgezeigten Ansatz folgend ist auch eine entsprechend unterschiedliche Behandlung des "Rechtes am Arbeitsplatz" auf der einen sowie des "Rechtes am eingerichteten und ausgeübten Gewerbebetrieb"[334] auf der anderen Seite verständlich[335]. Denn ist im Hinblick auf das erstgenannte Recht eine vertragliche Bindung zweier Parteien (i.S. einer *relativen* Bindung) vorauszusetzen, so kommt es bei letzterem auf einen Vertragsschluß gerade nicht an. Den Ausgangspunkt des Rechtes am eingerichteten und ausgeübten Gewerbebetrieb stellt vielmehr die gesamte unternehmerische Tätigkeit in ihren einzelnen Ausprägungen dar[336].

Aber auch entstehungsgeschichtliche Aspekte sprechen nicht zwingend für die Annahme eines "Rechts am Arbeitsplatz" i.S. eines absoluten

---

332   Vgl. hierzu nur Kötz, Rdn. 74, sowie MüKo-Mertens, § 823, Rdn. 131, der in Fn. 269 zahlreiche weitere Nachweise liefert; vgl. des weiteren Palandt-Thomas, § 823, Rdn. 31, sowie Erman-Schiemann, § 823, Rdn. 36.

333   Vgl. Palandt-Thomas, § 823, Rdn. 11.

334   Vgl. Säcker, AuR 1965, S. 353, 361, Fn. 69 m.w.N; ferner Buchner, Die Bedeutung des Rechts am eingerichteten und ausgeübten Gerwerbebetrieb für den deliktsrechtlichen Unternehmensschutz, S. 1 ff.; Soergel-Zeuner, § 823, Rdn. 92 ff., der vor Rdn. 92 zahlreiche weitere Nachweise aufführt.

335   Die Befürworter des Rechts am Arbeitsplatz erblicken in diesem ein Pendant zum Recht am eingerichteten und ausgeübten Gewerbebetrieb; vgl. Hueck/Nipperdey, Band 2, 2. Halbband, § 49 A .I.2.b; Säcker, AuR 1965, S. 353, 361, Fn. 69; Herschel, RdA 1960, S. 121, 122.

336   MüKo-Mertens, § 823, Rdn. 482 i.V.m. Rdn. 485.

Rechts. Zwar sprach bereits *Molitor* in seiner 1935 veröffentlichten Monographie über die Kündigung[337] von einem Bedürfnis der Arbeitnehmer nach einem Recht am Arbeitsplatz[338]. Hierunter wollte er jedoch lediglich einen möglichst weitgehenden Bestands- bzw. Kündigungsschutz verstanden wissen[339]. Später wurde das Recht am Arbeitsplatz insbesondere im Zusammenhang mit der rechtswidrigen Aussperrung zur Diskussion gestelllt[340]. Aus Paritätsgesichtspunkten sollte ein Gegenstück zum im Streikfalle betroffenen "Recht am eingerichteten und ausgeübten Gewerbebetrieb" gebildet werden[341]. Hier ist aber der Einwand nicht von der Hand zu weisen, die mit einer unrechtmäßigen Aussperrung verbundenen rechtlichen Probleme ließen sich sachgerecht unter Zuhilfenahme der Verzugs- und Unmöglichkeitsregeln lösen[342]. Insoweit erscheint die Notwendigkeit der Erweiterung des Kataloges schutzwürdiger Rechtsgüter innerhalb von § 823 I BGB zumindest zweifelhaft[343].

Als Zwischenergebnis läßt sich feststellen, daß zum gegenwärtigen Zeitpunkt das Recht am Arbeitsplatz in seinen Grundlagen immer noch nicht ausreichend geklärt erscheint[344], um es als absolutes, sonstiges Recht i.S.v. § 823 I BGB anerkennen zu können[345]. Es stellt folglich keinen

---

337 Molitor, S. 1 ff.

338 A.a.O., S. 200 sowie S. 218.

339 A.a.O., S. 218.

340 Vgl. Nipperdey, FS für Sitzler, S. 79, 92 f., sowie sein aus dem Jahre 1953 stammendes Zeitungsstreik-Rechtsgutachten.

341 Vgl. Hueck/Nipperdey,Band 2, 2. Halbband, § 49, A. II, insbes. A II.2.b; auf den Aspekt der angestrebten "äußeren Symmetrie" zum Recht am eingerichteten und ausgeübten Gewerbebetrieb verweist auch Schwerdtner, ZfA 1977, S. 47, 84.

342 Vgl. statt vieler Schwerdtner, ZfA 1977, S. 47, 84.

343 Vgl. Söllner, § 28 III.4, der hier auf den schon bestehenden Schutz durch den Arbeitsvertrag selbst verweist; gleicher Ansicht ist Zöllner, 25 Jahre Bundesarbeitsgericht, S. 745, 749.

344 So schon Beuthien, ZfA 1982, S. 181, 192.

345 So auch Flory, S. 77, sowie Ebert, S. 107. Letzterer hebt a.a.O. hervor, die Befürworter eines Rechts am Arbeitsplatz i.S. eines absoluten Rechtes seien die Antwort auf die Frage nach dem Inhalt und dem Gegenstand eines solchen schuldig geblieben.

geeigneten Anknüpfungspunkt deliktsrechtlicher Schadensersatzansprüche eines gemobbten Arbeitnehmers dar. Dies gilt im Speziellen auch für den Fall einer durch die Arbeitskollegen veranlaßten und später durch den Arbeitgeber ausgesprochenen Druckkündigung.

e) Das allgemeine Persönlichkeitsrecht

aa) Grundsätzliches

Das allgemeine Persönlichkeitsrecht läßt sich beschreiben als "einheitliches, umfassendes subjektives Recht auf Achtung und Entfaltung der Persönlichkeit"[346], welches allgemeine Anerkennung als eigenständiges subjektives privates Recht innerhalb der Rechtsprechung[347] und Literatur[348] genießt. Das als "sonstiges Recht" i.S.v. § 823 I BGB anzusehende allgemeine Persönlichkeitsrecht[349] stellt laut Bundesverfassungsgericht einen "festen Bestandteil unserer Privatrechtsordnung" dar[350]. Entwickelt wurde es - vor allem unter Heranziehung des Art. 1 I und des Art. 2 I GG[351] -, da sich der enumerative Schutz einzelner Persönlichkeitsgüter angesichts eines vertieften Verständnisses von Wert und Schutzbedürftigkeit der Person als ungenügend erwies. Gleichermaßen spielten hier die gesteigerten Verletzungsmöglichkeiten durch die Entwicklung neuer Technologien eine Rolle[352].

---

346   Vgl. Palandt-Thomas, § 823 , Rdn. 176.

347   Vgl. BVerfGE 30, 173, 194; 34, 118, 135; BGHZ 13, 334, 338; 24, 72, 76, und 27, 284, 285. Für den Bereich des Arbeitsrechts vgl. BAG AP Nr. 5, 7, 8, 14, 15, 21, 23, 24, 25 und 27 zu § 611 - Persönlichkeitsrecht.

348   Vgl. Hubmann, Das Persönlichkeitsrecht; Schwerdtner, Das Persönlichkeitsrecht in der deutschen Zivilrechtsordnung; Staudinger-Schäfer, § 823, Rdn. 195 ff. mit zahlreichen weiteren Nachweisen; Palandt-Thomas, § 823, Rdn. 175 ff.; Erman-Ehmann, Anhang zu § 12, Rdn. 14; Helle, Besondere Persönlichkeitsrechte im Privatrecht; Degenhardt, JuS 1992, S. 361 ff.

349   BGHZ 24, 72, 77.

350   BVerfGE 34, 269, 281.

351   Wiese, JuS 1990, S. 357, 358/359.

352   Jauernig-Teichmann, § 823, Rdn. 65.

Da sich der Schutzbereich von Art. 1 I GG und Art. 2 I GG nicht auf bestimmte Gruppen von Personen beschränkt, sondern allgemeine Geltung beanspruchen kann, steht es heute außer Zweifel, daß im Speziellen auch *dem Arbeitnehmer* der durch das allgemeine Persönlichkeitsrecht zugewiesene Schutz zustehen muß[353].

Schikanöses und als feindselig einzuordnendes Verhalten eines oder mehrerer Arbeitnehmer(s) gegenüber einem Kollegen am Arbeitsplatz[354] wird in aller Regel die Persönlichkeit des letzteren tangieren. Steht hier demzufolge die Verletzung des allgemeinen Persönlichkeitsrechts des Arbeitnehmers in Frage, so ist zwischen drei graduell abgestuften Schutzzonen zu differenzieren, die als Intim-, Privat- und Individualsphäre bezeichnet werden[355]. Inhaltlich lassen sich diese Sphären wie folgt charakterisieren:

Die Intimsphäre umfaßt die innere Gedanken- und Gefühlswelt, also persönlichste Bereiche (z.B. den des Sexuallebens), bei welchen der Schutz vor Neugier regelmäßig ein Bedürfnis ist; sie genießt deswegen prinzipiell absoluten Persönlichkeitsschutz [356].

Der Privatsphäre zuzuordnen ist der Bereich des Privatlebens, welcher dem öffentlichen Einblick entzogen ist (insbesondere häusliche bzw. familiäre Angelegenheiten); hier wird es grundsätzlich eines besonderen

---

353 So bereits Schwenk, NJW 1968, S. 822; vgl. des weiteren die in Fn. 347 aufgeführten Belege aus der arbeitsgerichtlichen Rechtsprechung.

354 Vgl. o. S. 34.

355 Vgl. hierzu (teilweise unter der Verwendung anderer Bezeichnungen) Ricker, NJW 1990, S. 2097, 2098; BGB-RGRK-Dunz, § 823 Anh. I, Rdn. 13-15; Palandt-Thomas, § 823, Rdn. 178; Hubmann, S. 268 ff.; Schaub, § 148, Pkt. V.2.; BGH NJW 1996, S. 1128, 1129; 1988, S. 1984, 1985; UFITA Bd. 52, 1969, S. 208 ff.; OLG Hamburg NJW 1967, S. 2314, 2316; kritisch Erman-Ehmann, Anhang zu § 12, Rdn. 24 ff., der eine genaue Bestimmung und Abgrenzung der verschiedenen Sphären für unmöglich hält.

356 Zur Intimsphäre vgl. BVerfGE 6, 32, 41 ("letzter, unantastbarer Bereich menschlicher Freiheit"); BGHZ 36, 77, 80; BGH NJW 1988, S. 1984, 1985 m.w.N.; BGB-RGRK-Dunz, § 823 Anh. I, Rdn. 13; Ricker, NJW 1990, S. 2097, 2098, sowie Palandt-Thomas, § 823, Rdn. 178 m.w.N.

Grundes bedürfen, um es zu rechtfertigen, daß in der Öffentlichkeit auf Einzelheiten eingegangen wird, die diesen Bereich betreffen[357].

Die Individualsphäre schließlich umfaßt das Selbstbestimmungsrecht und bewahrt die persönliche Eigenart des Einzelnen in seinen Beziehungen zur Umwelt, in seinem öffentlichen, wirtschaftlichen und beruflichem Wirken; sie genießt den geringsten Schutzgrad der drei Schutzzonen[358].

Kommt es zur Beeinträchtigung einer der vorgenannten Sphären, so liegt die Verwirklichung des Tatbestandes des § 823 I BGB vor. Hier ist jedoch, abweichend vom allgemeinen Grundsatz, die Rechtswidrigkeit der Verletzungshandlung nicht indiziert: Da die Anerkennung des allgemeinen Persönlichkeitsrechtes zu keiner schrankenlosen Durchsetzung eigener Interessen führen darf, erfordert die Feststellung der Rechtswidrigkeit hier vielmehr eine einzelfallbezogene Würdigung aller Umstände, insbesondere unter Berücksichtigung des Grundsatzes der Verhältnismäßigkeit; maßgebend für die erforderliche Abgrenzung ist das Prinzip der sog. Güter- und Interessenabwägung[359]. Hier erlangt wiederum die Tatsache Bedeutung, in welche der drei genannten Sphären auf Seiten der betroffenen Parteien jeweils eingegriffen wird, da diese, wie o. dargelegt, in unterschiedlich starkem Maße Schutz genießen.

Durch die Weite des als generalklauselartiger Auffangtatbestand[360] zu charakterisierenden allgemeinen Persönlichkeitsrechts bedingt ist der

---

357   Vgl. BGHZ 36, 77, 80; Ricker, NJW 1990, S. 2097, 2098, sowie Palandt-Thomas, § 823, Rdn. 178 m.w.N.

358   Zur Individualsphäre vgl. statt vieler Palandt-Thomas, § 823, Rdn. 178, sowie Ricker, NJW 1990, S. 2097, 2098.

359   Vgl. BGHZ 24, 72, 80; 45, 296, 307; zum Prinzip der Güter- und Interessenabwägung vgl. ferner Staudinger-Schäfer, § 823, Rdn. 208; Jauernig-Teichmann, § 823, Rdn. 67; Hubmann, S. 159 ff.; Palandt-Thomas, § 823, Rdn.184 f.; Erman-Ehmann, Anhang zu § 12, Rdn. 26 und 54 ff., der ausführt, die Anforderungen an die Rechtfertigung eines Eingriffs in den persönlichen Bereich seien desto höher, je tiefer der Eingriff sei; für den arbeitsrechtlichen Bereich ferner Münch.ArbR.-Blomeyer, § 95, Rdn. 4.

360   Vgl. BGHZ 50, 133, 138.

Versuch, typische Fallgruppen zu bilden[361]. Teilweise wird die Verletzung eines konkretisierten Einzelbereiches des allgemeinen Persönlichkeitsrechtes sogar als notwendige Voraussetzung für die Bejahung eines tatbestandsmäßigen Eingriffs angesehen[362]. Die konkretisierten Ausformungen des allgemeinen Persönlichkeitsrechtes werden auch als "besondere Persönlichkeitsrechte" bezeichnet[363]. Bei Durchsicht der bisher entwickelten Typisierungen erscheinen hinsichtlich der Problematik des Mobbing zwischen Arbeitskollegen insbesondere die nachfolgend aufgeführten Fallgruppen von Bedeutung.

bb) Fallgruppen

(1) Ehrverletzungen

Das Persönlichkeitsrecht an der Ehre[364] schützt den einzelnen, also auch den einzelnen Arbeitnehmer, vor Kundgabe der Nichtachtung oder Mißachtung (Beleidigung), übler Nachrede oder sonstiger Minderung seines Ansehens sowie seiner sozialen Geltung[365]. Nach heute herr-

---

361   Jauernig-Teichmann, § 823, Rdn. 67.

362   Vgl. Hubmann, S. 157; Wiese, FS für Konrad Duden, S. 719, 724 m.w.N. und dem Hinweis, daß das allgemeine Persönlichkeitsrecht als sog. Quellrecht im Bedarfsfalle die Entwicklung neuer Persönlichkeitsrechte ermögliche bzw. zulasse.

363   Vgl. Helle, S. 27, der im folgenden einen Überblick über die kontroversen Auffassungen hinsichtlich der Anerkennung "besonderer Persönlichkeitsrechte" gibt. Die Anerkennungsfähigkeit solcher i.S.v. selbständigen subjektiven Rechten leugnet beispielsweise gänzlich Wronka, Das Verhältnis zwischen dem allgemeinen Persönlichkeitsrecht und den sogenannten besonderen Persönlichkeitsrechten, UFITA, Bd. 69,1973, S. 71 ff. Er wendet sich hierbei gegen die h.M., vgl. zu dieser nur OLG München NJW 1959, S. 388, 389; Nipperdey, UFITA , Bd. 30, 1960, S. 1, 9 ff.; Hubmann, S. 172 ff.; Enneccerus/Lehmann, S. 945; Staudinger-Schäfer, § 823, Rdn. 206 ff., der a.a.O., Rdn. 207, zutreffend darauf hinweist, daß einzelne "besondere" Erscheinungsformen des allgemeinen Persönlichkeitsrechtes bereits vor dessen Anerkennung innerhalb der Rechtsprechung Akzeptanz und Berücksichtigung erfahren haben.

364   Vgl. hierzu Wiese, ZfA 1971, S. 273, 297 ff., der in Fn. 105 zahlreiche weitere Nachweise anführt.

365   Flory, S. 81; BAG AP Nr. 5 zu § 611 BGB - Persönlichkeitsrecht; Soergel-Zeuner, § 823, Rdn. 78.

schender Auffassung stellt es einen besonders prägnanten Aspekt des allgemeinen Persönlichkeitsrechtes dar[366].

Als einzelne Eingriffe, die nach den oben dargelegten Grundsätzen in den Prozeß des Mobbing fallen können[367], sind zunächst Beleidigungen durch Worte und Gesten zu nennen. Äußert beispielsweise Arbeitnehmer B in Gegenwart seiner Kollegen C und D sowie der Kollegin A, letztere habe auf dem kurz zuvor abgehaltenen Betriebsfest getanzt wie "eine aus Hamburg" - eine Dirne - , so stellt dies eine Verletzung des Persönlichkeitsrechts an der Ehre dar[368]. Hierbei ist von einem rechtswidrigen Eingriff in die Individualsphäre[369] der betroffenen Arbeitnehmerin auszugehen, welcher durch keine entgegenstehenden Interessen gedeckt wird.

Als weitere Eingriffsform erscheint in genanntem Kontext das Behaupten und Verbreiten unwahrer Tatsachen sowie die unzutreffende Zuschreibung von Äußerungen von Relevanz[370].

Beispiel:

Als der Vorgesetzte C das Arbeitszimmer betritt, fragt der dort beschäftigte Arbeitnehmer B seinen Kollegen A, ob dieser sich auch jetzt noch wagen würde, den C einen "inkompetenten Stümper" zu nennen. A hatte eine solche Äußerung zuvor jedoch nie getätigt.

Einen massiven Eingriff in das Persönlichkeitsrecht an der Ehre des Arbeitnehmers stellen des weiteren sexuelle Belästigungen dar, nicht zuletzt deswegen, weil der Betroffene hier i.d.R. zum Objekt degradiert

---

366   Staudinger-Schäfer, § 823, Rdn. 233, mit zahlreichen weiteren Nachweisen.

367   Vgl. o. S. 28 f.

368   Vgl. hierzu ArbG Bocholt, DB 1990, S. 1671: Hier hatte der Arbeitgeber eine entsprechende Äußerung abgegeben.

369   Vgl. hierzu o. S. 80.

370   Zu diesem - nicht abschließenden - Katalog vgl. Flory, S. 81.

wird[371]. Da hierbei ein Eingriff in die Intimsphäre[372] des Arbeitnehmers vorliegt, hat dieser die Beeinträchtigung keinesfalls hinzunehmen.

Beispiel:

Als Arbeitnehmerin A am Fotokopierer steht und sich gerade etwas nach vorne lehnt, um den Papiereinzug zu kontrollieren, kommt ihr Kollege B vorbei und zwickt ihr in das Gesäß. Auf den Protest der A entgegnet B, sie "solle sich einmal nicht so haben", im übrigen könne sie die Abteilung ja auch verlassen, wenn sie so empfindlich sei, denn ihre Anwesenheit sei hier ohnehin nicht erwünscht.

Weiterhin wird das Persönlichkeitsrecht an der Ehre des Arbeitnehmers verletzt, falls es zu Ehrenkränkungen kommt, die sich daraus ergeben, daß trotz Wahrheit des Mitgeteilten durch bloße Wiedergabe von Teilwahrheiten unter Nichterwähnung von entlastenden Umständen das Lebensbild des Arbeitnehmers verzerrt oder beeinträchtigt erscheint[373].

Schließlich ist die Druckausübung durch Arbeitskollegen im Falle der Druckkündigung als weitere Möglichkeit der Persönlichkeitsrechtsverletzung des betroffenen Arbeitnehmers zu nennen. Das Ansehen und die soziale Geltung eines mißliebigen Mitarbeiters wird hierbei insbesondere dann in nicht zu rechtfertigender Weise gemindert, wenn das zugrunde liegende Motiv der Kollegen nicht als Sorge um das eigene psychische Wohlbefinden, sondern als reine Schikane des Arbeitnehmers zu qualifizieren ist[374].

---

371   Vgl. Flory, S. 81.

372   Vgl. hierzu die Erläuterungen auf S. 80.

373   Vgl. nur BGHZ 31, 308, 316, sowie BGH NJW 1965, S. 2395, 2396, jeweils für den Fall der einseitigen Berichterstattung in Druckerzeugnissen.

374   Vgl. Flory, S. 83.

(2) Informationelle Selbstbestimmung

Das Persönlichkeitsrecht auf "informationelle Selbstbestimmung"[375] gewährleistet den Schutz des einzelnen gegen die unbegrenzte Erhebung, Speicherung, Verwendung und Weitergabe seiner persönlichen Daten. Den Arbeitnehmer schützt es nicht nur vor einer zu weitgehenden Kontrolle und Ausforschung seiner Persönlichkeit, sondern es umfaßt ebenfalls den Schutz vor der Offenlegung personenbezogener Daten, und zwar auch solcher, von denen der Arbeitgeber in zulässiger Weise Kenntnis erlangt hat[376]. Insoweit versetzt es den Arbeitnehmer in die Lage, "grundsätzlich selbst über die Preisgabe und Verwendung seiner persönlichen Daten zu bestimmen"[377].

Jedoch ist auch der durch das Recht auf informationelle Selbstbestimmung gewährte Schutz nicht schrankenlos. Wo die Grenze eines unantastbaren Bereichs privater Lebens- und Informationsgestaltung endet, bestimmt sich im Einzelfall nach dem Verhältnismäßigkeitsgrundsatz[378]. Auch hier ist eine Güter- und Interessenabwägung vorzunehmen; Eingriffe können insbesondere bei der Wahrnehmung überwiegend schutzwürdiger Interessen Dritter gerechtfertigt sein[379].

Kopiert beispielsweise ein Arbeitnehmer Unterlagen eines neu eingestellten Kollegen aus der Personalakte[380], um sie anderen Arbeitnehmern zugänglich zu machen und hierdurch den betroffenen Arbeitnehmer zu kompromittieren, so verletzt er dessen Recht auf informationelle

---

375   Vgl. BVerfGE 65, 1 ff. = NJW 1984, S. 419 ff. - Volkszählungsurteil.

376   Vgl. BAGE 46, 98, 104-105, sowie BAG NJW 1990, S. 2272.

377   Vgl. BVerfGE, NJW 1984, 419, 422. Zum Persönlichkeitsrecht auf informationelle Selbstbestimmung vgl. ferner GK-BetrVG-Kreutz, § 75, Rdn. 79, sowie Ehmann, AcP 188, S. 230, 298, Fn. 322, mit zahlreichen weiteren Nachweisen.

378   Vgl. BAG NZA 1988, S. 621, 622, sowie NJW 1990, S. 2272.

379   Vgl. BAG AP Nr. 5 zu § 611 - Persönlichkeitsrecht sowie BAG NJW 1990, S. 2272 m.w.N.

380   Zu den möglichen Inhalten der Personalakte vgl. statt vieler Münch. ArbR.-Blomeyer, § 96, Rdn. 3 ff.

Selbstbestimmung[381]. Da in einem solchen Fall kein schutzwürdiges Interesse des die Unterlagen kopierenden Arbeitnehmers erkennbar ist, welches dem Interesse des betroffenen Arbeitnehmers an der Wahrung seiner Persönlichkeitssphäre entgegenstehen könnte[382], ist der Eingriff ferner als rechtswidrig zu bewerten.

Zu einer entsprechenden rechtlichen Bewertung gelangt man, falls Mitarbeiter der Personalabteilung Inhalte einiger schwächerer Beurteilungen eines ihrer Kollegen durch den Arbeitgeber, die sie zuvor gezielt ausgewählt haben, innerhalb des Betriebes publik machen, um auf diese Weise den betroffenen Arbeitnehmer der Lächerlichkeit preiszugeben. Die Mitarbeiter verstoßen in diesem Fall gegen ihre Pflicht, die entsprechenden personenbezogenen Daten vertraulich zu behandeln und den Kreis der um sie wissenden Personen möglichst eng zu halten[383]. Auch in diesem Fall ist kein Grund ersichtlich, der den Eingriff in das Persönlichkeitsrecht des Arbeitnehmers seitens der Mitarbeiter der Personalabteilung rechtfertigen könnte.

(3) Das gesprochene Wort

Das Persönlichkeitsrecht am gesprochenen Wort schützt den Einzelnen vor unbefugter mechanischer Fixierung seiner Äußerungen[384]. Schutz soll hierdurch vor unbefugtem Abhören, Aufnehmen und Verbreiten dieser Äußerungen unter Anwendung technischer Mittel gewährleistet wer-

---

[381]   Auf diesen Fall verweist Flory, S. 86. Vgl. ferner BAG AP Nr. 8 zu § 611 BGB - Persönlichkeitsrecht für den Fall der Zugänglichmachung von Personalakten durch den Arbeitgeber an einen Dritten.

[382]   Ein solches besteht beispielsweise zugunsten des Arbeitgebers, wenn es um die Frage grundsätzlich zu der Führung von Personalakten berechtigt ist. Eine entsprechende Berechtigung ergibt sich aufgrund der betrieblichen Leitungs- und Organisationsmacht des Arbeitgebers; vgl. hierzu Münch. ArbR.-Blomeyer, § 96, Rdn. 7.

[383]   Über eine entsprechende Einhaltung hat wiederum der Arbeitgeber zu wachen; vgl. BAG NZA 1988, S. 53, 54; NJW 1990, S. 2272, 2273; Münch. ArbR.-Blomeyer, § 96, Rdn. 13 m.w.N., sowie Wiese, ZfA 1971, 273, 295, 302.

[384]   Vgl. BGB-RGRK-Dunz, § 823 Anh. I, Rdn. 72.

den[385]. Die Unbefangenheit der zwischenmenschlichen Kommunikation würde erheblich belastet, wenn der Einzelne befürchten müßte, daß seine durch die jeweilige Situation bedingten Äußerungen - oftmals vertraulicher Natur - gegen seinen Willen festgehalten und bei anderer Gelegenheit hervorgeholt werden könnten[386].

Zeichnet also beispielsweise ein Arbeitnehmer unbefugtermaßen Telefonate eines Kollegen mit dessen Ehefrau auf und macht den Inhalt der übrigen Belegschaft zugänglich, um den Arbeitnehmer bloßzustellen, so verletzt er das Persönlichkeitsrecht des Arbeitnehmers an dessen gesprochenem Wort. Er greift in diesem Falle in die Privatsphäre seines Kollegen ein, ohne sich auf einen Umstand berufen zu können, der sein Verhalten rechtfertigen könnte[387]. Da sein Handeln folglich als rechtswidrig einzustufen ist, macht er sich gegebenenfalls gem. § 823 I BGB schadensersatzpflichtig[388].

cc) Schadensersatz wegen Verletzung des Persönlichkeitsrechts

Hinsichtlich des Umfangs des ersatzfähigen Schadens ist auf eine Besonderheit zu verweisen, die für den gesamten Bereich von Persönlichkeitsrechtsverletzungen durch die Rechtsprechung entwickelt worden ist. Dem gesetzlichen Regelungskatalog nach hätte ein in seiner Persönlichkeit verletzter Arbeitnehmer gem. § 249 S.1 BGB in erster Linie einen Anspruch auf Naturalrestitution, also auf die Herstellung des Zustandes, welcher ohne das schadensstiftende Ereignis bestünde[389]. Soweit eine

---

385 Vgl. Wiese, ZfA 1971, S. 273, 287 m.w.N., der vom "Persönlichkeitsrecht an der Stimme" spricht.

386 Staudinger-Schäfer, § 823, Rdn. 218.

387 Denkbar wäre dies beispielsweise für den Fall, daß der Kollege nur durch das Aufzeichnen und die Wiedergabe des Telefonats ein seitens des abgehörten Arbeitnehmers geplantes Inbrandsetzen des Betriebes rechtzeitig verhindern kann; zu den Grundsätzen der im Einzelfall vorzunehmenden Abwägung der widerstreitenden Interessen vgl. Erman-Ehmann, Anhang zu § 12, Rdn. 59 ff.

388 Vgl. BGHZ 73, 120 ff., für den Fall der Veröffentlichung eines Transkripts, welches den Inhalt eines abgehörten Telefonats wiedergab.

389 Vgl. Hubmann, S. 349 ff.; Wiese, ZfA 1971, S. 273, 312 m.w.N.

Herstellung dieses früheren Zustandes (z.B. durch Widerruf, Richtigstellung, Ergänzung) nicht möglich oder zur Entschädigung des Arbeitnehmers nicht genügend wäre, käme gem. § 251 I BGB weiterhin ein Ersatz entstandener Vermögensschäden in Geld in Betracht. Ein Anspruch auf Geldzahlung zum Ausgleich der im Bereich der Persönlichkeitsrechtsverletzungen bedeutsamen immateriellen Schäden (z.B. in Form von psychischen bzw. seelischen Schmerzen) bestünde gem. § 253 BGB jedoch nur in den gesetzlich bestimmten Fällen. Hierdurch käme es im Bereich von Persönlichkeitsrechtsverletzungen häufig zu einem erheblichen Sanktionsdefizit[390]. Um diese unbefriedigende Situation zu vermeiden, hat der BGH im in Rede stehenden Bereich die grundsätzliche Möglichkeit des Ersatzes immaterieller Schäden in Geld anerkannt[391]. Dies geschah durch die Aufbrechung des geschlossenen Kataloges der schmerzensgeldfähigen Güter und die entsprechende Hinzufügung des allgemeinen Persönlichkeitsrechtes[392].

Als einschränkende Voraussetzung wird seitens des BGH im aufgezeigten Kontext allerdings gefordert, daß eine schwere, erheblich ins Gewicht fallende Beeinträchtigung des Persönlichkeitsrechts vorliegen müsse, die in anderer Weise nicht befriedigend ausgeglichen werden könne[393].

Konstellationen, in welchen immaterielle Schäden lediglich durch die Zahlung eines Geldbetrages in befriedigender Form kompensiert werden können, werden sich im Hinblick auf die oben aufgeführten, als denkbare Mobbing-Attacken zu qualifizierenden Verhaltensweisen häufig ergeben.[394]. Denn diese Attacken werden sich oftmals insbesondere

---

390 Kötz, Rdn. 640.

391 Vgl. etwa nur BGHZ 26, 349, 354 ff. - sog. Herrenreiter-Urteil; 30, 7, 17; 35, 363, 366 ff.; 39, 124, 130 ff.; BGH NJW 1995, S. 861 ff.; ferner BVerfG 34, 269 ff.

392 Vgl. hierzu Deutsch, Allgemeines Haftungsrecht, Rdn. 901 m.w.N.

393 So BGHZ 35, 363, 368 ff., und seitdem ständig; vgl. ferner BVerfGE 34, 269, 286.

394 Für den insoweit maßgeblichen, durch § 847 BGB geregelten Schmerzensgeldanspruch ist jedoch zwingend zu fordern, daß eine tatbestandliche, rechtswidrige und schuldhafte Verletzung des

nachteilig auf die psychische Verfassung des betroffenen Arbeitnehmers auswirken, ohne jedoch zwangsläufig Vermögensschäden zu bewirken.

Ein Beispiel:

Arbeitnehmer A arbeitet im Betrieb des X mit den Kollegen B, C und D zusammen. Diese mögen den Kollegen A nicht und möchten ihn unbedingt aus dem Betrieb entfernt wissen. Hierzu, so kommen sie überein, sei im Grunde "jedes Mittel recht". Sie behandeln den A daraufhin wochenlang "wie Luft". A ist hierüber gar nicht erfreut, er fühlt sich sichtlich unwohl und ist um Kontakt zu den Kollegen bemüht. Eines Tages bietet sich ihm vermeintlich die lang ersehnte Chance. Anläßlich des Betriebsfestes kommt A mit B-D wieder ins Gespräch. Die Kollegen sind auffällig nett zu ihm. Später am Abend regen sie sogar an, "Brüderschaft" zu trinken. Hierbei wissen sie, daß A normalerweise so gut wie nie Alkohol trinkt. Die Kollegen wollen A jedoch gerade betrunken und hierdurch "gefügig" machen. Der Plan gelingt. Als A, der vor lauter Glück über die vordergründige Anerkennung der Kollegen viel zu viel trinkt, sich kaum noch auf den Beinen halten kann und zu einer klaren Artikulation nicht mehr in der Lage ist, wird er von den Kollegen auf die betriebseigene Toilette getragen. Hier wird er weitestgehend seiner Kleider entledigt. Anschließend fotografieren die Kollegen den A. Das Foto, welches den A in entwürdigender Position zeigt, hängen sie einige Tage später an das schwarze Brett des Betriebes. Hinzu fügen die Kollegen einige Zeilen, in denen A als "Quartalssäufer" tituliert wird, der es "wieder einmal nicht habe lassen können". A selbst fühlt sich körperlich zwar bereits einen Tag nach dem Betriebsfest wieder gut, schämt sich jedoch aufgrund des Aushangs wochenlang innerhalb des Betriebes "beinahe zu Tode", was verständlich ist, da die Betriebsangehörigen im Hinblick auf den Aushang regelmäßig anfangen zu tuscheln oder zu lachen, wenn A den Raum betritt. Oft wird auch hinter ihm her gepfiffen. Ferner kommt es zu Rufen wie "Da kommt der Säufer !".

Persönlichkeitsrechts i.S.v. § 823 BGB vorliegt, da § 847 BGB grundsätzlich eine unerlaubte Handlung i.S.der §§ 823 ff. BGB voraussetzt; vgl. hierzu Larenz/Canaris, Schuldrecht BT, Bd. II/2, S. 590.

Vorliegend hat A keinen ersichtlichen Vermögensschaden erlitten. Insbesondere hat der Alkohol-Exzeß keine Heilbehandlungkosten verursacht. Jedoch haben die Kollegen B-D in adäquat-kausaler Weise einen immateriellen Schaden auf Seiten des A hervorgerufen. Sie haben durch ihr Verhalten in ehrverletzender Weise in das Persönlichkeitsrecht des A eingegriffen. Zum einen haben sie seine Intimsphäre verletzt, indem sie den A ausgezogen, ihn nahezu seiner sämtlichen Kleidung entledigt und das entsprechende Foto ausgehängt haben. Zum anderen haben sie in seine Individualsphäre eingegriffen, indem sie ihn als notorischen Trinker dargestellt haben, was nicht den Tatsachen entspricht. Daß sich A hieraus folgend wochenlang im täglichen Umgang mit sämtlichen Betriebsangehörigen beinahe "zu Tode schämt", liegt auf der Hand. Der hieraus resultierende psychische Leidensdruck ist als vorhersehbare Folge der Vorgehensweise der Kollegen B-D zu bewerten. Der hierin liegende immaterielle Schaden erscheint weiterhin aufgrund der Gesamtumstände nur durch die Zahlung eines Schmerzensgeldes in angemessener Weise kompensierbar[395].

Die mit o.g. Rechtsprechung des BGH[396] verbundenen Streitfragen, etwa nach der einer Anmaßung gesetzgeberischer Aufgaben (schließlich erfolgt eine Überschreitung der durch den Wortlaut von § 253 BGB festgesetzten Grenzen[397]), sollen an dieser Stelle der Arbeit auf sich beruhen[398].

---

395   Vgl. hierzu MüKo-Stein, § 847, Rdn. 10, im Hinblick auf den durch das Wissen um eine HIV-Infizierung erzeugten psychischen Leidensdruck.

396   Die o.g., durch den BGH festgelegten Grundsätze werden im Bereich des Arbeitsrechtes ständig angewandt; vgl. nur ArbG Bocholt, DB 1990, S. 1671, für den Fall des arbeitgeberseitigen Vorwurfs, eine seiner Arbeitnehmerinnen habe getanzt wie eine Dirne; des weiteren vgl. LAG Hamburg, NZA 1992, S. 509 ff.

397   Vgl. Kötz, Rdn. 640.

398   Vgl. hierzu jedoch Giesen, NJW 1971, S. 801 ff. m.w.N.

2. Ansprüche aus § 823 II BGB i.V.m. einem Schutzgesetz

a) Grundsätzliche Voraussetzungen

Schadensersatzansprüche gem. § 823 II BGB kommen dem Grunde nach dann in Betracht, wenn gegen ein "Schutzgesetz" i.s. der Vorschrift verstoßen wird. Hat man unter "Gesetz" i.s. des Bürgerlichen Gesetzbuches jede Rechtsnorm zu verstehen (vgl. Art. 2 EGBGB), also etwa formelle Gesetze, Rechtsverordnungen, öffentlich-rechtliche Satzungen und Tarifverträge[399], so ist dem Begriff des Schutzgesetzes i.s. von § 823 II BGB zu eigen, daß er nur solche Gesetze umfaßt, die zumindest auch auf den Schutz bestimmter Rechtsgüter oder Interessen des einzelnen zielen[400]. Die Norm muß hierbei das geschützte Interesse, die Art seiner Verletzung und den Kreis der geschützten Personen hinreichend klarstellen und bestimmen[401].

b) Einzelne in Betracht kommende Schutzgesetzverletzungen im Falle von Mobbing-Attacken durch Arbeitskollegen

Kommt es zur körperlichen Mißhandlung eines Arbeitnehmers[402] durch einen oder mehrere Arbeitskollegen oder wird ersterem unter Anwendung körperlicher Gewalt ein "Denkzettel verpaßt"[403], so begründet dies in aller Regel einen Schadensersatzanspruch des Arbeitnehmers aus § 823 II i.V.m. § 223 StGB (Körperverletzung) bzw. § 229 StGB (fahrlässige Körperverletzung)[404]. Werden dem Arbeitnehmer etwa

---

399   Jauernig-Teichmann, § 823, Rdn. 43; Palandt-Heldrich, Art. 2 EGBGB, Rdn. 1; BGB-RGRK-Steffen, § 823, Rdn. 538.

400   So der BGH in ständiger Rechtsprechung, vgl. BGHZ 116, 7,13.

401   Vgl. nur BGHZ 40, 306, 307, sowie BGB-RGRK-Steffen, § 823, Rdn. 540.

402   Vgl. hierzu o. S. 28.

403   Vgl. zu diesen Beispielen denkbarer Mobbing-Attacken Leymann, Mobbing, S. 33-34.

404   Zur Schutzgesetzqualität dieser Vorschriften vgl. Palandt-Thomas, § 823, Rdn. 149, sowie Soergel-Zeuner, § 823, Rdn. 261, jeweils m.w.N. Als Beispiel einer fahrlässigen Körperverletzung sei hier der Fall genannt, in welchem ein Arbeitskollege einem Arbeitnehmer den Stuhl wegzieht, um diesen lächerlich

wichtige, in seinem Eigentum stehende Arbeitsutensilien oder -unterlagen entwendet oder beschädigt, so kommen entsprechende Ansprüche aus § 823 II i.V.m. § 242 StGB (Diebstahl) bzw. § 303 StGB (Sachbeschädigung) in Betracht[405].

Von maßgeblicher Bedeutung sind im besprochenen Zusammenhang weiterhin die §§ 185 StGB (Beleidigung), 186 StGB (üble Nachrede) sowie 187 StGB (Verleumdung). Auch diese Normen sind als Schutzgesetze i.V. mit § 823 II BGB zur Begründung von Schadensersatzansprüchen des gemobbten Arbeitnehmers geeignet[406]. Wird dessen soziales Ansehen seitens der Arbeitskollegen etwa durch das Verbreiten von Gerüchten sowie das Äußern abfälliger und herabwürdigender Bemerkungen tangiert[407], so sind die jeweiligen Umstände des Einzelfalls ausschlaggebend.

Kommt es zu einem Angriff auf die Ehre des Arbeitnehmers durch vorsätzliche Kundgabe eigener Mißachtung oder Nichtachtung[408] mittels unwahrer Tatsachenbehauptungen gegenüber diesem selbst oder durch beleidigende Werturteile gegenüber dem Arbeitnehmer oder Dritten, so ist der Tatbestand der Beleidigung gem. § 185 StGB erfüllt[409]. Die Kundgabe von Miß- bzw. Nichtachtung des Arbeitnehmers kann hierbei u.a. auch durch symbolische Handlungen (z.B. Tippen auf die Stirn)[410] oder durch ehrverletzende Tätlichkeiten (z.B. in Form einer Ohrfeige)[411] seitens der Arbeitskollegen erfolgen.

---

zu machen, der Arbeitnehmer hieraufhin jedoch unglücklich stürzt und sich den Arm bricht.

[405]   Vgl. Soergel-Zeuner, § 823, Rdn. 261, und BGB-RGRK-Steffen, § 823, Rdn. 548, jeweils m.w.N.

[406]   Vgl. Palandt-Thomas, § 823, Rdn. 149; BGB-RGRK-Steffen, § 823, Rdn. 551, beide m.w.N.

[407]   Vgl. Leymann, Mobbing, S. 33-34.

[408]   Vgl. BGHSt 1, 288, 289.

[409]   Vgl. Lackner, § 185, Rdn. 2.

[410]   OLG Düsseldorf, NJW 1960, S. 1072 f.

[411]   Wessels, BT 1, § 11 IV 1, Rdn. 501.

Den Tatbestand der üblen Nachrede (§ 186 StGB) erfüllt ein Arbeitneh-mer, wenn er in Bezug auf einen Kollegen eine nicht erweislich wahre Tatsache behauptet oder verbreitet, die geeignet ist, letzteren verächtlich zu machen oder in der öffentlichen Meinung herabzuwürdigen. Dies ist z.b. dann gegeben, wenn Arbeitnehmer A gegenüber Arbeitnehmer B - ohne sich auf konkrete Beweise stützen zu können - äußert , er (der A) habe gehört, der ebenfalls im Betrieb tätige Dr. C sei tatsächlich gar nicht promoviert; vielmehr habe sich dieser den Titel unbefugtermaßen zuge-legt, um innerhalb des Betriebes rascher Karriere zu machen[412].

Ist hingegen - in Abwandlung des genannten Beispiels - die Dr. C betref-fende und gegenüber Arbeitnehmer B geäußerte Tatsache erweislich nicht wahr und hat der A hiervon positive Kenntnis, so erfüllt sein Han-deln den Tatbestand der Verleumdung gem. § 187 StGB[413], der eben-falls i.V.m. § 823 II BGB zur Begründung zivilrechtlicher Schadens-ersatzansprüche geeignet ist.

Des weiteren ist ein Schadensersatzanspruch aus § 823 II BGB i.V.m. § 177 StGB (Sexuelle Nötigung; Vergewaltigung) gegeben, wenn der bzw. die Arbeitskollegen einen Arbeitnehmer beispielsweise dazu nö-tigt/nötigen, sexuelle Handlungen an sich zu dulden oder an dem/den Kollegen vorzunehmen[414].

Als letzter Komplex der - aufgrund der Bandbreite denkbarer Mobbing-Verhaltensweisen[415] - nicht abschließenden Aufzählung relevanter Schutzgesetze sind hier diejenigen zu nennen, welche den Schutz der persönlichen Freiheit des einzelnen bezwecken. Hier dürften wiederum

---

412   Das gegebene Beispiel stellt eine Abwandlung eines Fallbeispieles von Wessels, BT 1, § 11 III, Rdn. 489 dar.

413   Zu den erhöhten Anforderungen des Tatbestandes der Verleumdung im Vergleich zu dem der üblen Nachrede vgl. Tröndle, § 187, Rdn. 1-4; zu dem - im einzelnen umstrittenen - Verhältnis der Beleidigungstatbestände zueinander vgl. ferner LK-Herdegen, vor § 185, Rdn. 30-31 m.w.N.

414   Zur Mobbing-Qualität dieses Vorgehens vgl. Leymann, Mobbing, S. 34; zur entsprechenden Schutzgesetzqualität des § 177 StGB vgl. nur Etzel, b&b 4/1994, S. 153, 157; Larenz/Canaris, Schuldrecht BT, Bd. II/2, S. 515, sowie Gutsche, S. 114 (jeweils zu den §§ 174 ff. a.F. StGB)

415   Vgl. o. S. 28 f.

die Tatbestände der §§ 239, 240 StGB (Freiheitsberaubung, Nötigung) in der arbeitsrechtlichen Praxis die größte Relevanz aufweisen[416]. Kommt es zu Handlungen von Arbeitnehmern gegenüber ihren Arbeitskollegen, welche unter die genannten Tatbestände zu subsumieren sind, so ist hierin ein jeweils ohne weiteres als feindselig zu bewertendes kommunikatives Verhalten[417] des bzw. der Arbeitskollegen zu erblicken, welches, unter Hinzuziehung von § 823 II BGB, zur Begründung von Schadensersatzansprüchen geeignet erscheint.

3. Ansprüche wegen Kreditgefährdung gem. § 824 BGB

In engem Zusammenhang zu den im vorstehenden Abschnitt genannten Schutzgesetzverletzungen der üblen Nachrede, § 186 StGB, sowie der Verleumdung, § 187 StGB, steht die Vorschrift des § 824 BGB[418]. Durch sie wird derjenige geschützt, über den der Wahrheit zuwider[419] eine Tatsache[420] behauptet oder verbreitet[421] wird, die geeignet ist, seinen Kredit zu gefährden oder sonstige Nachteile für seinen Erwerb oder sein

---

[416]   Vgl. Etzel, b&b 1994, S. 153, 157. Wegen der einzelnen tatbestandlichen Voraussetzungen sei hierbei auf die einschlägige Kommentarliteratur verwiesen; so z.B. Tröndle, § 239, Rdn. 2 ff. sowie § 240, Rdn. 3 ff., jeweils m.w.N. Zum Schutzgesetzcharakter der genannten Vorschriften vgl. darüber hinaus Staudinger-Schäfer, § 823, Rdn. 600 m.w.N.

[417]   Vgl. o.S. 34.

[418]   Zum Verhältnis zwischen § 824 BGB einerseits und §§ 186, 187 StGB i.V.m. § 823 II BGB andererseits vgl. Jauernig-Teichmann, § 824, Rdn. 1, der ausführt, die Vorschriften ergänzten sich aufgrund ihrer jeweils differierenden rechtlichen Voraussetzungen und seien nebeneinander anzuwenden. Vgl. hierzu ferner Staudinger-Schäfer, § 824, Rdn. 2 ff., der hervorhebt, § 824 schließe diejenigen Lücken des Schutzes der sog. *Geschäftsehre*, welche sich aus den die *gesellschaftliche Ehre* schützenden Vorschriften der §§ 186, 187 StGB i.V.m. § 823 II BGB ergäben.

[419]   Unter dem dahinter stehenden Begriff der "Unwahrheit" versteht man den Widerspruch zur Realität; vgl. nur MüKo-Mertens, § 824, Rdn. 34 i.V.m. Rdn. 12.

[420]   Werturteile werden somit nicht erfaßt; vgl. statt vieler Larenz/Canaris, Schuldrecht BT, Bd. II/2, S. 464; zum Tatsachenbegriff vgl. BGHZ 132, 13, 21 m.w.N. ; BGB-RGRK-Steffen, § 824, Rdn. 12, ebenfalls m.w.N., sowie Medicus, Schuldrecht BT, Rdn. 802.

[421]   Zum Begriff des "Behauptens" bzw. des "Verbreitens" einer unwahren Tatsache vgl. statt vieler Staudinger-Schäfer, § 824, Rdn. 27 und Rdn. 28, jeweils mit zahlreichen weiteren Nachweisen.

Fortkommen herbeizuführen (vgl. § 824 I BGB). Die behaupteten bzw. verbreiteten Tatsachen müssen sich hierbei auf Person, Verhältnisse, Betätigung oder gewerbliche Leistungen des Betroffenen selbst beziehen[422]. Verletzte können neben juristischen Personen oder Sondervermögen (in ihrer Funktion als Wirtschaftseinheit) auch natürliche Personen sein[423]. Die Unwahrheit der behaupteten oder verbreiteten Tatsachen beurteilt sich danach, wie die jeweils beanstandete Mitteilung nach ihrem Aussagegehalt vom durchschnittlichen Empfänger unbefangen zu verstehen ist[424]. Unter Kredit ist im aufgezeigten Kontext das allgemeine Vertrauen in die Zahlungsfähigkeit und Zahlungswilligkeit des Betroffenen zu verstehen; Erwerb ist die errungene wirtschaftliche und berufliche Stellung; Fortkommen ist gleichzusetzen mit den darüber hinausgehenden wirtschaftlichen und beruflichen Zukunftsaussichten des Betroffenen[425].

Die Vorschrift des § 824 I BGB sieht als Rechtsfolge im Falle eines entsprechenden Verstoßes die Leistung von Schadensersatz vor. Letztere kann inhaltlich - neben der Zahlung eines Geldbetrages - u.U. auch durch Widerruf bzw. Richtigstellung oder sogar durch (sog. wiederherstellende) Unterlassung erfolgen[426].

Als Beispiel einer Kreditgefährdung gem. § 824 BGB, welche aufgrund ihres verleumderischen Charakters in einen Mobbing-Prozeß eingebettet sein kann, sei hier der Fall genannt, in welchem über Arbeitnehmer A durch seine Kollegen B und C im Betrieb der Wahrheit zuwider verbreitet

---

422 Vgl. Jauernig-Teichmann, § 824, Rdn. 4.

423 Vgl. BGH NJW 1978, S. 2151, 2152; Jauernig-Teichmann, § 824, Rdn. 3, sowie Palandt-Thomas, § 824, Rdn. 1.

424 Vgl. BGH VersR 1988, S. 1182, 1183, sowie Palandt-Thomas, § 824, Rdn. 3. m.w.N.

425 Zu den genannten Begriffen vgl. BGB-RGRK-Steffen, § 824, Rdn. 27 m.w.N.

426 Zum Umfang des zu leistenden Schadensersatzes vgl. im einzelnen Staudinger-Schäfer, § 824, Rdn. 41, sowie BGB-RGRK-Steffen, § 824, Rdn. 55 ff. i.V.m. vor § 823, Rdn. 127, beide m.w.N.

wird, A beabsichtige auszuwandern, um sich seinen Verbindlichkeiten zu entziehen[427].

4. Ansprüche wegen sittenwidriger vorsätzlicher Schädigung gem. § 826 BGB

Im Rahmen des § 826 BGB knüpft die Verpflichtung zum Schadensersatz an jede gegen die guten Sitten verstoßende vorsätzliche Schadenszufügung an; es bedarf hier demnach weder der Verletzung eines subjektiven Rechtes oder eines der in § 823 I BGB genannten Rechtsgüter noch der Verletzung eines Schutzgesetzes i.S.v. § 823 II BGB[428]. Die Vorschrift des § 826 BGB stellt dabei anerkanntermaßen einen deliktsrechtlichen Auffangtatbestand dar, dessen Schutzintention neben nicht vermögensmäßigen Schädigungen insbesondere auch reine Vermögensschäden umfaßt[429].

Läßt sich auf der Rechtsfolgenseite der Umfang des gem. § 826 BGB ersatzfähigen Schadens daher als weit bezeichnen, so steht dem auf tatbestandlicher Ebene das hohe Anforderungen aufweisende Kriterium des "Verstoßes gegen die guten Sitten" gegenüber. Ein solcher Verstoß ist nach ständiger Rechtsprechung lediglich bei einem Verhalten[430] anzunehmen, welches gegen das "Anstandsgefühl aller billig und gerecht Denkenden"[431] verstößt. Die hiermit einhergehende Orientierung an einem sog. ethischen Konsens[432] bereitet im rechtlichen Alltag oftmals Schwierigkeiten, da ein solcher Konsens in einer von pluralistischen

---

[427]   Vgl. zu diesem Beispiel Soergel-Zeuner, § 824, Rdn. 19 m.w.N.

[428]   Vgl. Staudinger-Oechsler, § 826, Rdn. 1 und Rdn. 12 i.V.m Soergel-Hönn, § 826, Rdn. 2; vgl. ferner Erman-Schiemann, § 826, Rdn. 1.

[429]   Vgl. Erman-Schiemann, a.a.O.; Soergel-Hönn, § 826, Rdn. 1; Jauernig-Teichmann, § 826, Rdn.1.

[430]   Das hier neben Handlungen auch auf Unterlassungen abzustellen ist, entspricht heute allgemeiner Auffassung; vgl. insbes. BGH NJW 1963, S. 149, sowie Dütz, NJW 1970, S. 1822, 1825.

[431]   Vgl. RGZ 48, 114, 124; BGHZ 17, 327, 330; 51, 396, 400; BGH NJW 1969, S. 1209, 1210; WM 1976, S. 924.

[432]   Vgl. Staudinger-Oechsler, § 826, Rdn. 26.

Wertvorstellungen geprägten Gesellschaft nicht immer leicht auszumachen ist[433]. Einigkeit besteht jedenfalls dahingehend, daß sittenwidriges
Verhalten nur im Falle eines massiven Fehlverhaltens vorliegt, welches
"entschieden getadelt zu werden verdient"[434]. Im übrigen wird versucht,
etwaige Wertungsunsicherheiten durch Bildung von Fallgruppen zu ver-
ringern[435].

In subjektiver Hinsicht muß ferner mit zumindest bedingtem Vorsatz gehandelt werden[436]. Hierbei läßt der Umstand, daß § 826 BGB neben der
als sittenwidrig zu bewertenden Schadenszufügung ein vorsätzliches
Verhalten voraussetzt, erkennen, daß nicht schon jede vorsätzliche
Schadenzufügung als sittenwidrig i.S. der Vorschrift angesehen werden
kann[437].

Als Beispiel einer sittenwidrigen vorsätzlichen Schädigung im o. dargelegten Sinne, welche in den Prozeß des Mobbing fallen kann, wird innerhalb der Literatur die durch Arbeitskollegen veranlaßte Druckkündigung[438] eines Arbeitnehmers angesehen[439]. Vorausgesetzt wird hierbei

---

433   Der aufgezeigte Maßstab der Sittenwidrigkeit ist daher nicht unumstritten. So
       wird teilweise von einer "Leerformel" gesprochen; vgl. statt vieler Jauernig-
       Teichmann, § 826, Rdn. 3. Zur Kritik an der o.g. Formel vgl. ferner die
       ausführliche Auseinandersetzung durch Haberstumpf, Die Formel vom
       Anstandsgefühl aller billig und gerecht Denkenden in der Rechtsprechung des
       BGH.

434   Vgl. nur Larenz, Schuldrecht BT, § 72 IV.

435   Vgl. Esser-Weyers, § 56 II.2; Erman-Schiemann, § 826, Rdn. 27.

436   Dieser hat die Art des Schadens und die generelle Richtung des
       Schadensverlaufs zu umfassen, nicht jedoch den exakten Kausalverlauf sowie
       den genauen Umfang und die präzise Höhe des Schadens; ferner müssen
       dem Täter nur die Tatumstände bekannt sein, die sein Verhalten als sittenwidrig
       erscheinen lassen; vgl. hierzu MüKo-Mertens, § 826, Rdn. 61 f., sowie Palandt-
       Heinrichs, § 826, Rdn. 10 f., jeweils m.w.N.

437   Vgl. nur Kupisch/Krüger, S. 71.

438   Zu den Voraussetzungen der Druckkündigung und der Einordnung der in
       diesen Kontext fallenden Druckausübung seitens der Belegschaft als mögliche
       Mobbing-Verhaltensweise vgl. o.S. 74.

439   So die ganz überwiegende Literaturmeinung: Vgl. Hess/Schlochauer/Glaubitz-
       Schlochauer, § 104, Rdn. 16; Fitting, § 104, Rdn. 9; KR-Etzel, § 104 BetrVG,
       Rdn. 74; GK-BetrVG-Kraft, § 104, Rdn. 20 f.; Galperin/Löwisch, § 104, Rdn. 11;
       Bulla, FS für Alfred Hueck, S. 25, 40; a.A. Herschel, RdA 1953, S. 41 f., der

allerdings, daß die Kündigung zwar wegen des Drucks der Kollegen sozial gerechtfertigt, die Druckausübung selbst aber rechtswidrig und schuldhaft war[440]. Der betroffene Arbeitnehmer darf daher seinerseits nicht zuvor den Betriebsfrieden durch gesetzwidriges Verhalten oder durch grobe Verletzung der in § 75 I BetrVG genannten Grundsätze wiederholt ernstlich gestört haben (vgl. § 104 S. 1 BetrVG).

Darüber hinaus ist im Hinblick auf das rechtliche Verhältnis eines gemobbten Arbeitnehmers zu seinen mobbenden Arbeitskollegen auf die allgemeinen, im Rahmen des § 826 BGB entwickelten Fallgruppen und Grundsätze zu verweisen. Es ergeben sich keine Abweichungen gegenüber den hier allgemein geltenden Prinzipien[441]. So dürfte ein Schadensersatzanspruch gem. § 826 BGB ferner dann in Betracht kommen, wenn Arbeitnehmer den beruflichen Aufstieg und einen dementsprechenden höheren Verdienst ihres Kollegen dadurch verhindern, indem sie kurz vor Abschluß eines entscheidenden Projekts die Datenbestände auf sämtlichen Datenträgern der Computeranlage des Kollegen durch den Einsatz von sog. Killer-Viren zerstören und somit das Projekt sowie die hiervon abhängende Beförderung ihres Kollegen torpedieren[442].

II. Deliktsrechtliche Würdigung des Mobbing-Prozesses

Nachdem vorstehend die deliktsrechtlichen Konsequenzen einzelner denkbarer Mobbingverhaltensweisen aufgezeigt wurden, stellt sich in der Folge die Frage nach der diesbezüglichen Bewertung des Mobbing-Prozesses als solchem. Hier ergeben sich insbesondere dann rechtlich

---

440   einen Aufopferungsanspruch gegenüber dem Arbeitgeber gewähren will, sowie MüKo-Schwerdtner, § 626, Rdn. 180 f., der mit gleicher Intention für eine analoge Anwendung der §§ 9,10 KSchG eintritt, demnach einen Abfindungsanspruch gegenüber dem Arbeitgeber bejaht.

440   Vgl. statt vieler GK-BetrVG-Kraft, § 104, Rdn. 21.

441   So ist insbesondere auch der geschädigte Arbeitnehmer für den Vorsatz sowie den Sittenverstoß des/der schädigenden Arbeitskollegen darlegungs- und beweispflichtig; vgl. nur Baumgärtel, § 826, Rdn. 1 ff. Damit dürfte die praktische Bedeutung der Vorschrift auch im vorliegend untersuchten rechtlichen Verhältnis eher gering sein, was Kupisch/Krüger, S. 70, in ganz allgemeiner Form feststellen.

442   Vgl. hierzu Rombach, CR 1990, S. 101, 105.

interessante Fragestellungen, wenn ein Arbeitnehmer über einen länger währenden Zeitraum auf subtile Art und Weise psychisch unter Druck gesetzt bzw. zermürbt wird.

1. Anspruchshäufung, Anspruchskonkurrenz

Wird ein Arbeitnehmer über eine längere Zeit hinweg durch zahlreiche Verhaltensweisen eines oder mehrerer Arbeitskollegen gemobbt[443] und begründen diese schon jeweils für sich betrachtet deliktische Ansprüche, so ergibt sich hieraus eine Anspruchshäufung[444]. Der konkrete Haftungsumfang hängt dabei sowohl von der Anzahl als auch von der Intensität der einzelnen Übergriffe ab. Wird beispielsweise ein Arbeitnehmer durch seine Arbeitskollegen über ein halbes Jahr hinweg wöchentlich massiv körperlich mißhandelt, bestohlen, beleidigt sowie seiner körperlichen Bewegungsfreiheit beraubt, so werden die insoweit akkumulierbaren Schadensersatzpositionen insgesamt höher ausfallen als diejenigen, welche aus einem Prozeß resultieren, in dem ein Arbeitnehmer über ein halbes Jahr hinweg wöchentlich "lediglich" einmal in geringem Umfang in seiner körperlichen Integrität verletzt wird.

Erfüllt in o.g. Zusammenhang schon ein einziger, in den Prozeß fallender tatsächlicher Umstand die tatbestandlichen Voraussetzungen mehrerer Rechtssätze, so liegt diesbezüglich eine sog. Anspruchskonkurrenz vor[445].

Im Gegensatz zur vorbenannten Situation stehen Fallkonstellationen, in welchen erst das fortgesetzte, mehrmalige Einwirken auf den Gemobbten die Verletzung eines oder mehrerer Rechtsgüter zur Folge hat[446].

---

443   Hinsichtlich der insoweit in Betracht zu ziehenden (Mobbing-) Verhaltensweisen sei auf den - nicht abschließenden - Katalog des ersten Hauptteils, 1. Kapitel, C. II., verwiesen.

444   Vgl. Baumbach/Lauterbach/Albers/Hartmann, § 260, Rdn. 1.

445   Vgl. zu dieser Staudinger-Schmidt, Einl. zu §§ 241 ff., Rdn. 479 ff., der unter Rdn. 481 zahlreiche weitere Nachweise liefert.

446   So beispielsweise im Falle des von Leymann, Mobbing, S. 33, etwas unpräzise als "Mobbing-Handlung" bezeichneten Telefonterrors. Vgl. hierzu LG Hamburg, MDR 1954, S. 630, welches von einer in zurechenbarer Weise verursachten Gesundheitsverletzung durch mehrere aufeinanderfolgende Störanrufe ausging. Eine Störung des körperlichen Wohlbefindens wurde hier

Diese Situation kann für die Problematik des Mobbing als geradezu idealtypisch angesehen werden, eben weil es sich hierbei um einen (zumeist schleichenden und subtilen) *Prozeß* der Einwirkung handelt[447]. In diesem Falle erwachsen dem gemobbten Arbeitnehmer erst in Ansehung der akkumulierten tatsächlichen Umstände entsprechende zivilrechtliche Ansprüche.

Hinsichtlich der Bandbreite der auf *sukzessive* Weise verursachbaren Rechtsgutverletzungen sowie der damit korrespondierenden Anspruchsgrundlagen kann dem Grundsatz nach auf die Ausführungen des zweiten Hauptteils, 1. Kapitel, B. I. verwiesen werden. Abweichungen hinsichtlich der dort dargelegten rechtlichen Maßstäbe ergeben sich insbesondere auch dann nicht, wenn erst durch dauerhaften, systematischen Psychoterror der Kollegen in das allgemeine Persönlichkeitsrecht des gemobbten Arbeitnehmers eingegriffen wird[448].

2. Bewertung prozeßbedingter Rechtsgutverletzungen am Beispiel der Gesundheitsverletzung

Explizit und exemplarisch soll an dieser Stelle auf den Fall verlaufsbedingter Erfolgsverursachung eingegangen werden, in welchem durch den lang andauernden Prozeß feindseliger, quälender und die Psyche belastender Verhaltensweisen der mobbenden Arbeitskollegen gesundheitliche Schädigungen auf Seiten des gemobbten Arbeitnehmers verursacht werden. Eine genauere Untersuchung stellt sich hier deswegen als geboten dar, weil auf solche Weise herbeigeführte Beschädigungen

---

wegen der durch die Ungewißheit hinsichtlich weiterer Störanrufe erzeugten Unruhe beim Betroffenen angenommen. Die Tatsache, daß sich die Störanrufe im zugrunde liegenden Fall während der Nacht zutrugen und somit auch auf die Störung der Nachtruhe abgestellt wurde, erscheint in diesem Kontext von untergeordneter Bedeutung.

447   Vgl. hierzu die Nachweise unter Fn. 29.

448   Gerade weil es sich im Falle des allgemeinen Persönlichkeitsrechts um ein sog. Rahmenrecht handelt, bei welchem die Rechtswidrigkeit nicht durch den tatbestandlichen Eingriff indiziert wird, sondern erst anhand einer am Einzelfall orientierten Güter- und Interessenabwägung festzustellen ist - vgl. Palandt-Thomas, § 823, Rdn. 184 -, kann hier das Ausmaß bzw. die Dauer des Psychoterrors von maßgeblicher Bedeutung sein. In diesem Sinne auch Etzel, b&b 1994, S. 153, 157.

der Gesundheit durchweg als sog. psychisch vermittelte Gesundheitsverletzungen einzuordnen sind, deren rechtliche Bewertung, insbesondere hinsichtlich der Frage des Verschuldens, Probleme aufwirft[449]. Inhaltlich geht es hierbei um solche Eingriffe, die nicht an der äußeren, körperlichen Verfassung des Betroffenen, sondern an dessen innerem psychischen Wohlbefinden ansetzen[450]. Verletzungsobjekt ist hier folglich die psychische Gesundheit, wohingegen aus dieser *Verletzung* Gesundheits*schäden* psychisch-pathologischer Natur (z.B. eine Neurose) oder/und solche physiologisch-körperlicher Art (z.B. ein Schlaganfall) resultieren können[451]. Insgesamt ergibt sich, bezogen auf die Problematik des Mobbing, folgende rechtliche Beurteilung:

Wird ein Arbeitnehmer systematisch über längere Zeit seitens der Kollegen gemobbt und erkrankt er infolge ihres quälenden, tyrannisierenden sowie die Psyche belastenden Verhaltens[452], so liegt eine durch die Kollegen i.S. einer conditio sine qua non verursachte Gesundheitsverletzung vor[453]. Daß eine Gesundheitsverletzung auch durch Einwirkung auf die Psyche eines Menschen in rechtlich zurechenbarer Weise herbeigeführt werden kann, steht in diesem Zusammenhang bereits seit längerer Zeit außer Zweifel[454].

Um jedoch nicht bereits die Verursachung bloßer Stimmungsbeeinträchtigungen mit haftungsrechtlichen Folgen zu belegen, wird für die Be-

---

449   Vgl. hierzu Lipp, JuS 1991, S. 809 ff.; MüKo-Mertens, § 823, Rdn. 75; Larenz/Canaris, Schuldrecht BT, Band II/2, S. 378 f.; BGHZ 93, 351 ff.; 107, 359 ff. Teilweise wird der Problemkreis auch unter dem Stichwort der "psychisch vermittelten Kausalität" behandelt; vgl. nur Soergel-Mertens, vor § 249, Rdn. 137.

450   Vgl. Lipp, JuS 1991, S. 809, 810.

451   Ebenda.

452   Vgl. hierzu die Ausführungen zu den entsprechenden gesundheitlichen Auswirkungen von Mobbing auf S. 45 ff.

453   Vgl. nur Erman-Schiemann, § 823, Rdn. 19 - 20, mit dem Hinweis auf die besondere Nähe zwischen den Schutzgütern der psychischen Gesundheit und des Persönlichkeitsrechts. Auf dieses Näheverhältnis weist auch Deutsch, Karlsruher Forum 1983, S. 93, 96, hin.

454   Vgl. BGHZ 93, 351, 355 ff.; 107,359, 363; BGH VersR 1971, S. 905, 906; 1986, S. 240, 241; JR 1990, S. 110.

gründung deliktischer Schadensersatzansprüche in einschränkender Weise gefordert, die gesundheitliche Beeinträchtigung müsse einen "Krankheitswert" besitzen, also erheblich über eine bloße Beeinträchtigung der Stimmung hinausgehen[455]. Notwendiges, aber in gleicher Weise hinreichendes Kriterium muß hier sein, ob aus ärztlicher Perspektive die Behandlung der psychischen Störung des gemobbten Arbeitnehmers geboten ist, was insbesondere dann der Fall sein wird, wenn nicht damit gerechnet werden kann, daß die Folgen von selbst abklingen, oder zu befürchten steht, daß ohne ärztliche Behandlung eine dauernde gesundheitliche Störung zurückbleibt[456].

Die Ursächlichkeit des Verhaltens der Kollegen für den eingetretenen Verletzungserfolg kann im Falle nachhaltig praktizierten Psychoterrors[457] auch unter Berücksichtigung des haftungsrechtlichen Korrektivs der Adäquanztheorie[458] nicht in Frage gestellt werden, da Störungen der psychischen Gesundheit in einem solchen Falle keineswegs als ungewöhnlich oder gar unvorhersehbar einzustufen sind[459].

War die Verursachung der Verletzung der psychischen Gesundheit nicht beabsichtigt, sondern sollte der gemobbte Arbeitnehmer etwa "nur" aus dem Betrieb gedrängt werden oder wollten sich die Kollegen lediglich die Zeit vertreiben, so kommt mangels entsprechenden Verletzungsvor-

---

455 MüKo-Mertens, § 823, Rdn. 74, Fn. 117 i.V.m. Rdn. 75. Auf die grundsätzliche Notwendigkeit einer gewissen Zurückhaltung bei der Bejahung von Gesundheitsverletzungen im psychischen Bereich verweist mit Recht auch Deutsch, Karlsruher Forum 1983, S. 93, 94, der hier ausführt, angesichts der entsprechenden unterschiedlichen Empfindlichkeit der einzelnen Personen müsse einem Übermaß an Haftung vorgebeugt werden.

456 Vgl. MüKo-Mertens, § 823, Rdn. 75, mit Hinweis darauf, daß als Abgrenzungskriterien gegenüber bloßen seelischen Erschütterungen zum Teil auch physiologische Auswirkungen oder funktionelle körperliche Beeinträchtigungen von einiger Erheblichkeit gefordert werden.

457 Im Gegensatz zu der hier vertretenen Auffassung geht Deutsch, Karlsruher Forum 1983, S. 93, 94, im Falle von durch Psychoterror verursachter Gesundheitsschäden sogar stets vom Vorliegen einer finalen, vorsätzlichen Gesundheitsverletzung aus.

458 Zur Adäquanzlehre vgl. nur die Nachweise unter Fn. 307.

459 Dies wird allerdings dann nicht mehr bejaht werden können, falls sich auf Seiten des Gemobbten extreme, nicht zu erwartende Schadensanlagen realisieren; vgl. nur Staudinger-Medicus, § 249, Rdn. 54 m.w.N.

satzes eine in fahrlässiger Weise verursachte Gesundheitsverletzung gem. § 823 I BGB sowie § 823 II BGB i.V.m. § 229 StGB in Betracht.

Hier ist es im Hinblick auf die Begründung zivilrechtlicher Schadensersatzansprüche nach allgemeinem Verständnis ausreichend, wenn sich das Verschulden der mobbenden Arbeitskollegen auf die einschlägige Rechtsgutverletzung bzw. Schutzgesetzverletzung - sog. tatbestandlicher Erfolg oder auch Erstverletzung in Form der Verletzung der psychischen Gesundheit - erstreckt[460]. Im Gegensatz zu dieser Kausalkette (sog. haftungsbegründende Kausalität) bezieht sich der Fahrlässigkeitsvorwurf hingegen nicht mehr auf die Verknüpfung dieses ersten Verletzungserfolges mit den daraus entstehenden Schäden (sog. haftungsausfüllende Kausalität)[461].

Im Widerspruch zu den o.g. zivilrechtlichen Grundsätzen stehen jedoch die Aussagen einiger Entscheidungen des Bundesgerichtshofes. Dieser führte beispielsweise in einem Urteil aus dem Jahre 1976[462] aus:

"Daß ein Gesundheitsschaden auch durch Einwirkung auf die Psyche des Verletzten in rechtlich zurechenbarer Weise herbeigeführt werden kann, ist freilich seit langem anerkannt .... Soweit es jedoch dabei unmittelbar um die Verantwortung für den psychisch vermittelten Gesundheitsschaden geht, ist erforderlich, daß sich das Verschulden des Täters auf diese Auswirkungen erstreckt"[463].

---

460   Vgl. Jauernig-Teichmann, vor §§ 249-253, Rdn. 24; Larenz/Canaris, Schuldrecht BT, Bd. II/2, S. 353; Kötz, Rdn. 159 i.V.m. Rdn. 164; Lange, § 3 II i.V.m. § 2 V 1, der darauf hinweist, daß bei Delikten der Verletzungs*schaden* nicht mit dem Eingriff in ein absolut geschütztes Rechtsgut (also der Rechtsgutverletzung) gleichzusetzen sei, sondern daß es hierbei um den durch den Eingriff hervorgerufenen Primärschaden gehe, auch wenn dieser zeitlich oftmals mit dem Eingriff zusammenfalle; a.A. hingegen Friese, S. 6, der Rechtsgutverletzung und Primärschaden gleichsetzt.

461   Vgl. Jauernig-Teichmann, vor §§ 249-253, Rdn. 24; Larenz/Canaris, Schuldrecht BT, Bd. II/2, S. 353; Friese, S. 7.

462   Vgl. BGH NJW 1976, S. 1143, 1144.

463   Diese Aussage wird bestätigt durch BGHZ 93, 351, 357.

Diese Aussage läßt sich nur in dem Sinne verstehen, daß das Erfordernis des Verschuldens im Falle psychisch vermittelter Gesundheitsverletzungen über die Rechtsgutverletzung bzw. Normverletzung (Verletzung
der psychischen Gesundheit) hinaus auch auf den konkreten Verlet-
zungsschaden (Neurose, Schlaganfall etc.) auszudehnen sei. Diese
Auffassung ist jedoch schon dem Grundsatz nach abzulehnen. Denn die
Ansicht, das Verschulden des Täters (bzw. Mobbers) habe sich im Falle
psychischer Einwirkung auf den konkret eintretenden Verletzungsscha-
den zu beziehen, entbehrt im Hinblick auf die Gleichwertigkeit von körperlicher und psychischer Gesundheit[464] einer sachlich-dogmatischen
Begründung[465]. Dieser Ansicht liegt vielmehr die unrichtige Gleichsetzung von verschuldensabhängiger *Verletzung* und verschuldensunab-
hängigem *Schaden* zugrunde[466].

Selbst wenn man aber dem BGH in der Sache folgen wollte, so stünde
die durch ihn vertretene Auffassung im Falle der Herbeiführung von Gesundheitsschäden durch Mobbing der Bejahung eines entsprechenden
Verschuldens der mobbenden Arbeitskollegen nicht entgegen. Vielmehr
ließe sich in Bezug auf die spezielle Problematik des Psychoterrors am
Arbeitsplatz eine Vorhersehbarkeit bzw. eine fahrlässige Herbeiführung
der konkret eintretenden Gesundheitsschäden seitens der mobbenden
Arbeitskollegen durchweg begründen. Denn daß sich als Folge des hier
erzeugten Belastungs- bzw. Streßpotentials mannigfache Gesundheitsschäden, gleichgültig ob psychisch-pathologischer oder physiologisch-
körperlicher Art, ergeben können, muß für jeden der am Mobbing-Prozeß
beteiligten Arbeitskollegen - gerade im Falle permanenten und nachhal-
tigen Einwirkens - erkennbar sein[467]. Eine Haftung gem. § 823 I BGB

---

464   Vgl. nur Staudinger-Schäfer, § 823, Rdn. 24 m.w.N.

465   So auch Lipp, JuS 1991, S. 809, 810.

466   Diese ist freilich in der Rechtsprechung des öfteren anzutreffen. Vgl. nur KG,
       VersR 1987, S. 105: "Fahrlässig handelt derjenige, der die im Verkehr
       erforderliche Sorgfalt außer acht läßt...., wobei der *rechtswidrige Erfolg* - hier
       der *Herzinfarkt als Gesundheitsschaden* - ...allgemein vorhersehbar (und
       vermeidbar) gewesen sein muß".

467   Zu den insoweit in Betracht zu ziehenden gesundheitlichen
       Beeinträchtigungen vgl. die Ausführungen und Nachweise auf S. 45 ff.

bzw. § 823 II BGB i.V.m. § 229 StGB ist im Falle entsprechender Erfolgsverursachung folglich zu bejahen[468].

Ist die als Folge des praktizierten Mobbings einzuordnende Gesundheitsverletzung hingegen mit zielgerichtetem Erfolgswillen der Mobber
herbeigeführt worden, wurde sie seitens dieser als notwendigerweise
eintretend erkannt oder zwar als mögliche Folge mißbilligt, aber gleichwohl in Kauf genommen, so liegt je nach dem Grade des Vorsatzes eine
absichtliche, direkt vorsätzliche bzw. indirekt vorsätzliche Erfolgsverursachung vor[469]. Auf die entsprechende zivilrechtliche Beurteilung haben
diese Abstufungen keinen weiteren Einfluß. Unabhängig von der konkreten Form des Vorsatzes ergibt sich hier eine Haftung aus § 823 I BGB
sowie aus § 823 II BGB i.V.m. § 223 StGB wegen vorsätzlicher Gesundheitsverletzung.

Des weiteren kommt in den Fällen der vorsätzlichen Gesundheitsverletzung eines Arbeitnehmers durch lang anhaltenden Psychoterror seitens
eines oder mehrerer Kollegen eine Haftung wegen sittenwidriger vorsätzlicher Schädigung nach § 826 BGB in Betracht[470]. Die erforderliche
Sittenwidrigkeit der Schädigung[471] wird schon aufgrund der Planmäßig-
keit des hier zu beobachtenden Gesamtverhaltens gegenüber dem Geschädigten zu bejahen sein; sie kann ferner aus dem Ausnutzen der
Unterlegenheit des gemobbten Arbeitnehmers resultieren, falls dieser

---

468   Dies nicht zuletzt deswegen, als hier auch die Einschlägigkeit weiterer
      Haftungskorrektive, wie beispielsweise Schutzzweckgesichtspunkte, nicht
      erkennbar ist. Gerade gegenüber den insoweit relevanten Fällen der "Schock-
      bzw. Fernwirkungsschäden", welche ebenfalls unter dem Stichwort der
      "psychisch vermittelten Gesundheitsbeeinträchtigung" diskutiert werden,
      besteht keine Vergleichbarkeit, da im Falle von Mobbing unmittelbar, beim
      "Schock- bzw. Fernwirkungsschaden" jedoch nur mittelbar und oftmals zufällig
      in den Bereich der Gesundheit eines anderen eingegriffen wird; zum "Schock-
      bzw. Fernwirkungsschaden" vgl. BGHZ 56, 163 ff., 170; Soergel-Mertens, vor
      § 249, Rdn. 137; Kupisch/Krüger, S. 48 f. i.V.m. S. 55, sowie Palandt-
      Heinrichs, Vorbem. v. § 249, Rdn. 71 i.V.m. Rdn. 88.

469   Zu den verschieden Vorsatzformen vgl. Staudinger-Löwisch, § 276, Rdn. 17
      m.w.N.

470   So auch Etzel, b&b 1994, S. 153, 157, der allerdings keine weitere
      Begründung gibt.

471   Zum Begriff vgl. die Ausführungen auf S. 96 f.

sich etwa einer Vielzahl mobbender Arbeitskollegen gegenübersieht[472].
Das Verdikt der Sittenwidrigkeit ist hier nicht zuletzt deswegen angebracht, als es moralisch in höchstem Maße verwerflich erscheint, einen
Kollegen solange psychisch zu terrorisieren, bis dieser gesundheitlichen
Schaden nimmt. Darüber hinaus muß jedoch ein (zumindest bedingt)
vorsätzliches Verhalten des bzw. der Mobber(s) vorliegen[473]. Dieses hat
sich auf die die Sittenwidrigkeit der Gesundheitsverletzung begründen-
den Umstände zu beziehen[474]. Ferner muß sich der Vorsatz der mobbenden Arbeitskollegen, soll eine Haftung aus § 826 BGB entstehen,
auch auf den Gesundheits*schaden* beziehen. Dies gilt für die gesamten
Schadensfolgen (einschließlich Folgeschäden). Freilich ist keine detail-
lierte Kenntnis von Schadenshöhe sowie Kausalverlauf notwendig; ausreichend ist vielmehr, daß der bzw. die mobbbende(n) Arbeitskollege(n)
den konkret eingetretenen Gesundheitsschaden seiner Art nach für
möglich gehalten und dennoch für den Fall seines Eintritts billigend in
Kauf genommen hat/haben[475].

**3. Zur haftungsrechtlichen Problematik dauerhaften Einwir-
kens auf den Arbeitnehmer im Wege sog. sozialadäquater
Verhaltensweisen**

**a) Einführung in die Problematik sowie Darstellung eines ty-
pischen Sachverhaltes**

Rechtlich in besonderem Maße problematisch erscheinen Gesche-
hensabläufe, innerhalb derer auf subtile Art und Weise dauerhaft durch
die Kollegen (oder auch durch den Arbeitgeber) auf den betroffenen Arbeitnehmer eingewirkt wird. Eine solche Vorgehensweise ist im Rahmen

---

472   Vgl. zu diesen beiden Aspekten Larenz/Canaris, Schuldrecht BT, Bd. II/2,
     S. 453.

473   Vgl. BGH WM 1976, S. 498, 500; Palandt-Thomas, § 826, Rdn. 10; Jauernig-
     Teichmann, § 826, Rdn. 9.

474   Vgl. nur Palandt-Thomas, § 826, Rdn. 11 m.w.N.

475   Zu den im Rahmen von § 826 BGB an den Vorsatz zu stellenden
     Anforderungen im Hinblick auf den Schaden vgl. BGHZ 108, 134, 143 f.;
     Kupisch/Krüger, S. 73 f.; Larenz/Canaris, Schuldrecht BT, Bd. II/2, S. 454;
     MüKo-Mertens, § 826, Rdn. 62.

des behandelten Problemkreises von hoher Relevanz, da Arbeitnehmer, die einen Kollegen durch feindseliges kommunikatives Verhalten psychologisch unter Druck setzen bzw. terrorisieren möchten, in Ansehung möglicher zivil- oder auch strafrechtlicher Konsequenzen i.d.R. bestrebt sein werden, deutliche Eingriffe in die rechtlich geschützte Sphäre des betroffenen Arbeitnehmers[476] zu vermeiden[477]. Vielmehr wird der Versuch unternommen werden, einen Mitarbeiter mit vielen "unfeinen", aber im Einzelfall durch die Gesellschaft möglicherweise noch tolerierten Verhaltensweisen systematisch zu tyrannisieren[478].

Ein der Exemplifikation dienender Fall:

In einem Großraumbüro des Betriebes X arbeiten ausschließlich männliche Kollegen (B, C, D und E). Diese sind allesamt schon seit Jahren in der dortigen Abteilung tätig. Die vier Kollegen verstehen sich prächtig, gehen gemeinsam zu Tisch und unternehmen ab und an auch in ihrer Freizeit etwas gemeinsam.
Eines Tages wird die Arbeitnehmerin A in die Abteilung versetzt. Dies ist B-E von Anfang an ein Dorn im Auge. Insbesondere fühlen sich die Kollegen durch die Anwesenheit "der Frau" gehemmt, ihrer Lieblingsbeschäftigung, der beifallheischenden Kundgabe (meist frei erfundener) "Liebesabenteuer", nachzugehen. "Auch sonst" ist ihnen die A von Anfang an unsympathisch. Als letztere in der Folge für ihre Leistung am Arbeitsplatz vom Vorgesetzten Z auch noch das Lob erhält, auf welches B-E seit Jahren warten, beschließen die vier Kollegen, sich die Stimmung im Büro nicht "von der Frau zerstören zu lassen"; "man werde ihr das Leben am Arbeitsplatz zur Hölle machen und wolle einmal sehen, ob man die A nicht auf diese Weise loswerden könne". Von nun an behandeln die vier Kollegen die A "wie Luft" und reden kein Wort mehr mit ihr. Ausnahmen hiervon machen sie nur, wenn dies zur Bewältigung der be-

---

476   Zu diesen deutlichen - in juristischer Hinsicht daher i.d.R. als verhältnismäßig unproblematisch zu beurteilenden - Eingriffen vgl. die im zweiten Hauptteil, Kapitel 1, B. I. aufgeführten Beispiele.

477   Vgl. Neuberger, Mobbing, S. 92.

478   Vgl. Gralka, BB 1995, S. 2651, 2654, der hier treffend von "vielen kleinen Nadelstichen" spricht.

trieblichen Erfordernisse zwingend nötig ist. Fragt die A beim Vorgesetzten Z nach, wie eine Arbeitsanweisung zu verstehen sei, so schütteln B-
E nur den Kopf. Kritisiert der Vorgesetzte Z vereinzelt ihre Arbeit, so grin-
sen B-E die A zufrieden an. Blickkontakte mit der A werden streng vermieden; kommt es aber doch zu solchen, so sind die Blicke der Kollegen
durchweg abwertender Natur. Betritt die A das Zimmer, so rümpfen B-E
nur die Nase.

Das körperliche Wohlbefinden der A verschlechtert sich daraufhin zusehends. Obwohl die Kollegen die Auswirkungen ihres Vorgehens regi-
strieren, beschließen sie, "von dem einmal beschrittenen Wege nicht
mehr abzuweichen". Ist die A anfangs lediglich angespannt und nervös,
so kommt es im weiteren Verlauf zu massiven Schlafstörungen. Nach einem Jahr wird sie schließlich wegen schwerer Depressionen und psychosomatischer Störungen krankgeschrieben. Weitere sechs Monate
später kündigt die A ihr Anstellungsverhältnis.

Verhaltensweisen von Arbeitskollegen, wie sie am Beispiel der Arbeitnehmer B-E exemplarisch aufgeführt worden sind, stellen innerbetriebliche Umgangsformen dar, welche in moralischer Hinsicht entschieden zu
mißbilligen und darüber hinaus einer Konfliktbewältigung eher abträglich denn dienlich sind. Insgesamt betrachtet erscheint der o. skizzierte
und für die Problematik des Mobbing als geradezu typisch einzuordnende Prozeß systematischer Einwirkung weiterhin geeignet, schwer-
wiegende Schäden auf Seiten des betroffenen Arbeitnehmers zu verursachen[479].

Es stellt sich jedoch die Frage, ob sich nicht diese und vergleichbare
Formen zwischenmenschlicher Kommunikation noch im Rahmen der sozialethischen Ordnung unserer Gesellschaft bewegen und daher von
dieser gestattet werden. Gerade eine auf den Einzelfall ausgerichtete
Betrachtungsweise könnte dies nahelegen. In diesem Kontext ist innerhalb der einschlägigen Literatur der Begriff des "sozialadäquaten Ver-

---

[479]   Im o. aufgeführten Fallbeispiel ist jedenfalls von einer
Gesundheitsbeschädigung der Arbeitnehmerin A gem. § 823 I BGB
auszugehen, welche im Sinne der Äquivalenztheorie durch die Arbeitskollegen
verursacht wurde.

haltens" herangezogen worden[480]. Unter Hinweis auf diese Rechtsfigur beweifelt *Däubler* eine Haftung von Arbeitnehmern gem. § 823 I BGB für den Fall subtilen Einwirkens auf einen Kollegen in o. skizzierter Form[481]; *Gralka* verneint, ebenfalls unter Heranziehung der Sozialadäquanzlehre, eine solche Haftung gänzlich[482].

b) Haftungsausschluß innerhalb von § 823 I und II BGB we - gen des Vorliegens "sozialadäquaten Verhaltens" ?

Es muß fraglich erscheinen, ob und in welchem Umfang eine Haftung von Arbeitnehmern untereinander aufgrund der Einordnung verschiedener Verhaltensweisen als sozialadäquat entfallen kann. Denn sowohl der Begriff als auch die dogmatische Einordnung der Rechtsfigur des sozialadäquaten Verhaltens sind nach wie vor höchst umstritten[483].

aa) Der Meinungsstand zum "sozialadäqua ten Verhalten" in - nerhalb der Literatur

Von den Anhängern der Sozialadäquanzlehre wird vertreten, all diejenigen Verhaltensweisen seien einem Unwerturteil entzogen, welche sich innerhalb des Rahmens der geschichtlich gewachsenen sozialethischen Ordnung des Gemeinschaftslebens bewegten und daher von dieser gestattet würden[484]. Gehen hierbei einige Befürworter von einem Aus-

---

480 Die Belege sind aufgrund der im allgemeinen zaghaften Bearbeitung des Problemkreises innerhalb der juristischen Literatur freilich spärlich; vgl. dennoch Däubler, BB 1995, S. 1347, 1348; Gralka, BB 1995, S. 2651, 2653; Dieball, BB 1996, S. 483, 484.

481 BB 1995, S. 1347, 1348.

482 BB 1995, S. 2651, 2653.

483 Einen Überblick liefern BGB-RGRK-Steffen, § 823, Rdn. 122-123, sowie Soergel-Zeuner, § 823, Rdn. 3, beide mit zahlreichen weiteren Nachweisen. Vgl. ferner die grundlegenden Abhandlungen von Nipperdey, NJW 1957, S. 1777 ff. und NJW 1967, S. 1985 ff., sowie Deutsch, FS für Welzel, S. 227, 237 ff.

484 So insbesondere Nipperdey, NJW 1957, S. 1777, in Anlehnung an Welzel, der die genannte Definition der sozialadäquaten Handlung für den strafrechtlichen Bereich etablierte; vgl. hierzu Deutsch, FS für Welzel, S. 227, 237 m.w.N.

schluß des jeweiligen Verletzungstatbestandes aus[485], so läßt sich ganz überwiegend eine Qualifizierung des sozialadäquaten Verhaltens als die Rechtswidrigkeit ausschließend feststellen[486].

Dieser weitgehend bezüglich des Tatbestandes des § 823 I BGB entwickelte Ansatz muß sich zwangsläufig auch auf § 823 II BGB erstrecken, da hinsichtlich beider Tatbestände anerkanntermaßen ein einheitlicher Katalog von Rechtfertigungsgründen den Ausschluß der Rechtswidrigkeit zur Folge hat[487]. Bei der Berücksichtigung der Sozialadäquanz bereits auf tatbestandlicher Ebene ergeben sich ohnehin keine Unterschiede.

Funktionell läßt sich der in Rede stehende Ansatz als Haftungsausschluß charakterisieren. Dieser soll sich insbesondere auf unwesentliche, durch soziales Zusammenleben bedingte Belästigungen erstrecken (z.B. auf "Freiheitsberaubungen" i.V.m. Bahn-, Bus- oder Flugreisen sowie auf "Körperverletzungen" anläßlich des Haare-Schneiden-Lassens)[488]. Weiterhin von einer Haftung freigestellt werden sollen unvermeidliche Gefährdungen geschützter Güter im Wege zugelassener Lebensführung (beispielsweise durch Teilnahme am Straßenverkehr, am Sport, am Leistungswettbewerb, am Arbeitskampf sowie durch lege artis vorgenommene ärztliche Behandlungen)[489]. Komme es trotz der Ausrichtung

---

[485] Vgl. nur Nipperdey, Zeitungsstreik-Rechtsgutachten, S. 39 ff., der jedoch selbst in der Folge zu einer Einordnung des sozialadäquaten Verhaltens auf der Ebene der Rechtswidrigkeit überging; vgl. ders., in: Enneccerus/Nipperdey, Allg. Teil, § 209 V.

[486] Wobei - im Ergebnis ohne nennenswerte Konsequenz - teilweise von einem allgemeinen Rechtfertigungsgrund, teilweise von einem positiven Unrechtselement in Form der Sozialinadäquanz ausgegangen wird; vgl. Nipperdey, NJW 1957, S. 1777, 1779, sowie ders., NJW 1967, S. 1985, 1993. Zur Einordnung als Rechtfertigungsgrund vgl. ferner Wieacker, JZ 1957, S. 535, 536, und Säcker, ZRP 1969, S. 60, 61. Weitere Nachweise finden sich bei Soergel-Zeuner, § 823, Rdn. 3, sowie Deutsch, Allgemeines Haftungsrecht, Rdn. 291, Fn. 244.

[487] Vgl. Staudinger-Schäfer, § 823, Rdn. 610; Soergel-Zeuner, § 823, Rdn. 255; BGB-RGRK-Steffen, § 823, Rdn. 559 i.V.m. Rdn. 375 ff.

[488] Vgl. Nipperdey, NJW 1957, S. 1777, 1778; vgl. ferner Engisch, FS zum hundertjährigen Bestehen des Deutschen Juristentages, Bd. I., S. 401, 417, Fn. 42, der hier den Begriff der "harmlosen Handlungen" verwendet.

[489] Vgl. BGB-RGRK-Steffen, § 823, Rdn. 122.; Deutsch, Allgemeines Haftungsrecht, Rdn. 610; ders., FS für Welzel, S. 227, 240 m.w.N.

an den Regeln des Gemeinschaftslebens zu Schädigungen, so seien diese unvermeidbar und stellten folglich kein Unrecht, sondern lediglich ein Unglück dar[490]. Habe sich der Verletzte am Sorgfaltsmaßstab des § 276 I S. 2 BGB gemessen verkehrsrichtig verhalten und unvorsätzlich eine Schutzgüterverletzung herbeigeführt, so sei die Rechtswidrigkeit des fraglichen Verhaltens prinzipiell ausgeschlossen[491].

Dem o. aufgezeigten Ansatz wird teilweise ganz entschieden entgegengetreten[492]. Im wesentlichen geht die Kritik dahin, daß zum einen durch den Gesichtspunkt der sozialen Adäquanz die Rechtswidrigkeit einem unsicheren, generalklauselartigen Wertungmaßstab unterzogen werde, was Sinn und Zweck des gesetzlichen Tatbestandes des § 823 I BGB - der Vertypung des Unrechts in leicht feststellbare Fallgruppen - entgegenstehe[493]. Zum anderen wird der Einwand erhoben, man löse bei der Prüfung der Sozialadäquanz durch das Abstellen auf einen Verstoß gegen bestimmte Verhaltensnormen oder doch jedenfalls auf einen solchen gegen das allgemeine Sorgfaltsgebot des § 276 I S. 2 BGB die deutliche Grenzziehung zwischen Rechtswidrigkeit und Fahrlässigkeit auf[494].

bb) Die Einordnung "sozialadäquaten Verhaltens" durch die Rechtsprechung

Eine Auseinandersetzung mit der Problematik sozialadäquaten Verhaltens ist innerhalb der Rechtsprechung nur bruchstückhaft und in der

---

490   Vgl. Nipperdey, NJW 1957, S. 1777, 1778.

491   Enneccerus/Nipperdey, Allg. Teil., § 209 IV B 2 b.

492   Vgl. nur Esser-Schmidt, Teilband. 2, § 25 IV.1.b.; Stoll, JZ 1958, S. 137, 141-142; Weitnauer, Karlsruher Forum 1961, S. 28, 30 ff.; BGB-RGRK-Steffen, § 823, Rdn. 122; Soergel-Zeuner, § 823, Rdn. 3 m.w.N.; Enneccerus/Lehmann, § 231 III.6. sowie § 234 I.1.b.

493   Vgl. Enneccerus/Lehmann, a.a.O.; Larenz, Schuldrecht BT, § 72 I c., mit Hinweis auf die gesetzgeberische Intention, wonach die Verletzung bestimmter Rechte bzw. Lebensgüter grundsätzlich mißbilligt werden sollte ("Indikation der Rechtswidrigkeit").

494   Aus der großen Anzahl der Stimmen vgl. nur Larenz, a.a.O.; Reinhardt, Karlsruher Forum 1961, S. 7 f.; Rudolf Schmidt, NJW 1958, S. 488 f; Wussow, NJW 1958, S. 891, 894.

Tendenz zurückhaltend erfolgt. Die vorliegenden Äußerungen ergeben zum gegenwärtigen Zeitpunkt kein einheitliches Bild.

Der BGH (Großer Senat) setzte sich der Sache nach erstmalig 1957 mit der Problematik des sozialadäquaten Verhaltens auseinander. Er verneinte hier die Rechtswidrigkeit einer im Straßen- bzw. Eisenbahnverkehr beigebrachten Körperverletzung mit der Begründung, es habe trotz Herbeiführung des Verletzungserfolges ein den Ge- und Verboten der Verkehrsordnung entsprechendes Verkehrsverhalten vorgelegen; dieses verkehrsrichtige, ordnungsgemäße Verhalten stehe der Qualifizierung der verursachten Schädigung als rechtswidrig entgegen[495]. Gleichwohl vermied der BGH hier eine prinzipielle Festlegung, indem er es ausdrücklich dahinstehen ließ, ob es sich bei dem - durch ihn ausdrücklich auf den Straßen- und Eisenbahnverkehr beschränkten - Ergebnis um einen Sonderfall der Anwendung des Rechtsgedankens der sog. sozialen Adäquanz handele[496].

Ähnlich zurückhaltend äußerte sich der BGH in einer aus dem Jahre 1975 stammenden Entscheidung[497]. Er verneinte hier zwar Schadensersatzansprüche eines Fußballers wegen seiner beim Fußballspiel erlittener Verletzungen mit der Begründung, der Nachweis eines nicht regelkonformen Verhaltens des Mitspielers sei nicht erbracht worden. Ausdrücklich unbeantwortet ließ er jedoch die Frage, ob eine trotz regelgerechten Verhaltens beigebrachte Verletzung als sozialadäquat anzusehen sei oder ob hier ein "Handeln auf eigene Gefahr" vorliege, da jeden-

---

[495] BGHZ 24, 21, 26. Vgl. hierzu die kritische Auseinandersetzung mit der Entscheidung seitens Wiethölter, Der Rechtfertigungsgrund des verkehrsrichtigen Verhaltens, der hier auf S. 7 das Fehlen einer präzisen Begründung für die entsprechende Behauptung des BGH moniert. Ähnlich harte Kritik erfährt die genannte Entscheidung durch Dunz, Karlsruher Forum 1983, S. 97-98, der sie gar "mißglückt" (a.a.O., S. 97) nennt und hinzufügt, der Beschluß werde zwar "noch zitiert, aber nicht mehr praktiziert" (a.a.O., S. 98 m.w.N.). Zur weitgehenden Ablehnung der theoretischen Grundlagen der genannten Entscheidung des Bundesgerichtshofes durch das Schrifttum vgl. schließlich Staudinger-Schäfer, § 831, Rdn. 131 m.w.N.

[496] BGHZ 24, 21, 26. Larenz, Schuldrecht BT, § 72 I.c., weist diesbezüglich m.E. zu Recht daraufhin, daß der BGH hier nicht konsequent verfahren sei, da es für eine gesonderte Bewertung des Rechtswidrigkeitsurteils im Bereich des Straßen- und Eisenbahnverkehrs keinen Grund gebe.

[497] BGHZ 63, 140 ff.

falls eine entsprechende Inkaufnahme des Verletzten unterstellt werden könne[498].

Explizit wurde die Möglichkeit sozialadäquaten Verhaltens durch den BGH in einer aus dem Jahre 1978 stammenden Entscheidung anerkannt[499]. Hier verneinte der BGH die Haftung einer Schutzgemeinschaft für die Sicherung von Kleinkrediten wegen einer von ihr erstatteten Fehlmeldung, indem er ausführte, eine Rechtswidrigkeit des Verhaltens der Schutzgemeinschaft sei nicht gegeben; vielmehr habe sie verkehrsrichtig und sozialadäquat gehandelt, da es Sache der die Meldung empfangenden Bank gewesen sei, vor der Einleitung weiterer Maßnahmen gegenüber ihrem Kunden eine entsprechende Indentitätskontrolle vorzunehmen[500].

Anerkennung fand der Rechtsgedanke des sozialadäquaten Verhaltens ferner im Jahre 1955 innerhalb der Rechtsprechung des Bundesarbeitsgerichts[501]. Der Große Senat des BAG[502] führte hier aus, Unterbrechungen der betrieblichen Arbeitstätigkeit durch Arbeitskampfmaßnahmen wie Streik und Aussperrung seien, soweit letztere gewisse Voraussetzungen erfüllten, als sozialadäquat hinzunehmen, da die beteiligten Arbeitnehmer und Arbeitgeber mit solchen kampfweisen Störungen unter gewissen Umständen rechnen müßten und die deutsche freiheitliche

---

498   BGHZ 63, 140, 142-143 und 149. Einen die Rechtswidrigkeit ausschließenden Rechtfertigungsgrund sah jedoch das OLG München gegeben im Falle der "Einhaltung sportlicher Regeln"; vgl. NJW 1970, S. 2297.

499   BGH NJW 1978, S. 2151, 2153.

500   A.a.O., S. 2152-2153, unter Berufung auf die "Notwendigkeiten des modernen Bank- und Kreditverkehrs".

501   Vgl. BAGE 1, 291, 300. Einen gut strukturierten Überblick über die vorbenannte Entscheidung bietet Bock, S. 60 ff. Zur Sozialadäquanz von Arbeitskampfmaßnahmen vgl. ferner BAG DB 1959, S. 143.

502   Vorsitzendes Mitglied desselben war freilich Hans Carl Nipperdey - wie o. mehrfach dargelegt einer der bekanntesten Vertreter der Sozialadäquanzlehre - in seiner Eigenschaft als erster Präsident des Bundesarbeitsgerichts; vgl. hierzu die damalige Fassung des § 45 I ArbGG, abgedruckt in Dietz/Nikisch, § 45, Vor Rdn. 1 i.V.m. Brockhaus Enzyklopädie, 15. Band, Stichwort "Nipperdey".

Rechtsordnung derartige Arbeitskämpfe bzw. Arbeitskampfmaßnahmen als ultima ratio anerkenne[503].

cc) Stellungnahme

Auf subtile Art und Weise seitens der Arbeitskollegen vorgetragener Psychoterror gegenüber einem Arbeitnehmer ist prinzipiell geeignet, zivilrechtliche Schadensersatzansprüche zu begründen. Die Rechtsfigur des sozialadäquaten Verhaltens liefert hinsichtlich des dauerhaften Unterdrucksetzens der Psyche eines Dritten keinen Anknüpfungspunkt für einen generellen Haftungsausschluß innerhalb von § 823 I und II BGB. Sie bietet im Falle einer hieraus resultierenden Rechtsgutverletzung insbesondere keine ausreichende Grundlage für die Unterstellung eines entsprechenden Tatbestandsausschlusses oder Rechtfertigungsgrundes.

Gegen eine Anerkennung sozialadäquaten Verhaltens als tatbestandsauschließendes bzw. rechtfertigendes Moment innerhalb des Zivil- und Arbeitsrechts sprechen bereits die nach wie vor bestehenden Unsicherheiten, welche in Rechtsprechung und Literatur hinsichtlich dieser Rechtsfigur auszumachen sind[504].

So widerspricht die Rechtsfigur des sozialadäquaten Verhaltens zum einen der doch stark erfolgsbezogenen Intention des Gesetzgebers innerhalb des § 823 BGB. Der Gesetzgeber wollte hier einen Maßstab hinsichtlich der Frage liefern, wann die Schädigung eines anderen als ein "unerlaubtes", im Falle schuldhaften Vorgehens zum Ersatz verpflichtendes Verhalten einzustufen ist. Seine Auffassung ging dahin, in der Erfüllung der tatbestandlichen Norm grundsätzlich eine Indikation

---

[503]   BAGE 1, 291, 300, 307. Auch wenn heute üblicherweise von der "Rechtmäßigkeit" anstatt der "Sozialadäquanz" von Arbeitskampfmaßnahmen gesprochen wird, so beanspruchen die innerhalb der angeführten Entscheidung entwickelten Rechtsgrundsätze des Arbeitskampfrechtes immer noch Geltung; vgl. hierzu Bock, S. 60.

[504]   Vgl. nur Deutsch, Allgemeines Haftungsrecht, Rdn. 291, der darauf hinweist, aufgrund der Unsicherheit bei Qualifizierung und Einordnung des Instituts der Sozialadäquanz sei die einfache Übernahme desselben in das Haftungsrecht verhindert worden. Ähnlich auch Staudinger-Schäfer, § 823, Rdn. 4.

der Rechtswidrigkeit zu erblicken und nur bei Vorliegen eines besonderen Rechtfertigungsgrundes von einer Rechtmäßigkeit des jeweiligen Verhaltens auszugehen[505]. Diese nicht zuletzt vom Gedanken der Rechtssicherheit getragene gesetzgeberische Intention würde durch eine Generalklausel des sozialadäquaten Verhaltens unterlaufen[506].

Zum anderen entspricht die innerhalb der Sozialadäquanzlehre festzustellende Gleichsetzung der "Beachtung der im Verkehr erforderlichen Sorgfalt" mit der Rechtmäßigkeit des entsprechenden Verhaltens nicht der Systematik des BGB. So nennt das Gesetz in § 823 I BGB als Haftungsvoraussetzung ausdrücklich neben der Schuld die Widerrechtlichkeit der Verletzung.

Des weiteren ist die o.g. Gleichsetzung im Bereich der - auszugsweise noch zu behandelnden - negatorischen bzw. quasinegatorischen Abwehransprüche, etwa nach §§ 1004, 1027, 1065, 1090 II BGB nicht durchzuhalten. Hier wird nämlich dem Inhaber der jeweils rechtlich geschützten Position im Falle der Beeinträchtigung seines Rechts die Möglichkeit eingeräumt, von dem "Störer" die Beseitigung der Beeinträchtigung zu verlangen, sofern diese nicht von der Rechtsordnung gestattet wird. Bei unmittelbar *drohender* Rechtsgutverletzung (also im Falle der ernstlichen Gefahr *zukünftiger* Beeinträchtigung) kommt ein entsprechender Unterlassungsanspruch in Betracht. Aus dem Rechtsgedanken des § 1004 BGB wiederum ist der allgemeine Grundsatz entwickelt worden, daß jedes "absolute" Recht gegen objektiv widerrechtliche, nicht durch einen besonderen Grund erlaubte Beeinträchtigungen durch einen entsprechenden Beseitigungs- bzw. (vorbeugend geltend zu machenden) Unterlassungsanspruch geschützt ist[507]. Hierfür kann es aber gerade nicht darauf ankommen, ob der Störer die gebotene Sorgfalt außer acht gelassen hat. Die Beurteilung der Widerrechtlichkeit der Beein-

---

505   Vgl. Motive Band II, S. 726, sowie RGZ 50, 60, 65, und BGHZ 24, 21, 27-28.

506   Letztendlich geht es auch hier um den Streit zwischen den Lehren des Erfolgs- sowie des Handlungsunrechts; vgl. hierzu Staudinger-Schäfer, § 823, Rdn. 1 ff. m.w.N.

507   Vgl. statt vieler Palandt-Bassenge, § 1004, Rdn. 2, mit zahlreichen weiteren Nachweisen.

trächtigung erfolgt hier demgemäß vollkommen unabhängig davon, ob der Störer die im Verkehr gebotene Sorgfalt hat walten lassen. Im Rahmen der Sozialadäquanzlehre erschiene somit eine uneinheitliche Bestimmung der Rechtswidrigkeit innerhalb von § 823 BGB einerseits sowie im Bereich der o.g. Abwehransprüche andererseits als unerläßlich. Hiermit ginge jedoch der Zusammenhang beider Regelungskomplexe, den der Gesetzgeber vor Augen hatte, verloren[508]. All dies spricht gegen die Anerkennung der in Rede stehenden Rechtsfigur als tatbestandsausschließendes bzw. rechtfertigendes Element.

Selbst wenn man aber unter Außerachtlassung der o. dargelegten Einwände und Unsicherheiten die Rechtsfigur des sozialadäquaten Verhaltens fallweise als Rechtfertigungsgrund anerkennen wollte, wie dies innerhalb der Rechtsprechung zu beobachten ist, so verböte sich jedenfalls für die mit dem Phänomen des Mobbing verbundene Problematik eine solche Anerkennung.

Hier geht es, wie aufgezeigt wurde[509], um die vorsätzliche, systematische Schikane gegen einen Mitarbeiter, der in psychologischer Hinsicht terrorisiert und in der Mehrzahl der Fälle aus dem Betrieb gedrängt werden soll. Es handelt sich hier nicht, wie beispielweise in den Fällen rechtlich zulässiger Arbeitskampfmaßnahmen[510], um ein im allgemeinen zwar unerwünschtes Phänomen, welches jedoch aufgrund seines systemerhaltenden Charakters hinzunehmen ist[511]. Ein solch übergeordneter "Hinnahmegrund" ist vielmehr hinsichtlich bewußt ausgeübten

---

508   Vgl. hierzu Larenz, Schuldrecht BT, § 72 l.c., der zudem auf die ebenfalls mißlichen Konsequenzen der Sozialadäquanzlehre im Bereich der Notwehr hinweist.

509   Vgl.o. S. 34.

510   Vgl. hierzu BAGE 1, 291 ff.

511   Dies trifft auf den Arbeitskampf bzw. bestimmte hiermit einhergehende Arbeitskampfmaßnahmen zu, die zwar wegen der Gefahr volkswirtschaftlicher Schädigungen sowie der Beeinträchtigung des sozialen Friedens als dem Grundsatz nach unerwünscht, gleichzeitig jedoch aufgrund der durch sie erfolgenden Gewährleistung eines funktionstüchtigen Tarifsystems als unerläßlich angesehen werden; vgl. hierzu BAGE 1, 291, 300; BVerfGE 84, 212, 224-225; weitere Nachweise liefern Däubler, Arbeitskampfrecht, Rdn. 89, sowie Münch.ArbR.-Otto, § 277, Rdn. 3.

Psychoterrors am Arbeitsplatz gerade nicht ersichtlich. Vielmehr widerspräche eine solche Hinnahme dem prinzipiell vorauszusetzenden Interesse aller unmittelbar an den betrieblichen Abläufen Beteiligten an einem relativ spannungsfreien Zustand im Betrieb[512].

Das systematische Schikanieren eines Mitarbeiters läßt sich ebenso wenig dadurch rechtfertigen, daß möglicherweise einzelne Vorkommnisse respektive Verhaltensweisen der Kollegen - für sich betrachtet - als nicht weiter gravierend und rechtlich noch tolerabel oder gar vernachlässigenswert erscheinen. Keinesfalls dürfte bei einer solchen Bewertung der vereinfachende Schluß gezogen werden, man habe es dann eben auch bei einer Gesamtbetrachtung der Umstände mit einem rechtmäßigen Vorgehen zu tun. Eine solche isolierte Betrachtung ist an dieser Stelle nicht angebracht, da sie den das dauerhafte Vorgehen umfassenden, auf die Tyrannisierung des Arbeitnehmers abzielenden Gesamtvorsatz der Mobber völlig außer Betracht ließe. Letztere können sich hier sowohl in objektiver als auch in subjektiver Hinsicht nicht darauf berufen, ihr Verhalten bewege sich noch im Rahmen unserer sozialethischen Gesellschaftsordnung und stelle allenfalls eine unwesentliche, vom Betroffenen hinzunehmende Beinträchtigung dar.

Denn zum einen können im Einzelfall als unwesentliche Beeinträchtigungen zu charakterisierende Verhaltensweisen in akkumulierter Form objektiv ein geeignetes Mittel darstellen, um den Betroffenen in seinen rechtlich geschützten Gütern zu verletzen und erhebliche Schädigungen, wie beispielsweise solche an der Gesundheit (etwa durch die Erzeugung psychosozialen Stresses), zu bewirken[513]. Schon die die Rechtsfigur der Sozialadäquanz im besprochenen Kontext auszeich-

---

512   Vgl. Blomeyer, ZfA 1972, S. 85, 92 f., der hier zudem auf das diesbezüglich mittelbar bestehende Interesse der Allgemeinheit und des Staates schlechthin verweist. Auch an einen Widerspruch zu den gesetzlichen Schutzintentionen hinsichtlich des Betriebsfriedens wäre hier zu denken, versteht man unter letzterem nach Beer, AuR 1958, S. 236, "ein auf Recht, Sitte und Moral begründeten Zustand der Harmonie und des Ausgleichs im Zusammenleben aller in einem Betrieb tätigen Menschen". Zum freilich umstrittenen Begriff des Betriebsfriedens vgl. Blomeyer, a.a.O., S. 85 ff. m.w.N., sowie Germelmann, S. 14 ff., ebenfalls m.w.N.

513   Dies ist im Bereich Mobbing anerkannt; vgl. hierzu die Ausführungen auf S. 45 ff. einschließlich der dort aufgeführten Belege.

nende Begrifflichkeit der unwesentlichen, geringfügigen Beeinträchtigung paßt hier, jedenfalls bei einer der Problematik einzig gerecht werdenden Gesamtbetrachtung, nicht.

Zum anderen sind sich die Mobber der quälenden und tyrannisierenden Langzeitwirkung ihres Gesamtvorgehens auf die Psyche des betroffenen Arbeitnehmers bewußt. Mit dem Eintritt der Verletzung rechtlich geschützter Güter desselben - wie beispielsweise dem der Gesundheit - können und müssen sie zumindest rechnen. Sich auf die Unerheblichkeit bzw. Sozialadäquanz der hier zugrunde liegenden einzelnen Verhaltensweisen zu berufen, kann ihnen daher auch in subjektiver Hinsicht nicht zugestanden werden.

Im Einzelfall als unwesentliche Belästigungen zu charakterisierende Verhaltensweisen können, wie bereits angesprochen, in gehäufter Form leicht das Maß des noch Hinnehmbaren übersteigen und gerade hierdurch ihrer Unwesentlich- bzw. Geringfügigkeit verlustig gehen. Wird dieser Effekt zur bewußten Terrorisierung eines Dritten eingesetzt, so verstößt der Schädiger hierdurch gegen die "Spielregeln"[514] menschlicher Kommunikation. Es kann dann auch keinesfalls von der Verwirklichung entschädigungslos hinzunehmender Lebensrisiken[515] auf Seiten des Geschädigten gesprochen werden[516]. Vielmehr würde eine isolierte Betrachtung der einzelnen, in ihrer Gesamtheit schikanierenden Verhaltensweisen ohne Einbeziehung des Gesamtkontextes der zugrunde liegenden Problematik nicht gerecht werden; sie würde eine unzulässige Verharmlosung, ein bewußtes Verkennen der Situation des der Schikane ausgesetzten Mitarbeiters bedeuten. Dieser wird durch das Zusammenwirken zahlreicher Faktoren über längere Zeit erheblich unter Druck gesetzt. Hier regelmäßig von einer "unwesentlichen Belästigung"

---

[514]   Vgl. hierzu Nipperdey, NJW 1957, S. 1777, 1778, der diesen Begriff hier für den Bereich des Arbeitskampfes verwendet.

[515]   Den Aspekt des "erlaubten Risikos" in Zusammenhang mit der Bewertung von Mobbing nennt Däubler, BB 1995, S. 1347, 1348. Zum Begriff des "erlaubten Risikos" bzw. "allgemeinen Lebensrisikos" vgl. Deutsch, Allgemeines Haftungsrecht, Rdn. 596 ff m.w.N.

[516]   Vgl. hierzu Deutsch, Allgemeines Haftungsrecht, Rdn. 611, für den allgemeinen Fall vorsätzlicher, sittenwidriger Schadenszufügung.

des betroffenen Arbeitnehmers auszugehen, erschiene geradezu euphemistisch.

Trägt man dieser Erkenntnis aber Rechnung und entfernt sich daher gebotenermaßen von einer lediglich an einzelnen Vorkommnissen orientierten Betrachtungweise[517], so verbietet sich die Bewertung des Vorgehens des bzw. der schikanierenden Kollegen als sozialadäquat. Unter Berücksichtigung des Gesamtkontextes liegt es gerade nicht mehr "im Rahmen der sozialen Ordnung des Gemeinschaftslebens"[518]. Es erscheint vielmehr in höchstem Maße sozial-inadäquat mit der Folge, daß der durch den Schikane-Prozeß verursachte Schaden dann eben nicht mehr als "unvermeidbar"[519] oder gar als "Unglück"[520] bezeichnet werden kann. Hierdurch wird deutlich, daß schon der Grundgedanke der Rechtsfigur des sozialadäquaten Verhaltens auf das Phänomen Mobbing nicht zutrifft.

Bezogen auf den unter a) aufgeführten Fall[521] bleibt nach alledem festzuhalten: Aufgrund der adäquat-kausalen Verursachung einer Gesundheitsverletzung liegt ein nach § 823 I BGB sowie nach § 823 II i.V.m. § 223 bzw. § 229 StGB tatbestandsmäßiger und aufgrund mangelnder Rechtfertigung auch rechtswidriger Eingriff der Arbeitskollegen in die Rechtssphäre der betroffenen Arbeitnehmerin vor.

---

517   Eine rechtlich relevante Beeinträchtigung ergibt sich in bestimmten Fällen eben erst bei wiederholtem, dauerhaften Vorgehen; vgl. hierzu wiederum das o. S. 100, Fn. 446, genannte Beispiel der Gesundheitsverletzung durch aufeinanderfolgende Störanrufe.

518   Vgl. Nipperdey, NJW 1957, S. 1777, 1778, zu dem Begriff des sozialadäquaten Verhaltens.

519   Ebenda.

520   Ebenda.

521   Vgl. o. S. 107 f.

c) Haftungsausschluß wegen des Vorliegens "sozialadäquaten Verhaltens" im Bereich des § 826 BGB ?

Wird durch die systematische psychische Tyrannisierung des Arbeitnehmers im Wege subtilen Verhaltens seitens seiner Kollegen in (zumindest bedingt) *vorsätzlicher* Weise nicht nur ein bestimmtes Rechtsgut verletzt, sondern darüber hinaus ein *konkreter Schaden* verursacht, so ergibt sich, wie aufgezeigt wurde[522], eine Haftung der mobbenden Kollegen aus § 826 BGB wegen sittenwidriger vorsätzlicher Schädigung.

Die Rechtwidrigkeit des in Rede stehenden Verhaltens, innerhalb von § 826 BGB untrennbar mit dem Tatbestand verbunden[523], kann hier ebenfalls nicht aufgrund seiner Einstufung als sozialadäquat entfallen. Hiergegen sprechen die gleichen Gründe, wie sie hinsichtlich des Bereichs von § 823 Abs. 1 und 2 BGB aufgeführt wurden. Es sind dies die grundsätzlich anzumeldenden Vorbehalte gegenüber der Rechtsfigur des sozialadäquaten Verhaltens sowie die Inkongruenz zwischen den von ihr erfaßten Lebenssachverhalten mit dem Tatbestand des Mobbing im Speziellen.

Die zuletzt angesprochene Deckungsungleichheit tritt im Falle vorsätzlicher, durch keinen besonderen Rechtfertigungsgrund gerechtfertigter Schädigungen eines Arbeitnehmers ganz offensichtlich zu Tage. Denn daß sich jedenfalls hier begrifflich nicht mehr von der Einhaltung des Rahmens "der geschichtlich gewordenen sozialethischen Ordnung des

---

522   Vgl. hierzu die das Beispiel der Gesundheitsverletzung betreffenden Ausführungen auf S. 104 f.

523   Vgl. Staudinger-Schäfer, § 826, Rdn. 80, der hervorhebt, daß in der Statuierung einer Schadensersatzpflicht bei sittenwidrig vorsätzlicher Schadenszufügung das Verbot des betreffenden Verhaltens liege, es somit auch keiner Erkenntnis der Rechtswidrigkeit eines solchen Verhaltens bedürfe. Vgl. des weiteren BGB-RGRK-Steffen, § 826, Rdn. 32, sowie Jauernig-Teichmann, § 826, Rdn. 8, der ausführt, dem Merkmal der Sittenwidrigkeit komme bei § 826 BGB keine besondere Bedeutung zu, da die Sittenwidrigkeit die Rechtswidrigkeit impliziere; vgl. ferner LG Köln MDR 1962, S. 822 f.

Gemeinschaftslebens"[524] oder gar vom Eintritt unvermeidbaren "Unglücks"[525] sprechen läßt, liegt auf der Hand.

Weiterhin ist zu bedenken, daß, selbst wenn man die Rechtsfigur der Sozialadäquanz dem Grundsatz nach anerkennen wollte, es unzulässig wäre, im Fall der vorsätzlichen sittenwidrigen Schädigung durch systematischen Psychoterror von einer möglichen Sozialadäquanz der den Psychoterror ausmachenden *einzelnen* Verhaltensweisen auf eine Sozialadäquanz des Terrors *selbst* zu schließen[526]. Hiergegen spräche schon der Gedanke der unzulässigen Rechtsausübung gem. § 242 BGB[527].

Selbst wenn man bei isolierter Betrachtung von jeweils rechtmäßigem, weil sozialadäquatem Einzelverhalten der mobbenden Arbeitskollegen ausgehen wollte, so stünde § 242 BGB der Ausnutzung dieser Rechtslage[528] im Wege fortgesetzten Psychoterrors entgegen, da die "Berechtigten", d.h. die mobbenden Kollegen, auf diesem Wege ohne die Verfolgung eines schützenswerten Eigeninteresses ein grob unbilliges Ergebnis in Form des konkreten, auf Seiten des Gemobbten eintretenden Schadens erzielen würden[529]. Hier wäre auf den *Gesamtprozeß* der systematischen Terrorisierung des betroffenen Arbeitnehmers abzustellen,

---

524   Vgl. Enneccerus/Nipperdey, Allg. Teil, § 209 V.

525   Vgl. Nipperdey, NJW 1957, S. 1777, 1778.

526   Zu diesem Ansatz vgl. zunächst die Ausführungen auf S. 116 ff.

527   Einen Überblick bieten Palandt-Heinrichs, § 242, Rdn. 38 ff. m.w.N., sowie Jauernig-Vollkommer, § 242, Rdn. 32 ff. Die für die Anwendung dieses Grundsatzes notwendigerweise vorauszusetzende Sonderverbindung kann im Falle fortwährender Beeinträchtigung aufgrund des qualifizierten sozialen Kontaktes zwischen Schädiger und Geschädigtem angenommen werden; ein solcher Kontakt besteht insbesondere zwischen Arbeitnehmern eines Betriebes; vgl. hierzu Palandt-Heinrichs, § 242, Rdn. 39 i.V.m. Rdn. 6.

528   Eine solche ist ausreichend; vgl. Jauernig-Vollkommer, § 242, Rdn. 32; Palandt-Heinrichs, § 242, Rdn. 38; Staudinger-Schmidt, § 242, Rdn. 618 sowie Rdn. 739; MüKo-Roth, § 242, Rdn. 255.

529   Diese Bewertung entspricht wiederum der allgemeinen Funktion des Grundsatzes von Treu und Glauben, der eine allen Rechten, Rechtsstellungen, Rechtslagen, Rechtsinstituten und Rechtsnormen immanente Inhaltsbegrenzung darstellt (sog. Innentheorie); vgl. hierzu MüKo-Roth, § 242, Rdn. 45 m.w.N.

an dessen Einstufung als sittenwidrig die Berufung auf die "Harmlosigkeit" der *Einzelaktionen* nichts mehr bewirken könnte.

Die o.g. Inkongruenz in der Bewertung von gesellschaftlich noch toleriertem Einzelverhalten und dem Charakter des gesamten Mobbingprozesses wird sich in den Fällen subtiler Einwirkung zumeist erst im Wege einer Gesamtschau der das Phänomen ausmachenden einzelnen Vorkommnisse ergeben. Mag eine solche Gesamtwürdigung im stark auf einzelne Geschehnisse abstellenden Bereich des § 823 I und II BGB zunächst ungewohnt erscheinen[530], so ist sie innerhalb von § 826 BGB bereits lange anerkannt[531]. Hier besteht insbesondere dahingehend Einigkeit, daß eine an sich nicht zu beanstandende Einzelhandlung durch ihre Häufung, zumal als Bestandteil eines von Schädigungsabsicht getragenen Gesamtverhaltens, die Beurteilung als sittenwidrig rechtfertigen kann[532].

d) Zwischenergebnis

Ist aufgrund des innerhalb von § 826 BGB anerkannten Instituts der Gesamtschau eine Vereinfachung der rechtlichen Faßbarkeit subtiler Mobbingformen in eben diesem Bereich festzustellen, so unterstreicht dies gleichsam die Plausibilität eines analogen Ansatzes im Rahmen von § 823 BGB. Nur die für beide Bereiche zu befürwortende Berücksichtigung der Gesamtumstände ermöglicht es, im Falle dauerhafter subtiler psychischer Terrorisierung eines Arbeitnehmers zu angemessenen und recht-

---

530   Vgl. Däubler, BB 1995, S. 1347, der hier das traditionelle Anknüpfen des Rechts an Einzelhandlungen betont, gleichzeitig aber die Komplexität des Phänomens Mobbing und die damit einhergenden Schwierigkeiten seiner rechtlichen Beurteilung hervorhebt.

531   Vgl. BGH NJW 1970, S. 657, 658, der hier die "Gesamtschau aller Umstände" zur Beantwortung der Frage heranzog, ob ein sittenwidriges Verhalten der Beklagten bejaht werden könne. Aus der großen Anzahl weiterer Belege seien nur BGH NJW 1970, S. 657, 658; VersR 1962, S. 444, 447, sowie WM 1958, S. 590, 591, genannt.

532   Vgl. nur Staudinger-Schäfer, § 826, Rdn. 43; BGB-RGRK-Steffen, § 826, Rdn. 25, sowie RGZ 140, 392, 397; zur Möglichkeit der Schädigung im Wege eines mehrgliedrigen Gesamtverhaltens vgl. ferner RGZ 98, 70, 73.

lich vertretbaren Ergebnissen zu gelangen[533]. Hierbei hat die Untersuchung ergeben, daß eine Rechtfertigung der Vorgehensweise der Mobber im Wege ihrer Einstufung als "sozialadäquat" für beide Bereiche in einheitlicher Weise abzulehnen ist[534].

III. Beschränkung der Haftung der Arbeitskollegen gem. § 105 SGB VII ?

Die bisherige Untersuchung hat ergeben, daß einem gemobbten Arbeitnehmer zahlreiche deliktische Ansprüche aus unterschiedlichen Rechtsgründen gegen seine bzw. seinen mobbenden Arbeitskollegen erwachsen können. Es stellt sich nunmehr die Frage, ob diese Ansprüche nicht durch das Haftungsprivileg des § 105 SGB VII beschränkt sein könnten[535].

1. Inhalt und Zweck des Haftungsprivilegs des § 105 SGB VII

Nach § 105 SGB VII werden Arbeitnehmer, wie auch der Arbeitgeber bzw. Unternehmer nach § 104 des gleichen Gesetzes, von einer Haftung für schuldhaft verursachte Personen- bzw. Gesundheitsschäden weitest-

---

533 Insoweit ist es verfehlt, pauschal davon auszugehen, der Mobbing-Prozeß als solcher sei einer juristischen Bewertung nicht zugänglich; so jedoch Hage/Heilmann, BB 1998, S. 742, 744, sowie Esser/Wolmerath, Mobbing-Ratgeber, S. 225, die ohne weitere Begründung davon ausgehen, daß sich die rechtliche Bewertung des Mobbing-Geschehens zwangsläufig auf einzelne, in sich abgeschlossene Handlungen beschränke.

534 Die Vertretbarkeit dieses Ergebnisses scheint, obwohl in der Sache abweichend, selbst Däubler, BB 1995, S. 1347, 1348, anzuerkennen, wenn er ausführt: "Die hier skizzierte Argumentation ist keineswegs absolut zwingend. Der Gedanke .... des "sozialadäquaten Verhaltens" ist - so könnte man entgegenhalten - nur für "Normalfälle" gedacht, bei denen sich unvermeidbare Lebensrisiken realisieren. Nicht erfaßt ist damit das bewußt schädigende Tun - gleichgültig, ob man anderen eine Grippe verpaßt oder sie durch systematische Schikanen psychisch zermürbt".

535 Das in der Folge zu besprechende Recht der gesetzlichen Unfallversicherung ist zum 1.1.1997 durch das "Gesetz zur Einordnung des Rechts der gesetzlichen Unfallversicherung in das Sozialgesetzbuch" (Unfallversicherungs-Einordnungsgesetz - UVEG) in das 7. Buch des Sozialgesetzbuchs (SGB VII) eingeordnet worden; durch die Neuregelungen der §§ 104 ff. SGB VII sind die bisherigen Vorschriften über die Haftung von Unternehmern und Betriebsangehörigen aus Anlaß eines Arbeitsunfalls (§§ 636 ff. RVO) abgelöst worden; vgl. hierzu nur Gitter, S. 176, sowie Rolfs, NJW 1996, S. 3177.

gehend freigestellt[536]. Verursachen sie einen sog. Versicherungsfall gegenüber einem Arbeitskollegen des gleichen Betriebes, so sind sie im wesentlichen nur im Falle vorsätzlicher Herbeiführung zum Schadensersatz verpflichtet[537]. Anderenfalls ist der geschädigte Arbeitnehmer auf die Geltendmachung seiner Ansprüche auf Versicherungsleistung gegenüber den Trägern der gesetzlichen Unfallversicherung, den Berufsgenossenschaften, beschränkt[538]. Zivilrechtliche Ersatzansprüche gegenüber dem eigentlichen Schädiger entstehen in diesem Fall nicht[539]. Maßgeblicher Grund hierfür ist der Aspekt der Wahrung des Betriebsfriedens (sog. Friedensfunktion), da Rechtsstreitigkeiten zwischen Betriebsangehörigen (unter Einschluß des Arbeitgebers) vermieden werden sollen[540]. Zu prüfen ist daher, ob der durch mobbende Arbeitskollegen verursachte Personenschaden auf Seiten des betroffenen Arbeitnehmers einen Versicherungsfall, wie ihn § 105 SGB VII voraussetzt, darstellt.

Die Frage, welche Sachverhalte einen Versicherungsfall darstellen, regelt dem Grundsatz nach § 7 I SBG VII. Hiernach kommen Arbeitsunfälle

---

536   Vgl. Gitter, S. 222 i.V.m. S. 224 f., sowie Rolfs, NJW 1996, S. 3177.

537   Vgl. Gitter, S. 222 i.V.m. S. 224 f., sowie Rolfs, NJW 1996, S. 3177 i.V.m. S. 3180. Zu dem für die vorliegende Untersuchung wenig interessanten Fall der Nichtanwendung der Haftungsprivilegien bei Wegeunfällen vgl. Rolfs, NJW 1996, S. 3177, 3178 f.

538   Vgl. hierzu nur Rüfner, S. 200 f. in Bezug auf §§ 636, 637 RVO.

539   Zu der sog. Ablösung der zivilrechtlichen Haftung durch die §§ 104 -113 SGB VII, von der insbesondere auch der Anspruch auf Schmerzensgeld nach § 847 BGB erfaßt wird, vgl. Kater/Leube, vor §§ 104-113, Rdn. 1 ff. m.w.N. Zum Ausschluß des Schmerzensgeldanspruchs im Speziellen vgl. a.a.O., § 104, Rdn. 36, sowie MüKo-Stein, § 847, Rdn. 15 m.w.N. Zur Verfassungsmäßigkeit des Ausschlusses des Anspruchs auf Schmerzensgeld vgl. schließlich BVerfGE 34, 118 ff., sowie BVerfG SozR 3 - 2200 § 636 RVO Nr. 1.

540   Vgl. Kater/Leube, vor §§ 104 -113, Rdn. 4, die auf weitere maßgebliche Gründe der Haftungsausschlüsse, u.a. auf den Aspekt der Finanzierung der Berufsgenossenschaften seitens der Unternehmer (sog. Finanzierungsargument), hinweisen. Zu den Gründen der Haftungsablösungen vgl. ferner BGB-RGRK-Steffen, vor § 823, Rdn. 74 zu §§ 539 ff., 636, 637 RVO.

(vgl. insoweit § 8 SGB VII) sowie Berufskrankheiten (vgl. insoweit § 9 SGB VII) in Betracht[541].

a) Vorliegen eines Arbeitsunfalls bei Verursachung von Gesundheitsschäden durch Mobbing der Arbeitskollegen ?

Zunächst ist zu untersuchen, ob im Fall systematischen Psychoterrors bzw. der hierdurch verursachten Gesundheitsschäden vom Vorliegen eines Arbeitsunfalls i.S.v. § 8 SGB VII ausgegangen werden kann.

Der Versicherungsfall "Arbeitsunfall" setzt begrifflich voraus, daß eine versicherte Tätigkeit vorliegt, die kausal geworden ist für einen Unfall, der seinerseits für einen Gesundheitsschaden[542] kausal geworden ist[543]. Ein Unfall wiederum stellt gem. § 8 I S. 2 SGB VII ein zeitlich begrenztes, von außen auf den Körper einwirkendes Ereignis dar, das zu einem Gesundheitsschaden oder zum Tode führt. Nach ganz herrschender Meinung hat die schädigende Einwirkung hierbei innerhalb eines verhältnismäßig kurzen Zeitraums, höchstens aber innerhalb einer Arbeitsschicht, zu geschehen[544]. Wiederholte körperliche Einwirkungen, die sich nicht innerhalb des genannten Zeitraums sichtbar und meßbar gesundheitsschädigend auswirken, gelten auch in ihrem Zusammenwirken nicht als Unfall i.S. der gesetzlichen Unfallversicherung[545]. Hieraus folgt, daß schon begrifflich nicht von einem Arbeitsunfall ausgegangen werden kann, wenn gesundheitliche Schäden (erst) durch lang andauern-

541   Zu den Versicherungsfällen vgl. Plagemann, NJW 1996, S. 3173, 3174 f., sowie Lauterbach-Schwerdtfeger, UV SGB VII, § 7, Rdn. 4, unter dem Hinweis auf die durch §§ 10-13 SGB VII umschriebenen Erweiterungen.

542   Dieser kann organischer als auch psychischer Natur sein; vgl. BSGE 61, 113, 116; Kater/Leube, § 8, Rdn. 50 ff.; Brackmann, Bd. 3, § 8, Rdn. 17.

543   Vgl. Gitter, S. 194.

544   Vgl. BSGE 24, 216, 219; BSG NJW 1958, S. 1206; Schaub, § 109, Pkt. II. 1.; Gitter, S. 201 f. m.w.N. sowie Kater/Leube, § 8, Rdn. 24, die ausdrücklich darauf hinweisen, daß diese durch die Rechtsprechung entwickelte Bestimmung der "zeitlichen Begrenzung" auch für den Unfallbegriff des § 8 Abs. 1 S. 2 SGB VII gelte.

545   So schon BSG NJW 1958, S. 1206, zu § 542 RVO.

den, systematischen Psychoterror verursacht werden[546]. Das den Unfallbegriff prägende Moment der zeitlichen Begrenzung steht vielmehr in geradezu direktem Gegensatz zu dem prozeßbedingten Verständnis des Mobbing, welches einen längeren Einwirkungszeitraum impliziert.

Eine andere Beurteilung kann sich lediglich hinsichtlich solcher Gesundheitsschäden ergeben, die bereits durch einzelne Verhaltensweisen der Mobber adäquat-kausal verursacht werden, falls diese Verhaltensweisen wiederum in den Prozeß systematischer Anfeindungen eingebettet sind[547]. Hier sind Arbeitsunfälle i.S. zeitlich bestimmbarer, plötzlicher und einen Körperschaden verursachender Ereignisse vorstellbar. Kommt es hier zu einer fahrlässigen Herbeiführung eines Gesundheitsschadens, so greift das Haftungsprivileg des § 105 SGB VII[548].

Zu beachten ist in dem aufgezeigten Kontext allerdings, daß gem. § 110 Abs. 1 S. 1 SGB VII im Falle grob fahrlässiger Erfolgsverurachung[549] eine Regreßmöglichkeit der Sozialversicherungsträger besteht, wobei in Satz 3 der Vorschrift klargestellt wird, daß sich das (erhöhte) Verschulden des Verursachers nur auf das den Versicherungsfall verursachende Handeln oder Unterlassen zu beziehen braucht. Dies entspricht zwar dem allgemeinen zivilrechtlichen Grundsatz, wonach sich das Verschulden nur auf den haftungsbegründenden Tatbestand, nicht aber auf den daraus resultierenden Schaden beziehen muß[550]. Dennoch stellt § 110 Abs.1 S. 3 SGB VII insoweit eine Neuregelung dar, als es hinsichtlich der bisherigen gesetzlichen Regelung der §§ 640, 641 RVO ständiger

---

546 Insofern kommt eine "Definition von Mobbing als Arbeitsunfall", wie dies der Arbeitsmediziner Ebeling, zitiert nach Schmidt, AiB 1993, S. 666, 667, fordert, nicht in Betracht.

547 Vgl. hierzu die Ausführungen auf S. 69 ff.

548 So zum Beispiel, wenn Arbeitnehmer A seinen Kollegen B mit einem Messer bedroht, um ihn einzuschüchtern und ihn hierbei versehentlich verletzt.

549 Also einer Erfolgsverursachung, anläßlich welcher nicht einmal dasjenige beachtet wurde, was im gegebenen Fall jedem hätte einleuchten müssen; vgl. insoweit BGHZ 10, 14, 16; 89, 153, 161; BGH NJW 1992, S. 3235, 3236, sowie NJW-RR 1994, S. 1469, 1471; ferner König, S. 51 ff. m.w.N.

550 Vgl. hierzu statt vieler Staudinger-Löwisch, § 276, Rdn. 19 und Rdn. 56.

Rechtsprechung des BGH entsprach, das Erfordernis des gesteigerten Verschuldens auch auf den eingetretenen Schaden zu erstrecken[551].

b) Vorliegen einer Berufskrankheit bei Verursachung von Gesundheitsschäden durch Mobbing der Arbeitskollegen ?

Des weiteren erscheint fraglich, ob im Fall systematischen Psychoterrors bzw. der hierdurch verursachten Gesundheitsschäden von einer Berufskrankheit i.S.v. § 9 SGB VII ausgegangen werden kann.

Hierfür könnte zunächst sprechen, daß sich der Annahme einer Krankheit - in Abgrenzung zum Arbeitsunfall - das eingrenzende Kriterium des "zeitlich begrenzten Ereignisses" nicht entgegenhalten läßt[552]. Vielmehr liegt im Falle einer Erkrankung in aller Regel gerade kein zeitlich begrenztes, schädigendes Ereignis zugrunde, sondern eine Einwirkung länger andauernder und schädigender Natur[553].

Allerdings gilt es hier zu bedenken, daß der Katalog derjenigen Konstellationen, in welchen der Versicherungsfall der "Berufskrankheit" gem. § 9 SGB VII anzunehmen sein soll, durch Verweis auf die jeweils geltende Fassung der entsprechenden Rechtsverordnung der Bundesregierung begrenzt wird (vgl. § 9 Abs. 1 S. 1 SGB VII)[554]. Dem Enumerationsprinzip[555] entsprechend kann aber eine hier nicht aufgeführte Krankheit, wie dies hinsichtlich der durch Mobbing (oder auch systematischen Psychoterror) bedingten Gesundheitsverletzungen der Fall ist, keine Berufskrankheit darstellen[556].

---

551   Vgl. nur BGHZ 75, 328 ff. = NJW 1980, S. 996 f.

552   Vgl. Brackmann, Bd. 3, § 8, Rdn. 15.

553   Vgl. Rüfner, S. 193 f., sowie Lauterbach-Koch, UV-SGB VII, § 9, Rdn. 30.

554   Gegenwärtig gilt die Berufskrankheiten-Verordnung (BKVO) in der Fassung vom 31. Oktober 1997, die am 1. Dezember 1997 in Kraft getreten ist; vgl. BGBl. I S. 2623.

555   Dieses wird auch "Listenprinzip" genannt; vgl. nur Eichenhofer, Rdn. 405.

556   Vgl. Gitter, S. 210.

In Betracht kommen könnte jedoch weiterhin eine entsprechende Anerkennung in Ansehung von § 9 Abs. 2 SGB VII, welcher das o. g., starre
Listenprinzip der BKVO in engen Grenzen durchbricht[557]. Hiernach sollen die Versicherungsträger im Einzelfall eine Krankheit, auch wenn sie
nicht in der BKVO bezeichnet ist oder die dort aufgestellten Voraussetzungen nicht vorliegen, wie eine Berufskrankheit entschädigen, wenn
zum Zeitpunkt der Entscheidung nach neueren Erkenntnissen der medi-
zinischen Wissenschaft die Voraussetzungen für die Annahme einer solchen i.S. von § 9 Abs. 1 S. 2 SGB VII vorliegen[558].

Hinsichtlich des ausdrücklichen Verweises auf § 9 Abs. 1 S. 2 SGB VII
wäre für eine solche Entschädigung aber jedenfalls vorauszusetzen, daß
es sich bei systematischem Psychoterror am Arbeitsplatz um eine *besondere* krankheitsverursachende Einwirkung handelt, der *bestimmte
Personengruppen durch ihre versicherte Tätigkeit* in erheblich höherem
Grade ausgesetzt sind als die übrige Bevölkerung. Denn Ziel der durch
§ 9 Abs. 2 SGB VII geregelten Listendurchbrechung ist nicht etwa der
Ersatz sämtlicher durch die berufliche Tätigkeit verursachten krankheits-
bedingten Schäden, sondern eben nur derjenigen, deren Eintrittsgefahr
in spezifischer Weise mit der durch eine bestimmte Personengruppe zu
verrichtenden Tätigkeit verbunden ist[559]. Der systematische Psychoterror
müßte sich folglich von solch allgemeinen Einwirkungen abgrenzen lassen, welche der gesamten Arbeitswelt eigentümlich sind[560]. Das ist aber
nicht der Fall, da, wie aufgezeigt wurde, jedermann der Gefahr unterliegt,

---

557   Man spricht daher auch von einem sog. Mischsystem; vgl. hierzu Brackmann,
Bd. 3, § 9, Rdn. 42; Lauterbach-Koch, UV-SGB VII, § 9, Rdn. 215 ff., sowie
Gitter, S. 211.

558   Hierdurch wird jedoch nur die Möglichkeit eröffnet, die Krankheit am Einzelfall
orientiert wie eine Berufskrankheit als Versicherungsfall anzuerkennen, nicht
jedoch diejenige, abstrakt darüber zu entscheiden, ob die Krankheit nunmehr
als Berufskrankheit zu gelten hat; es kann somit keine neue Berufskrankheiten-
Liste geschaffen werden; vgl. hierzu Brackmann, 3. Bd., § 9, Rdn. 43 und Rdn.
52, jeweils m.w.N., sowie BSGE 44, 90, 92 ; letzteres zu der § 9 Abs. 2 SGB VII
entsprechenden vorherigen Regelung des § 551 Abs. 2 RVO.

559   Vgl. hierzu BVerfG SozR 3-2200 § 551 Nr. 5 zu § 551 RVO; Kater/Leube, § 9,
Rdn. 81; Brackmann, Bd. 3, § 9, Rdn. 43; ferner Gesamtkommentar RVO-Gitter,
§ 551, Pkt. 12 zu § 551 RVO, sowie Schulin-Koch, HS-UV, § 37, Rdn. 2 zu
§ 551 Abs. 2 RVO.

560   Vgl. Kater/Leube, § 9, Rdn. 62.

am Arbeitsplatz einem Mobbing unterzogen zu werden[561]. Aus gleichem Grunde kann hier auch nicht vom Vorliegen einer sog. gruppentypischen Gefahr gesprochen werden[562].

Festzustellen bleibt daher, daß im Falle von Gesundheitsschäden eines Arbeitnehmers, welche durch systematischen Psychoterror am Arbeitsplatz verursacht werden, weder eine Berufskrankheit i.S.v. § 9 Abs. 1 S. 2 SGB VII noch ein Fall einer in gleicher Weise zu entschädigenden Krankheit nach § 9 Abs. 2 SGB VII vorliegt.

2. Zwischenergebnis

Als Zwischenergebnis bleibt festzuhalten, daß die Haftung von mobbenden Arbeitnehmern durch das Haftungsprivileg des § 105 SGB VII dem Grunde nach beschränkt werden kann. Jedoch ist bezüglich des Umfangs der Haftungsbeschränkung anzumerken, daß dieser sich nur auf einzelne, dem Mobbing-Prozeß zuzurechnende und gesundheitliche Schädigungen in unmittelbarer Form bewirkende Verhaltensweisen erstrecken kann. Hier können Arbeitsunfälle und somit gem. § 7 Abs. 1 SGB VII relevante Versicherungsfälle vorliegen. In diesem Kontext ist allerdings die Neuregelung des § 110 SGB VII beachtlich, die die Regreßmöglichkeiten der Sozialversicherungsträger deutlich erweitert.

In Bezug auf Beschädigungen der Gesundheit eines Arbeitnehmers, welche erst die Folge eines systematischen, lang anhaltenden Psychoterrors darstellen, entfaltet das o.g. Haftungsprivileg hingegen keine Wirkung, da hier die diesbezüglich vorauszusetzenden tatbestandlichen Merkmale nicht vorliegen[563]. Dies hat zur Folge, daß dem gemobbten

---

561   Vgl. hierzu die Ausführungen auf S. 45, Fn. 189.

562   Zu diesem das tatbestandliche Merkmal "bestimmte Personengruppen" - vgl. § 9 I S. 2 SGB VII - charakterisierenden Schlagwort vgl. Schulin-Koch, HS-UV, § 35, Rdn. 6 zu § 551 RVO, sowie Kater/Leube, § 9, Rdn. 64.

563   Vgl. hierzu auch Dieball, BB 1996, S. 483, 484, sowie Däubler, BB 1995, S. 1347, 1350.

Arbeitnehmer in diesem Falle deliktische Ansprüche gegenüber den/dem mobbenden Kollegen entstehen[564].

IV. Beteiligung mehrerer Arbeitnehmer (Mittäterschaft, Anstiftung, Beihilfe, Nebentäterschaft)

Steht die Beteiligung mehrerer mobbender Arbeitnehmer an einer gegenüber ihrem Arbeitskollegen begangenen Rechtsgutverletzung fest, so kommt zunächst eine Haftung als Mittäter[565] nach den o.g. Anspruchsgrundlagen[566] i.V.m. §§ 830 I S. 1, 840, 421 ff. BGB in Betracht. Eine Mittäterschaft liegt hierbei vor, wenn der jeweilige Arbeitnehmer einen das rechtswidrige Handeln der übrigen Arbeitnehmer unterstützenden, ebenfalls als rechtswidrig einzuordnenden Tatbeitrag erbracht und in subjektiver Hinsicht in Bezug auf die Rechtsgutverletzung zumindest bedingt vorsätzlich gehandelt hat[567]. Von der als selbständige Anspruchsgrundlage zu qualifizierenden Norm des § 830 I S. 1 BGB[568] werden demgemäß die Fälle des bewußten und gewollten Zusammen-

---

[564] Der Frage, ob einem in dieser Fallkonstellation in Anspruch genommenen Arbeitnehmer gegenüber seinem Arbeitgeber ein Freistellungsanspruch zustehen könnte, soll hier nicht näher nachgegangen werden. Sie wird nicht mehr durch die der Untersuchung zugrundegelegten Fragestellung erfaßt. Bedenken wären hier aber wohl angebracht. Denn nach den Grundsätzen der eingeschränkten Arbeitnehmerhaftung im Falle betrieblich veranlaßter Tätigkeit käme ein Freistellungsanspruch zwar - neben Sachschäden - auch für solche Personenschäden in Betracht, die nicht vom Haftungsausschluß erfaßt werden. Vorauszusetzen wäre hier aber jedenfalls das Vorliegen eines nicht vorsätzlichen und auch nicht grob fahrlässigen Vorgehens, was selbst hinsichtlich ungewollter Schadensverursachungen aufgrund der Dauerhaftig- und Nachhaltigkeit des ausgeübten Psychoterrors stark zu bezweifeln wäre; zu den Voraussetzungen der Haftungsbeschränkungen und des Freistellungsanspruchs vgl. Münch. ArbR.-Blomeyer, § 59, Rdn. 22 i.V.m § 58, Rdn. 4 ff. und § 57, Rdn. 19 ff.; ferner Zöllner/Loritz, S. 252-255. Zur eingeschränkten Arbeitnehmerhaftung vgl. ferner Richardi, NZA 1994, S. 241 ff. sowie BAG NJW 1995, S. 210 ff. und 3204 f.

[565] Der Begriff der Mittäterschaft richtet sich im zivilrechtlichen Bereich, wie auch die Begriffe der Anstiftung sowie des Gehilfen, nach den für das Strafrecht entwickelten Grundsätzen zu §§ 25 II, 26, 27 StGB; vgl. BGB-RGRK-Steffen, § 830, Rdn. 3 ff. m.w.N.

[566] Vgl. Zweiter Hauptteil,1. Kapitel, B.I.

[567] Vgl. Jauernig-Teichmann, § 830, Rdn. 3-5; BGB-RGRK-Steffen, § 830, Rdn. 3-4.

[568] Vgl. MüKo-Mertens, § 830, Rdn. 2 m.w.N.

wirkens mobbender Arbeitnehmer zur Herbeiführung eines Verletzungs-erfolges[569] auf Seiten des gemobbten Arbeitnehmers erfaßt.

Kommt es zu Psychoterror am Arbeitsplatz sowie zum Eintritt eines hier-auf beruhenden Verletzungserfolges, indem der entsprechende Ent-schluß des/der Täter(s) durch einen Arbeitskollegen hervorgerufen wird, so haftet dieser wegen Anstiftung zur Tat gem. § 830 II 1. Alt. BGB in glei-cher Weise wie im Falle der eben besprochenen Mittäterschaft[570]. Auch hier ist ein vorsätzliches Handeln des anstiftenden Arbeitnehmers vor-auszusetzen, der wissentlich und willentlich einen anderen zu der von diesem vorsätzlich begangenen unerlaubten Handlung bestimmen muß[571].

Beispiel (den Mobbing-*Prozeß* betreffend):

Abwandlung des "Großraumbüro-Falles"[572]: Die (allesamt männlichen) Kollegen B-E sprechen über ihre "Probleme", die sie mit der Arbeitneh-merin A haben, mit Arbeitskollegen X. Sie fragen diesen, was sie denn nur tun könnten, um die A "loszuwerden". Dieser rät den Kollegen, die A "doch einfach psychologisch permanent unter Druck zu setzen" bzw. "fertigzumachen". Man solle ihr das Leben am Arbeitsplatz auf subtile Weise zur Hölle machen. Dies könne sehr wirkungsvoll durch perma-nente Nichtbeachtung sowie durch ständige Kundgabe der Geringschät-zung, z.B. durch Kopfschütteln, geschehen. Diese Behandlung könne die A auf Dauer gar nicht aushalten, sie werde dann bestimmt von selbst kündigen oder "mit ein wenig Glück" sogar erkranken. Aus der Abteilung werde sie "jedenfalls verschwinden". Die Kollegen B-E verfahren im An-schluß an ihr Gespräch mit X wie im Ausgangsfall beschrieben. X selbst beteiligt sich nicht an der psychologischen Zermürbung der Arbeitneh-merin A. Die Folgen des Vorgehens der Kollegen sind wiederum die im

---

569   Zu dieser Definition der Mittäterschaft vgl. statt vieler BGHZ 17, 327, 333.

570   Für das Hervorrufen des Tatentschlusses findet hier der wiederum aus dem Strafrecht entlehnte Begriff des "Bestimmens zur Tat" Anwendung; vgl. Staudinger-Belling/Eberl-Borges, § 830, Rdn. 27 f.

571   Vgl. Staudinger-Belling/Eberl-Borges, § 830, Rdn. 27.

572   Vgl. hierzu S. 108 f.

Ausgangsfall beschriebenen: A erkrankt, wird krankgeschrieben und kündigt später ihr Anstellungsverhältnis.

Ebenso wie der einen Verletzungserfolg verursachende Mobber selbst wird gem. § 830 II 2. Alt. BGB ein Arbeitnehmer behandelt, der vorsätzlich zu der vorsätzlichen unerlaubten Handlung des mobbenden Haupttäters Hilfe leistet. Die als Beihilfe[573] zu qualifizierende Förderung der fremden Haupttat kann hierbei sowohl physischer als auch psychischer Natur sein und sich insbesondere auch auf das Stadium der Vorbereitung der Tat erstrecken[574].

Beispiel (den Mobbing-*Prozeß* betreffend):

Weitere Abwandlung des "Großraumbüro-Falles"[575]: Die Kollegen B-E besprechen untereinander ihre "Probleme" die A betreffend. Sie überlegen sich, ob man die Kollegin nicht "einfach psychologisch fertigmachen, ihr das Leben am Arbeitsplatz zur Hölle machen könne", beispielsweise durch ständige Nichtbeachtung und abfälligen Gesten. Zunächst haben die Kollegen jedoch starke Zweifel, ob diese Behandlung letztendlich nicht ein "starkes Stück" darstelle, man habe schon von vergleichbaren Fällen gehört, in welchen der in entsprechender Weise unter Druck gesetzte Arbeitnehmer sogar erkrankt sei. Kurz darauf schließt sich Arbeitnehmer X der Gesprächsrunde an. Er zerstreut die Zweifel der Gruppe, indem er u.a. zu bedenken gibt, "man müsse schon wissen, was man wolle", er selbst jedenfalls würde "keine Sekunde zögern". Daraufhin entschließen sich die Kollegen B-E, "die Sache durchzuziehen". X selbst beteiligt sich nicht an der psychologischen Zermürbung der A. Der weitere Verlauf ist der gleiche wie im Ausgangsfall: A erkrankt, wird krankgeschrieben und kündigt ihr Anstellungsverhältnis.

Weiterhin können sich in Bezug auf die Problematik des Mobbing Konstellationen ergeben, in denen sich eine nebentäterschaftliche Haftung

---

573   Zum Begriff vgl. BGB-RGRK-Steffen, § 830, Rdn. 7.

574   Vgl. BGHZ 63, 124, 130 m.w.N.

575   Vgl. wiederum S. 108 f.

der Mobber ergibt. Dies ist beispielsweise dann der Fall, wenn mehrere Arbeitskollegen, ohne in subjektiver Beziehung zueinander zu stehen, durch selbständige Einzelhandlungen ein deliktisch geschütztes Gut des Arbeitnehmers vorsätzlich oder fahrlässig beschädigen[576].

Beispiel (zwei Mobbing-*Verhaltensweisen* betreffend):

A sägt den Stuhl des C an, B spannt - unabhängig hiervon - vor dem gleichen Stuhl einen Stolperdraht. Beide haben keine Kenntnis von dem Tun des jeweils anderen. Beim Versuch, sich zu setzen, stürzt C und erleidet einen Beinbruch, der die Folge sowohl der durch A als auch der durch B gesetzten Ursache darstellt.

Hier liegt, in Abgrenzung zur Mittäterschaft und Teilnahme, gerade kein gemeinschaftliches, sondern eben ein jeweils autonomes Handeln vor[577]. Hat der jeweils mobbende Arbeitskollege an der Entstehung des Gesamtschadens mitgewirkt, so haftet er (z.B. aus § 823 BGB) auf das Ganze; ist hingegen nur ein abgrenzbarer Teil des Schadens seinem Verhalten zurechenbar, so besteht nur eine entsprechende partielle Verantwortlichkeit[578].

Haben mehrere die Schädigung verursachende Arbeitskollegen für ein und denselben Schaden einzustehen, so haften sie gem. § 840 I BGB als Gesamtschuldner[579]. Hierbei ist es unter Berücksichtigung allgemein anerkannter haftungsrechtlicher Zurechnungskriterien nicht nötig, daß jede der seitens der Arbeitskollegen gesetzten Ursachen für sich alleine geeignet war, den tatbestandlichen Erfolg herbeizuführen (sog. alternative Kausalität)[580]. Es wird vielmehr als ebenso ausreichend erachtet,

---

576 Zur Nebentäterschaft vgl. BGHZ 30, 203, 206 = NJW 1959, S. 1772, 1773; OLG Düsseldorf NJW- RR 1995, S. 281, 282, sowie MüKo-Stein, § 830, Rdn. 5.

577 Vgl. BGHZ 30, 203, 206.

578 Vgl. MüKo-Stein, § 830, Rdn. 6.

579 Vgl. statt vieler BGHZ 17, 214, 221, sowie Keuk, AcP 168, S. 175, 186.

580 Vgl. hierzu Lange, § 3 XII.1, der unter Fn. 401 zutreffend auf die uneinheitliche Verwendung des Begriffs in der Rechtslehre hinweist. Vgl. ferner Staudinger-

wenn erst das Zusammenspiel der gesetzten Ursachen den Eintritt des tatbestandlichen Erfolges bewirkt hat (sog. kumulative Kausalität)[581].

Verdeutlicht sei dies wiederum am "Großraumbüro-Fall"[582]:

Eine Haftung der Kollegen wegen Verletzung der Gesundheit der A gem. § 823 I BGB ergibt sich sowohl dann, falls bereits der *jeweils* durch B, C, D oder E ausgeübte Psychoterror *für sich alleine betrachtet* eine ausreichende Ursache für die schweren Depressionen und psychosomatischen Störungen der A dargestellt hat, als auch dann, falls der genannte Krankheitszustand erst auf das entsprechende Zusammenwirken des durch die Kollegen erzeugten Streßpotentials zurückzuführen ist.

C. Negatorische und quasinegatorische Ansprüche

Wird ein Arbeitnehmer durch seine Arbeitskollegen einem Mobbing unterzogen, so kommen für ersteren weiterhin Abwehransprüche wegen der hiermit verbundenen bzw. der hierdurch drohenden Beeinträchtigungen von Rechtsgütern in Betracht[583].

Von maßgeblicher Bedeutung ist in diesem Kontext § 1004 BGB. Dieser gewährt in Abs. 1 S. 1 dem Eigentümer, dessen Eigentum in anderer Weise als durch Entziehung oder Vorenthaltung des Besitzes beeinträchtigt wird, gegenüber dem Störer einen Beseitigungsanspruch hinsichtlich gegenwärtiger Beeinträchtigungen[584]. Ferner besteht nach Abs.

Medicus, § 249, Rdn. 96, der gleichzeitig zu Recht betont, eine Haftung der jeweils selbständige Schadensursachen setzenden Personen dürfe nicht daran scheitern, daß die Ursachen jeweils hinweggedacht werden könnten, ohne daß der Schaden entfiele.

581   Zum ebenfalls nicht einheitlich verwendeten Begriff vgl. Lange, § 3 XII.2; Erman-Kuckuk, vor § 249, Rdn. 42; MüKo-Grunsky, vor § 249, Rdn. 50; Palandt-Heinrichs, Vor § 249, Rdn. 86, sowie Larenz/Canaris, Schuldrecht BT, Bd. II/2, S. 580. Vgl. ferner RGZ 69, 57, 58; 73, 289, 290; BGH NJW 1990, S. 2882, 2883; OLG München VersR 1984, S. 342 f.

582   Vgl. S. 108 f.

583   Zu der Bandbreite möglicher Rechtsgutsbeeinträchtigungen vgl. insbes. die Ausführungen des Zweiten Hauptteils, 1. Kapitel, Punkt B. I.1.a-e.

584   Die Abgrenzung zwischen dem Anspruch auf Beseitigung und demjenigen auf Schadensersatz ist nicht immer einfach zu vollziehen. Festgestellt sei an dieser

1 S. 2 der Vorschrift ein Anspruch auf Unterlassung weiterer zu erwartender Beeinträchtigungen.

Bezieht sich § 1004 BGB seinem Wortlaut gemäß zwar nur auf Beeinträchtigungen des Eigentums (sog. negatorischer Anspruch), so ist heute allgemein anerkannt, daß sich sein Anwendungsbereich im Wege des Analogieschlusses auf sämtliche Fälle der Beeinträchtigung deliktisch geschützter Güter zu erstrecken hat (sog. quasinegatorischer Anspruch)[585]. Der Beseitigungs- bzw. Unterlassungsanspruch besteht darüber hinaus unabhängig davon, ob auf Seiten des Störers ein schuldhaftes Verhalten vorliegt[586].

Besteht der in § 1004 Abs. 1 S. 2 BGB aufgeführte Unterlassungsanspruch dem Wortlaut nach nur im Falle *weiterer* zu besorgender Beeinträchtigungen (also bei dem Vorliegen einer sog. Wiederholungsgefahr[587]), so wird er durch Rechtsprechung[588] und Literatur[589] bereits dann bejaht, wenn ein erstmaliger Eingriff droht[590]. Dies erscheint schon

---

Stelle nur, daß sich der erstgenannte Anspruch auf die Ursache und der zweitgenannte Anspruch auf die Folgen der Störung bezieht. Wird beispielsweise innerhalb des Mobbing-Prozesses das Zimmer eines Arbeitnehmers unter Wasser gesetzt und hierdurch sein Eigentum durchnäßt, so hat der betroffene Arbeitnehmer einen *Beseitigungsanspruch* gegenüber den Kollegen, der auf Unterbrechung der Wasserzufuhr gerichtet ist. Die Frage hingegen, ob und in welchem Maße sein Eigentum durch das Unterwassersetzen beschädigt worden ist, betrifft den Aspekt des *Schadensersatzes*. Zu der zugrundeliegenden Problematik vgl. die ausführlichen Erläuterungen von Medicus in MüKo-Medicus, § 1004, Rdn. 59.

585   Vgl. Palandt-Bassenge, § 1004, Rdn. 2; Staudinger-Gursky, § 1004, Rdn. 14 ff.; Soergel-Mühl, § 1004, Rdn. 4; Jauernig-Jauernig, § 1004, Rdn. 2; MüKo-Medicus, § 1004, Rdn. 6, mit Hinweis auf die für die Frage des Anwendungsbereichs von § 1004 BGB richtungsweisende Entscheidung des Reichsgerichts vom 5. 1. 1905; vgl. hierzu RGZ 60, 6 ff.

586   Vgl. nur Staudinger-Gursky, § 1004, Rdn. 34, sowie Soergel-Mühl, § 1004, Rdn. 4 u. Rdn. 83.

587   Vgl. statt vieler BGB-RGRK-Pikart, § 1004, Rdn. 103.

588   Vgl. nur BGHZ 2, 394, 395 f.; RGZ 101, 335, 340 sowie 151, 239, 246.

589   Vgl. MüKo-Medicus, § 1004, Rdn. 80; Erman-Hefermehl, § 1004, Rdn. 27; Soergel-Mühl, § 1004, Rdn. 168, sowie Staudinger-Gursky, § 1004, Rdn. 197 m.w.N.

590   Man spricht in diesem Fall von einer sog. vorbeugenden Unterlassungsklage; vgl. hierzu nur Jauernig-Jauernig, § 1004, Rdn. 10 f. m.w.N.

deswegen geboten, weil einerseits nicht einzusehen ist, warum Erstbegehungstatbestände privilegiert werden sollten. Andererseits wird nur auf diese Weise dem in seinen Rechten, Rechtsgütern oder Interessen Gefährdeten ein ausreichendes präventives Instrumentarium zivilrechtlicher Natur zur Verfügung gestellt.

Nach den o. aufgezeigten Grundsätzen muß ein gemobbter Arbeitnehmer nicht bereits einen dem Psychoterror der Kollegen zuzuschreibenden Schaden (etwa eine Gesundheitsverletzung) erlitten haben, um einen Anspruch auf Unterlassung geltend machen zu können. Vielmehr reicht hierfür die ernsthaft drohende, hinreichend nahe bevorstehende Gefahr des entsprechenden Erfolgseintritts aus[591]. Eine solche Gefahr wird in den Fällen subtiler, rein psychischer Einwirkung auf einen Arbeitnehmer[592] allerdings erst dann anzunehmen sein, wenn letzterer bereits häufiger und über einen längeren Zeitraum hinweg mit feindseligem, die Psyche belastendem Verhalten konfrontiert worden ist. In den Fällen subtil vorgetragenen Psychoterrors ist für einen Anspruch auf Unterlassung demnach vorauszusetzen, daß der entsprechende Einwirkungsprozeß bereits begonnen und gewisse Konturen angenommen hat[593]. Eine konkrete Rechtsgutverletzung sowie ein konkreter Schaden muß auf Seiten des betroffenen Arbeitnehmers allerdings noch nicht eingetreten sein.

Inhaltlich kann der Unterlassungsanspruch im letztgenannten Falle nur darauf gerichtet sein, das die Psyche des gemobbten Arbeitnehmers terrorisierende Gesamtvorgehen zu unterlassen. Die entsprechende Umsetzung gestaltet sich in rechtlicher Hinsicht deswegen schwierig, weil hier, wie aufgezeigt wurde, ein Prozeß vieler einzelner Verhaltensweisen - teils Handlungen, teils Unterlassungen - in Rede steht. Will man zu

---

591   Die bloße *Möglichkeit* hingegen genügt nicht; vgl. nur BGB-RGRK-Pikart, § 1004, Rdn. 103.

592   Vgl. hierzu das auf S. 106 f. gebildete Fallbeispiel.

593   Anderenfalls ist auch weder für den betroffenen Arbeitnehmer selbst noch für einen objektiven Dritten ersichtlich, ob nicht von nur vereinzelt auftretenden, alltäglichen Konflikten auszugehen ist, die schon tatbestandlich - vgl. die Ausführungen auf S. 2 f. sowie S. 22 f. - kein Mobbing darstellen; im Zweifel wird letzteres anzunehmen sein.

einer der Problematik gerecht werdenden Beurteilung gelangen, so hat man sich am Sinn des Unterlassungsanspruchs zu orientieren. Dieser soll dem Störer auferlegen, dafür zu sorgen, daß die zu erwartende Rechtsüberschreitung nicht eintritt[594]. Dies wird sich in der benannten Konstellation subtilen Einwirkens bereits durch ein fortan neutrales Verhalten gegenüber dem gemobbten Arbeitnehmer bewerkstelligen lassen. Von einem solchen wird die Rede sein können, wenn letzterem gegenüber normale Umgangsformen an den Tag gelegt werden und insbesondere durch aktives Tun praktizierte Feindseligkeiten, wie etwa ständige Sticheleien oder abfällige Bemerkungen, unterlassen werden. Zu positivem Tun, wie etwa freundlichem Grüßen, wird der jeweilige Mobber (Störer) dagegen oftmals nicht gezwungen werden können. Denn im Hinblick auf viele derjenigen Unterlassungen, welche in den Prozeß der subtilen Druckausübung auf den Arbeitnehmer fallen, werden entsprechende Handlungspflichten[595] des/der Mobber(s) nicht bestehen. Eine diesbezügliche Durchsetzung ist aber auch nicht nötig, wenn man hinsichtlich des innerbetrieblichen Bereiches den Sinn und Zweck der relevanten gesetzlichen Instrumentarien in der Gewährleistung eines lediglich "relativ spannungsfreien Zustandes innerhalb der Belegschaft" begreift[596].

Einfach gestaltet sich die Festlegung der Unterlassensverpflichtung hingegen in Fällen, in denen schon einzelne Verhaltensweisen des/der Mobber(s), die in nächster Zukunft zu erwarten sind, einen Eingriff in deliktisch geschützte Güter des Arbeitnehmers bedeuten würden[597]. Da hier bereits in jedem einzelnen Falle die Gefahr eines Eingriffs drohend bevorsteht, ist das jeweilige Einzelverhalten zu unterlassen.

---

594 Vgl. Staudinger-Gursky, § 1004, Rdn. 194, der ausführt, der innerhalb des § 1004 Abs. 1 S. 2 BGB verwendete Begriff der "Unterlassung" sei insoweit ungenau; die Unterlassung stelle zwar das typische Mittel zur Vermeidung der Rechtsüberschreitung dar, der Störer könne aber auch zu einem positiven Tun verpflichtet sein, wenn sich die drohende Beeinträchtigung lediglich durch ein solches aktives Eingreifen stoppen lasse.

595 Vgl. hierzu nur Deutsch, Allgemeines Haftungsrecht, Rdn. 98 ff.

596 Vgl. hierzu die entsprechenden Ausführungen auf S. 2.

597 Vgl. hierzu den nicht abschließenden Katalog möglicher Eingriffe auf S. 68 ff.

Hinsichtlich der spezifischen Beurteilung des durch *mehrere* Arbeitskollegen ausgeübten Psychoterrors gelten die im Bereich von § 1004 BGB allgemein üblichen Grundsätze. Wird ein Arbeitnehmer von mehreren Arbeitskollegen einem Psychoterror unterzogen und hierdurch in seinen Rechten, Rechtsgütern oder Interessen beeinträchtigt, so liegt auf der den Terror praktizierenden Seite eine Mehrheit von Störern vor. Hier bestehen die aus § 1004 BGB (ggf. analog) resultierenden Ansprüche gegenüber jedem Mobber bzw. Störer, unabhängig von dessen Tatbeitrag. Der konkrete Tatbeitrag ist hingegen für die Bestimmung der einzelen Anspruchsinhalte ausschlaggebend[598]. Von einem bloßen Gehilfen kann beispielsweise nur die Unterlassung seiner Gehilfentätigkeit verlangt werden[599].

---

[598]   Vgl. zum Ganzen Palandt-Bassenge, § 1004, Rdn. 19 m.w.N.

[599]   Vgl. Erman-Hefermehl, § 1004, Rdn. 15 m.w.N.

2. Kapitel: Ansprüche des gemobbten Arbeitnehmers gegenüber seinem Arbeitgeber

Wendet man sich der Frage zu, welche Ansprüche einem Arbeitnehmer im Falle von Mobbing gegenüber seinem Arbeitgeber zustehen, so stellt sich die Sachlage im Vergleich zu derjenigen im Verhältnis der Arbeitnehmer untereinander insoweit anders dar, als zwischen Arbeitgeber und Arbeitnehmer eine vertragliche Beziehung mit beiderseitig gesteigerten Pflichten besteht[600]. Anknüpfungspunkt ist in diesem Kontext der zwischen Arbeitgeber und Arbeitnehmer abgeschlossene Arbeitsvertrag, der den Rechtsgrund des Arbeitsverhältnisses darstellt[601]. Im Hinblick auf diese besondere, synallagmatische Bindung wird zunächst zu untersuchen sein, welche Ansprüche dem gemobbten Arbeitnehmer gegenüber seinem Arbeitgeber aus dem Arbeitsvertrag erwachsen.

Hierbei wird u.a. darauf zu achten sein, inwieweit die sich aus der vertraglichen Bindung ergebende Rechtsposition über diejenige hinausgeht, welche gegenüber jedermann besteht, durch deliktsrechtliche sowie negatorische bzw. quasinegatorische Vorschriften geprägt wird und die Beziehung von Arbeitnehmern untereinander kennzeichnet[602].

Die sich in erster Linie durch die Existenz einer vertraglichen Beziehung unterscheidende rechtliche Situation zwischen Arbeitgeber und Arbeitnehmer im Vergleich zu derjenigen, wie sie zwischen Arbeitskollegen untereinander besteht, wird gleichzeitig die Darstellungsweise und Schwerpunktbildung dieses Kapitels der Untersuchung bestimmen. So wird primär auf Ansprüche aus dem vertraglichen Bereich eingegangen werden. Hinsichtlich deliktsrechtlicher, negatorischer sowie quasinega-

---

600   Vgl. Däubler, BB 1995, S. 1347, 1349; Kollmer, Rdn. 39 sowie Rdn. 84.

601   Zugrunde liegt hier die heute von der h.M. vertretene Vertragstheorie im Gegensatz zur der v.a. durch *Siebert* und *Nikisch* entwickelten Eingliederungstheorie, die auf den tatsächlichen Akt der Einstellung in den Betrieb abstellte; vgl. hierzu nur die die entsprechende Entwicklung aufzeigenden Übersichten von Dreher, S. 19 ff. und S. 55, sowie MüKo-Müller-Glöge, § 611, Rdn. 129.

602   Zu den grundsätzlichen Vorteilen vertraglicher Ansprüche gegenüber solchen aus Delikt vgl. die entsprechenden Ausführungen auf S. 51 f.

torischer Ansprüche sowie den hiermit einhergehenden Problematiken kann hingegen grundsätzlich auf die Ergebnisse des zweiten Hauptteils, 1. Kapitel, Pkt. B. und C. verwiesen werden. Die dort erwähnten "Jedermanns-Anforderungen" gelten natürlicherweise nicht nur gegenüber den Arbeitskollegen, sondern auch gegenüber dem Arbeitgeber. Ausführungen, die den genannten Bereich tangieren, sollen daher in erster Linie dort erfolgen, wo sich gerade aufgrund der Involvierung des Arbeitgebers Abweichungen bzw. Besonderheiten zu den schon dargelegten Untersuchungsergebnissen zeigen.

A. Vertragliche Ansprüche

Der Arbeitsvertrag ist nach h.M. ein privatrechtlicher, gegenseitiger Vertrag, der nicht lediglich Hauptpflichten, also die Leistung von Arbeit durch den Arbeitnehmer sowie die Zahlung einer Vergütung durch den Arbeitgeber, sondern hierüber hinausgehend zahlreiche Nebenverpflichtungen begründet[603]. Diese erweisen sich aufgrund der Tatsache, daß durch den Arbeitsvertrag menschliche Arbeitsleistung geschuldet wird, der Arbeitnehmer persönlich abhängig sowie in den Gefahrenbereich des Arbeitgebers eingegliedert ist, als sehr umfangreich[604]. Die genannten Nebenpflichten werden, soweit sie dem Arbeitgeber obliegen, herkömmlich unter dem Begriff der Fürsorgepflicht zusammengefaßt[605]. Fürsorge bedeutet in diesem Kontext die Verpflichtung des Arbeitgebers zur Einhaltung gewisser gegenüber dem Arbeitnehmer zu beachtender Schutz,- Sorgfalts- und Förderungspflichten[606]. Im Hinblick auf die Frage nach der rechtlichen Begründung der angeführten Fürsor-

---

[603]   Vgl. nur Schaub, § 108, Pkt. I.1.

[604]   Vgl. Schaub, a.a.O.; ferner Soergel-Kraft, § 611, Rdn. 266.

[605]   Vgl. Schaub, a.a.O., Dütz, Rdn. 174; Zöllner/Loritz, S. 209 f., die den Begriff der Treupflicht bzw. der Schutz- und Förderungspflicht des Arbeitgebers gebrauchen; Hanau/Adomeit, S. 160 f., welche den Terminus der Pflichten zur Rücksichtnahme, des Schutzes sowie der Förderung des Vertragszwecks gegenüber dem der Fürsorgepflicht als vorzugswürdig erachten; des weiteren Münch. ArbR.-Blomeyer, § 92, Rdn. 1, ebenfalls unter Verweis auf die diesbezüglich z.T. uneinheitliche Terminologie. Im Rahmen dieser Untersuchung soll jedoch an dem Begriff der arbeitgeberseitigen Fürsorgepflicht festgehalten werden.

[606]   Vgl. Soergel-Kraft, § 611, Rdn. 266, sowie Schaub, §108, Pkt. II.4.

geverpflichtung des Arbeitgebers erfolgt überwiegend ein Abstellen auf das Prinzip von Treu und Glauben gem. § 242 BGB[607].

Inhaltlich läßt sich, dem Verständnis der Fürsorgepflicht als Oberbegriff folgend, zwischen gesetzlich geregelten Fürsorgepflichten, sonstigen verselbständigten Arbeitgeberfürsorgepflichten sowie der allgemeinen Fürsorgepflicht des Arbeitgebers unterscheiden[608]. Letztere hat in § 69 des Entwurfs eines Arbeitsgesetzbuches in der Weise Ausdruck gefunden, als hier festgehalten wurde, der Arbeitgeber habe seine Verpflichtungen aus dem Arbeitsverhältnis so zu erfüllen, seine Rechte so auszuüben und die im Zusammenhang mit dem Arbeitsverhältnis stehenden Interessen des Arbeitnehmers so zu wahren, wie dies unter Berücksichtigung der Belange des Betriebes und der Interessen der anderen Arbeitnehmer des Betriebes nach Treu und Glauben billigerweise verlangt werden könne[609].

Verletzt der Arbeitgeber konkrete Ausformungen seiner gegenüber dem Arbeitnehmer bestehenden Fürsorgepflicht, indem er letzteren selbst einem Mobbing unterzieht oder aber den Arbeitnehmer vor dem Mobbing seitens Arbeitskollegen nicht durch ihm zumutbare Maßnahmen schützt, so können hieraus verschiedene vertragliche Ansprüche des Arbeitnehmers resultieren[610]. Da die Verletzung der Fürsorgepflicht insoweit

---

607   Vgl. Hueck/Nipperdey, Bd. 1, § 48 I.1.; Kort, NZA 1996, S. 854; Erman-Hanau, § 611, Rdn. 482 f.; BAG AP Nr. 1 zu § 103 BetrVG 1972. Einen Überblick über andere dogmatische Begründungsansätze, die im Hinblick auf den Umfang der Fürsorgepflicht keine wesentlichen Unterschiede erkennen lassen, bietet Schaub, § 108, Pkt. I. 2.

608   Vgl. Schaub, § 108, Pkt. II.1., mit Hinweis darauf, daß von verselbständigten Arbeitgeberfürsorgepflichten dann gesprochen werden könne, wenn diese eine solch konkrete Einzelausgestaltung erfahren hätten, daß von einer entsprechenden Anspruchsverdichtung auszugehen sei.

609   Arbeitsgesetzbuchkommission, Entwurf eines Arbeitsgesetzbuches, S. 87; vgl. hierzu ferner MüKo-Müller-Glöge, § 611, Rdn. 403, sowie Schaub, § 108, Pkt. II.4.

610   Zu der im Zusammenhang mit Mobbing und Diskriminierungen relevanten Schutzpflicht des Arbeitgebers vgl. Schaub, § 108, Pkt. V.8.c., sowie Kollmer, Rdn. 39. Zum Erfordernis der "konkreten Ausformung" der Fürsorgepflicht vgl. MüKo-Müller-Glöge, § 611, Rdn. 402, der darauf hinweist, daß sich aus die Annahme einer generalklauselartigen Verpflichtung des Arbeitgebers in dem Sinne, sich für den Arbeitnehmer einzusetzen, ihm Schutz und Fürsorge zuteil werden zu lassen und alles zu unterlassen, was die Interessen des

als maßgebliche Voraussetzung der in Betracht zu ziehenden Ansprüche zu qualifizieren ist, erscheint es zunächst geboten, die hinsichtlich der Problematik des systematischen Psychoterrors relevanten Verletzungen der arbeitgeberseitigen Fürsorgepflicht zu erörtern. Hiernach soll auf die für diesen Fall in Betracht zu ziehenden Ansprüche selbst eingegangen werden.

I. Dem Mobbingprozeß zuzuordnende Verletzungen der arbeitgeberseitigen Fürsorgepflicht

Als wichtigste - dem Mobbingprozeß zurechenbare - Fallgruppen von Fürsorgepflichtverletzungen seien hier genannt:

1. Verletzung der Fürsorgepflicht hinsichtlich Leben und Gesundheit

Der Arbeitgeber ist den in seinem Betriebe beschäftigten Arbeitnehmern gegenüber zum Schutz von Leben und Gesundheit verpflichtet. Gesetzliche Ausprägungen dieser Fürsorgepflicht stellen insbesondere die §§ 617-619 BGB dar[611]. Verletzt der Arbeitgeber in adäquat-kausaler Weise die Gesundheit des Arbeitnehmers, indem er diesen in systematischer Weise terrorisiert, so verstößt er hierdurch gegen seine Fürsorgepflicht im Hinblick auf Leben und Gesundheit des Arbeitnehmers[612].

Gleiches gilt für den Fall, daß der Arbeitgeber es unterläßt, gegen den durch Arbeitskollegen praktizierten Psychoterror mit ihm zumutbaren Mitteln einzuschreiten, obwohl der entsprechende Einwirkungsprozeß dem Arbeitgeber bekannt oder jedenfalls für diesen erkennbar war[613].

Arbeitnehmers zu schädigen geeignet sei, als zu weitreichend nicht habe durchsetzen können. Ähnlich auch Münch. ArbR.-Blomeyer, § 92, Rdn. 11.

[611] Vgl. statt vieler Soergel-Kraft, § 611, Rdn. 271, mit Hinweis auf weitere, vergleichbare Schutzvorschriften wie § 62 HGB oder §§ 120 a ff. GewO.

[612] Zu dieser Ausprägung der arbeitgeberseitigen Fürsorgepflicht vgl. Soergel-Kraft, § 611, Rdn. 271; Staudinger-Richardi, § 611, Rdn. 816 ff.; Schaub, § 108, Pkt. III, sowie Münch. ArbR.-Blomeyer, § 92, Rdn. 22.

[613] So zum Beispiel dann, wenn der Arbeitgeber davon erfährt, daß ein Arbeitnehmer von seinen Kollegen mit erniedrigenden "Späßen" und massivem Druck "fertig gemacht" wird. Vgl. zu diesem - ebenfalls unter dem

Speziell für den Fall, daß der Arbeitgeber die entsprechenden innerbetrieblichen Vorkommnisse kennt, hat gerade er die Möglichkeit, aufgrund seines Direktionsrechts das Verhalten der mobbenden Arbeitskollegen in sozial verträgliche Bahnen zu lenken[614]. Aus seiner Fürsorgeverplichtung für den betroffenen Arbeitnehmer folgt in diesem Falle die Pflicht, sich schützend vor letzteren zu stellen[615].

Ist es im Falle des eigens durch den Arbeitgeber ausgeübten Mobbing gleichgültig, ob die Verletzung erst eine Folge des lang andauernden Einwirkungsprozesses darstellt oder ob sie bereits einem einzelnen, in den Mobbingprozeß fallenden feindseligen Verhalten zugerechnet werden kann, so kann dieser Unterschied hingegen für die Frage der Erkennbarkeit des durch Arbeitskollegen praktizierten Mobbing von maßgeblicher Bedeutung sein[616]. In frühen Stadien des Prozesses der systematischen Terrorisierung des Arbeitnehmers wird man eine solche zumeist verneinen müssen. Hält der Prozeß des Psychoterrors jedoch an, so wird man mit zunehmender Zeitdauer, die oftmals eine Eskalation der Übergriffe der Kollegen mit sich bringen wird, von einer Erkennbarkeit der psychologischen Druckausübung seitens des Arbeitgebers auszugehen haben.

Gesichtspunkt des Schutzes der Arbeitnehmerpersönlichkeit relevanten - Beispiel Münch.ArbR.-Blomeyer, § 95, Rdn. 26; Zöllner/Loritz, S. 204, sowie Hallenberger, S. 78 f.

614   Vgl. statt vieler Schaub, § 31, Pkt. VI. 2. , der ausführt, das Direktionsrecht des Arbeitgebers erstrecke sich gerade auch auf das Verhalten des Arbeitnehmers im Betrieb und gegenüber seinen Arbeitskollegen.

615   Vgl. hierzu Zöllner/Loritz, S. 204, die hierbei ausdrücklich die Problematik des Mobbing und der Hänselei ansprechen. Vgl. ferner GK-BetrVG-Kreutz, § 75, Rdn. 70, der ebenso das Phänomen Mobbing (i.S. eines Psychoterrors bzw. eines "Fertig-Machens") erwähnt und diesbezüglich explizit die Verpflichtung des Arbeitgebers hervorhebt, in schützender Weise vor den betroffenen Arbeitnehmer zu treten.

616   Zur Schutzpflicht des Arbeitgebers im Falle von durch Mobbing bedingten Gesundheitsgefahren vgl. Haller/Koch, NZA 1995, S. 356, 357 f.

2. Verletzung der Fürsorgepflicht gegenüber eingebrachten Sachen des Arbeitnehmers

In Ergänzung der Schutzpflichten für Leben und Gesundheit ist heute auch die Pflicht des Arbeitgebers zur Sorge für eingebrachte Sachen des Arbeitnehmers als Erscheinungsform der arbeitgeberseitigen Fürsorgepflicht allgemein anerkannt[617].

Diese Schutzpflicht verletzt der Arbeitgeber zunächst dann (und dies in besonders starkem Maße), falls er selbst das Eigentum eines der bei ihm beschäftigten Arbeitnehmer beschädigt[618].

Aber auch für den Fall, daß es zu entsprechenden Eigentumsverletzungen seitens der Kollegen kommt (beispielsweise in Form eines Diebstahls), ist eine Verletzung der o. g. Schutzpflicht in Betracht zu ziehen. Ist die Verletzung auf unzureichende Sicherungsmaßnahmen wie z.B. die mangelnde Aufsicht über die Kollegen des geschädigten Arbeitnehmers oder auch fehlende Aufbewahrungsmöglichkeiten zurückzuführen, so liegt darin ggf. ein eigenes Verschulden des Arbeitgebers[619]. Zu fordern ist hierbei aber in jedem Falle, daß es sich bei den in Rede stehenden, in den Betrieb eingebrachten Gegenständen um solche handelt, die entweder in einem Zusammenhang zum Arbeitsverhältnis stehen oder aber für den Arbeitnehmer unentbehrlich sind[620].

Ist der Arbeitgeber, wie o. erwähnt, bereits zu der Verfügungstellung von Aufbewahrungsmöglichkeiten hinsichtlich gewisser Eigentumsgegenstände des Arbeitnehmers verpflichtet, so ergibt sich hieraus im Wege

---

617   Vgl. BAG AP Nr. 26 und 75 zu § 611 BGB - Fürsorgepflicht; Hueck/Nipperdey, Bd. I, § 48 III.1; Staudinger-Richardi, § 611, Rdn. 827; Soergel-Kraft, § 611, Rdn. 272.

618   Vgl. hierzu die von Leymann, Mobbing, S. 34, angeführte Mobbing-Handlung in Form der "Verursachung eines physischen Schadens am Arbeitsplatz des Betroffenen".

619   Vgl. Münch. ArbR.-Blomeyer, § 94, Rdn. 46; Erfurter Kommentar-Preis, § 611 BGB, Rdn. 895, sowie Hueck-Nipperdey , Bd. I, § 48, Pkt. III.

620   Vgl. Schaub, § 108, Pkt. IV. 2 ff., sowie Erfurter Kommentar-Preis, § 611 BGB, Rdn. 895.

eines Erst-Recht-Schlusses seine Verpflichtung, *nach Möglichkeit* gegen entsprechende Eigentumsverletzungen durch die Arbeitskollegen einzuschreiten. Dies darf jedoch nicht zu der Annahme verleiten, der Arbeitgeber übernehme regelmäßig eine Garantie dafür, daß die fraglichen Gegenstände nicht gestohlen oder beschädigt würden[621]. Ihn trifft in diesem Zusammenhang insbesondere auch keine Gefährdungshaftung[622].

3. Verletzung der Fürsorgepflicht im Hinblick auf das allgemeine Persönlichkeitsrecht (bzw. dessen konkretisierte Ausformungen)

Weiter wird auch das Persönlichkeitsrecht des Arbeitnehmers als von der Fürsorgepflicht des Arbeitgebers umfaßtes Rechtsgut angesehen[623]. Dies findet seinen Ausdruck nicht zuletzt in dem in § 75 II BetrVG niedergelegten Prinzip, wonach der Arbeitgeber die "freie Entfaltung der Persönlichkeit der im Betrieb beschäftigten Arbeitnehmer zu schützen und zu fördern" hat[624].

Dem o.g. Grundsatz folgend hat der Arbeitgeber zunächst aufgrund seiner vertraglich geschuldeten Fürsorgepflicht eigene Eingriffe in das Persönlichkeitsrecht des Arbeitnehmers zu unterlassen[625]. Verletzt der Arbeitgeber das Persönlichkeitsrecht an der Ehre eines Arbeitnehmers in rechtswidriger Weise beispielsweise dadurch, daß er diesem gegenüber ständig seine Nichtachtung bzw. Mißachtung kundgibt (Beleidigung) oder nicht erweislich wahre Behauptungen tatsächlicher Art über ihn aufstellt oder verbreitet, die den Arbeitnehmer verächtlich zu machen oder in der öffentlichen Meinung herabzuwürdigen geeignet sind (üble

---

621   Vgl. Hueck-Nipperdey, § 48, Pkt. III.1, mit dem Hinweis, daß auch kein *absoluter* Schutz für das Leben und die Gesundheit verlangt werden könne.

622   Vgl. statt vieler Münch.ArbR.-Blomeyer, § 94, Rdn. 46.

623   Vgl. Wiese, ZfA 1971, S. 273, 278 f.; Schaub, § 108, Pkt. V.7.; GK-BetrVG-Kreutz, § 75, Rdn. 67; Niederalt, S. 163; BAG AP Nr. 14 zu § 611 BGB - Persönlichkeitsrecht.

624   Vgl. Däubler, BB 1995, S. 1347, 1349; Hallenberger, S. 94; vgl. ferner Hanau/Adomeit, S. 38.

625   Vgl. Hallenberger, S. 92 m.w.N., sowie Fitting, § 75, Rdn. 66.

Nachrede)[626], so stellt dies eine Verletzung der Fürsorgepflicht des Arbeitgebers dar[627]. Als konkret in Betracht kommende Verhaltensweisen können hier zum einen Beleidigungen durch Worte, Tätlichkeiten oder unsittliche Annäherungen, zum anderen (nicht erweislich wahre) negative Äußerungen über die Leistungen des Arbeitnehmers gegenüber dessen Kollegen genannt werden[628].

Den genannten Fällen aktiven Tuns steht es jedoch gleich, wenn der Arbeitgeber es unterläßt, entsprechenden Verletzungen des Persönlichkeitsrechtes eines Arbeitnehmers durch dessen Arbeitskollegen oder Vorgesetzte im Einzelfall oder übergreifend - durch organisatorische Maßnahmen - entgegenzutreten[629]. Auch hierdurch verletzt der Arbeitgeber seine gegenüber dem betroffenen Arbeitnehmer bestehende Schutzverpflichtung[630].

Weiterhin stellen Belästigungen sexueller Natur aufgrund ihres den Intimbereich des einzelnen Arbeitnehmers tangierenden Charakters persönlichkeitsrechtlich relevante Eingriffe dar[631]. Hierbei kann insbesondere das Persönlichkeitsrecht an der Ehre verletzt werden, indem der Arbeitnehmer vom Belästiger als bloßes Objekt behandelt und als Persönlichkeit mißachtet wird[632]. Der Arbeitgeber wurde demzufolge bereits

---

626   Vgl. zu diesen Formen der Ehrverletzung Wiese, ZfA 1971, S. 273, 297 f. Zur möglichen Mobbing-Qualität dieser Ehrverletzungen vgl. Kollmer, Rdn. 96 ff.

627   Vgl. GK-BetrVG-Kreutz, § 75, Rdn. 67.

628   Vgl. Wiese, ZfA 1971, S. 273, 297 f.

629   Vgl. GK-BetrVG-Kreutz, § 75, Rdn. 70, der explizit die Problematik des Mobbing erwähnt und hervorhebt, daß sich der Arbeitgeber in einer solchen Konstellation schützend vor seinen Arbeitnehmer zu stellen habe; vgl. ferner Hallenberger, S. 92; Galperin/Löwisch, § 75, Rdn. 39, sowie Fitting, § 75, Rdn. 66.

630   Vgl. Münch.ArbR.-Blomeyer, § 95, Rdn. 26, mit dem Hinweis, der Arbeitgeber habe die Persönlichkeitssphäre des Arbeitnehmers insbesondere auch gegenüber Eingriffen derjenigen zu schützen, auf welche er selbst einwirken könne (z.B. Vorgesetzte und Kollegen).

631   Vgl. Gutsche, S. 103; BGB-RGRK-Dunz, § 823, Anh. I, Rdn. 18, sowie Erman-Ehmann, Anhang zu § 12, Rdn. 381.

632   Vgl. OLG Zweibrücken NJW 1986, S. 2960, 2961, sowie Flory, S. 81.

bisher aufgrund seiner Fürsorgepflicht als verpflichtet angesehen, seine Arbeitnehmer vor sexuellen Belästigungen durch Arbeitskollegen zu schützen[633]. Diese als vertragliche Nebenpflicht einzuordnende Verpflichtung[634] ist durch das Beschäftigtenschutzgesetz vom 24.6.1994[635] auf eine explizite gesetzliche Grundlage gestellt worden und kann folglich als nunmehr gesetzlich geregelte Fürsorgepflicht des Arbeitgebers zum Schutze seiner Arbeitnehmer vor sexuellen Belästigungen eingestuft werden[636].

Durch § 2 Abs. 3 BeschSG wird ausdrücklich festgestellt, daß sexuelle Belästigung am Arbeitsplatz eine Verletzung der arbeitsvertraglichen Pflichten darstellt. Abs. 1 derselben Vorschrift betont gleichzeitig die Verpflichtung des Arbeitgebers, die Beschäftigten vor sexueller Belästigung am Arbeitsplatz zu schützen. Der Arbeitgeber verstößt demzufolge etwa dann gegen seine entsprechende, durch Gesetz geregelte Fürsorgepflicht, wenn er es zuläßt, daß ein Arbeitnehmer sexuellen Belästigungen[637] seiner Arbeitskollegen ausgesetzt ist, ohne geeignete Gegenmaßnahmen[638] zu ergreifen[639].

---

633   Vgl. statt vieler Münch.ArbR.-Blomeyer, § 95, Rdn. 26.

634   Vgl. nur Schaub, § 166, Pkt. V.3.c.

635   Vgl. BGBl. I 1994, S. 1406, 1412.

636   Vgl. hierzu Erfurter Kommentar/Preis, § 611 BGB, Rdn. 888.

637   Die Definition der sexuellen Belästigung ist § 2 Abs. 2 BeschSG zu entnehmen; zu den hiernach möglichen Formen der sexuellen Belästigung vgl. Schaub, § 166, Pkt. V.2.a.- c.; Schiek, AiB 1994, S. 450, 457-458, sowie Worzalla, NZA 1994, S. 1016, 1018 f.

638   Diese werden in § 3 Abs. 2 BeschSG angesprochen und in § 4 Abs. 1 BeschSG teilweise explizit - in Form der Abmahnung, Umsetzung, Versetzung oder der Kündigung - genannt; vgl. hierzu Kollmer, Rdn. 128; Mittmann, NJW 1994, S. 3048, 3051, sowie Degen, Der Personalrat 1995, S. 145, 148.

639   Zu diesen Formen der arbeitgeberseitigen Pflichtverletzung vgl. Worzalla, NZA 1994, S. 1016, 1017 und 1019.

II. Einzelne vertragliche Ansprüche im Falle der Verletzung der arbeitgeberseitigen Fürsorgepflicht durch mobbendes Verhalten

Kommt es zu - dem Mobbing-Prozeß zurechenbaren - Verletzungen der arbeitgeberseitigen Fürsorgepflicht, wie sie im zuvor behandelten Gliederungspunkt beispielhaft benannt wurden, so sind die folgenden vertraglichen Ansprüche des Arbeitnehmers in Betracht zu ziehen:

1. Anspruch auf Erfüllung der vertraglich geschuldeten Fürsorgeverpflichtung (respektive Zurückbehaltungsrecht gem. § 273 BGB sowie § 4 II BeschSG)

Kommt der Arbeitgeber seiner vertraglich geschuldeten Pflicht zur Fürsorge nicht nach, so besteht zunächst grundsätzlich zugunsten des gemobbten Arbeitnehmers ein Anspruch auf Erfüllung[640]. Dieser ist selbständig einklagbar[641]. Im Bereich von Persönlichkeitsrechtsverletzungen wird der Erfüllungsanspruch hierbei teilweise explizit auf die Verletzung der durch § 75 II BetrVG aufgestellten Grundsätze gestützt; die Norm wird in diesem Fall als Konkretisierung der allgemeinen Fürsorgepflicht des Arbeitgebers angesehen sowie als subjektive Rechte des Arbeitnehmers begründend eingestuft[642].

---

640   Vgl. Kort, NZA 1996, S. 854, 855, zum Fall der Verletzung der arbeitsrechtlichen Personenfürsorgepflicht; des weiteren Kollmer, Rdn. 41, sowie Münch. ArbR.-Blomeyer, § 92, Rdn. 23. Vgl. ferner Soergel-Kraft, § 618, Rdn. 21, im Hinblick auf die nach § 618 BGB bestehenden Pflichten.

641   Vgl. Münch. ArbR.-Blomeyer, § 92, Rdn. 24.

642   Vgl. Hallenberger, S. 92 ff., S. 125 ff.; Wiese, ZfA 1996, S. 439, 477; Haneberg, S. 98 f.; Isele, FS für Schwinge, S.143, 146; v. Hoyningen-Huene, BB 1991, S. 2215, 2216; in abgeschwächter Form auch Galperin/Löwisch, § 75, Rdn. 47 f., sowie Löwisch, AuR 1972, S. 359, 364; a. A. - unter Hinweis auf den betriebsverfassungsrechtlichen Charakter der Norm - hingegen die wohl noch h.M.; vgl. BAG EzA § 1 TVG Nr. 21; GK-BetrVG- Kreutz, § 75, Rdn. 68; Niederalt, S. 163, 165; Hess/Schlochauer/Glaubitz-Hess, § 75, Rdn. 15; Kort, RdA 1992, , S. 378, 379. Nach Richardi, BetrVG, § 75, Rdn. 41 schließlich sollen Ansprüche sowie Leistungsverweigerungsrechte des einzelnen Arbeitnehmers nur dann in Betracht kommen, falls der Verstoß gegen die in § 75 II BetrVG normierten Grundsätze zugleich eine Verletzung von Pflichten aus dem Arbeitsverhältnis darstelle.

Bestehen mehrere Möglichkeiten, der jeweiligen Fürsorgeverpflichtung nachzukommen, so sind die Grundsätze über die Wahlschuld anwendbar[643]. Hierbei steht dem Arbeitgeber im Hinblick auf § 262 BGB ein Wahlrecht zu, falls keine abweichende Vereinbarung existiert. Verstößt der Arbeitgeber beispielsweise gegen seine Fürsorgepflicht, indem er einen Arbeitnehmer dazu zwingt, Tätigkeiten auszuüben, die letzteren völlig überfordern und seine Gesundheit zu ruinieren drohen[644], so liegt es im Ermessen des Arbeitgebers, ob er diesen Zustand z.B. durch Hinzuziehung einer weiteren Arbeitskraft oder aber beipielsweise durch das Zurverfügungstellen entsprechender Gerätschaften abstellt.

Als in engem Zusammenhang mit dem Anspruch auf Erfüllung der vertraglich geschuldeten Fürsorgeverpflichtung des Arbeitgebers stehend soll hier ferner die Möglichkeit der Geltendmachung eines Zurückbehaltungsrechts nach § 273 BGB durch den gemobbten Arbeitnehmer (hinsichtlich seiner Arbeitsleistung) genannt werden[645]. Ein solches ist jedenfalls, versteht man § 273 BGB anerkanntermaßen als Ausprägung des Grundsatzes von Treu und Glauben[646], im Falle von schwerwiegenden Pflichtverletzungen des Arbeitgebers zu bejahen[647]. Da die Ausübung systematischen Psychoterrors bzw. das Zulassen einer solchen Ausübung trotz entsprechender Kenntnis respektive Kenntnismöglichkeit schon allein wegen der hiermit verbundenen Gefahr der gesundheitli-

---

643   Denn eine Wahlschuld liegt nicht nur dann vor, wenn eine Wahl hinsichtlich verschiedener Leistungsgegenstände in Betracht kommt, sondern auch dann, wenn diese sich lediglich auf unterschiedliche Leistungsmodalitäten bezieht; vgl. Soergel-Wolf, § 262, Rdn. 5, sowie Staudinger-Selb, § 262, Rdn. 4.

644   Vgl. hierzu LAG Rheinland-Pfalz, BB 1988, S. 2033 f., sowie Erman-Hanau, § 611, Rdn. 488. Zur möglichen Mobbing-Qualität des in Rede stehenden Arbeitgeberverhaltens vgl. Leymann, Mobbing, S. 34.

645   Vgl. Schwerdtner, ZfA 1979, S. 1, 31; MüKo-Müller-Glöge, § 611, Rdn. 406; Kort, NZA 1996, S. 854, 855; Soergel-Kraft, § 611, Rdn. 269; zum Problemkreis des Mobbing im Speziellen Kollmer, Rdn. 49.

646   Vgl. BGHZ 91, 73, 83; Palandt-Heinrichs, § 273, Rdn. 1; Jauernig-Vollkommer, § 273, Rdn. 1.

647   Geringfügige Verletzungen der Interessen des Arbeitnehmers reichen hier hingegen nicht aus, da in diesem Falle der Grundsatz der Verhältnismäßigkeit entgegensteht; vgl. hierzu BAG AP Nr. 28 zu § 615 BGB; Kort, NZA 1996, S. 854, 855; Münch. ArbR.-Blomeyer, § 92, Rdn. 24; MüKo-Müller-Glöge, § 611, Rdn. 406.

chen Schädigung des Arbeitnehmers als ein schwerwiegender Verstoß gegen die Fürsorgepflicht zu charakterisieren ist, wird jedenfalls im Falle fortgesetzten Mobbings ein Leistungsverweigerungsrecht in o.g. Sinne zu bejahen sein. In diesem Fall gerät der Arbeitgeber regelmäßig in Annahmeverzug, da er zwar die Arbeitsleistung anzunehmen bereit ist, die ihm obliegende Leistung aber nicht anbietet, § 298 BGB. Dies wiederum hat zur Folge, daß gem. § 615 BGB der Vergütungsanspruch des gemobbten Arbeitnehmers bestehen bleibt[648].

Für den speziellen Fall des Psychoterrors durch sexuelle Belästigung am Arbeitsplatz[649] gewährt weiterhin § 4 Abs. 2 BeschSG ein im wesentlichen den o.g. Grundsätzen entsprechendes Zurückbehaltungsrecht[650]. Letzteres entsteht dann, falls der Arbeitgeber es verabsäumt, geeignete Maßnahmen zur Unterbindung der die Psyche terrorisierenden Belästigungen sexueller Natur zu ergreifen. Die Belästigungen müssen hierbei allerdings - außer in überdurchschnittlich schwerwiegenden Fällen - auch für die Zukunft zu befürchten sein, da anderenfalls keine Erforderlichkeit für die Zurückhaltung der arbeitsvertraglich geschuldeten Dienste bestehen wird[651]. Eine Verabsäumung des Arbeitgebers o.g. Art liegt im aufgezeigten Zusammenhang sowohl bei völliger Untätigkeit als auch dann vor, falls offensichtlich ungeeignete Maßnahmen ergriffen werden[652].

---

648   Vgl. zum Ganzen Hueck/Nipperdey, Bd. 1, § 34 V.

649   Vgl. hierzu Kollmer, Rdn. 123 ff.

650   Insbesondere ist auch hier der Grundsatz der Verhältnismäßigkeit zu beachten; vgl. nur Schaub, § 166, Pkt. V.5.b., sowie Worzalla, NZA 1994, S. 1016, 1021; letzterer unter Hinweis auf die entsprechende Regierungsbegründung.

651   Vgl. Worzalla, a.a.O.

652   So schon der Wortlaut des § 4 II BeschSG, vgl. hierzu die Beispiele bei Worzalla, a.a.O., der auf die Möglichkeit hinweist, den Arbeitnehmer an anderer Stelle des Betriebes zu beschäftigen. Zu den mit der Ausübung des Zurückbehaltungsrechts nach § 4 II BeschSG verbundenen Gefahren und Schwierigkeiten für den Arbeitnehmer vgl. schließlich Schaub, § 166, Pkt. V.5.b.; Kollmer, Rdn. 128, sowie Degen, Der Personalrat 1995, S. 145, 148.

2. Anspruch auf Schadensersatz wegen positiver Vertragsverletzung des Arbeitsvertrages (pVV)

Verletzt der das Mobbing praktizierende oder tolerierende Arbeitgeber schuldhaft konkrete Ausformungen seiner gegenüber dem gemobbten Arbeitnehmer bestehenden Fürsorgepflicht - wie o. beispielhaft aufgeführt - und verursacht er hierdurch adäquat-kausal einen Schaden, so haftet er dem geschädigten Arbeitnehmer unmittelbar wegen positiver Vertragsverletzung[653] des Arbeitsvertrages[654].

Hierbei ist im Hinblick auf § 276 BGB jedenfalls dann von einem Verschulden des Arbeitgebers auszugehen, wenn dieser selbst den Psychoterror ausübt. Der Arbeitgeber muß hier zumindest erkennen, durch sein Verhalten gegen arbeitsvertragliche Pflichten, wie beispielsweise Schutz von Gesundheit und Persönlichkeit des Arbeitnehmers, zu verstoßen, da dieses Verhalten den genannten Pflichten entgegenläuft, indem es gerade auf Schädigung bzw. Gefährdung der entsprechenden Rechtsgüter des Arbeitnehmers angelegt ist[655]. Auf den Schaden als solchen muß sich das Verschulden des Arbeitgebers ohnehin nicht erstrecken[656].

---

653 Das Rechtsinstitut der positiven Vertragsverletzung bzw. die ihm zugrundeliegenden Grundsätze werden seit mehr als 70 Jahren durch die Rechtsprechung angewendet; man wird daher zwischenzeitlich von einer gewohnheitsrechtlichen Anerkennung auszugehen haben; vgl. hierzu Palandt-Heinrichs, § 276, Rdn. 105; Staudinger-Löwisch, Vorbem. zu §§ 275 ff., Rdn. 24; Wertheimer/Eschbach, JuS 1997, S. 605, 606; a.A. allerdings Schünemann, JuS 1987, S. 1 f.

654 Vgl. Etzel, b&b 1994, S. 153, 156; Kollmer, Rdn. 84 f.; Haller/Koch, NZA 1995, S. 356, 357; Müko-Müller-Glöge, § 611, Rdn. 406; Münch. ArbR-Blomeyer, § 92, Rdn. 24; für den speziellen Bereich der sexuellen Belästigung vgl. weiter Schaub, § 166, Pkt. V.6. Einen genauen Überblick über die tatbestandlichen Voraussetzungen der positiven Vertragsverletzung, die eben in der Verursachung eines Schadens durch schuldhafte Verletzung einer sich aus einem Schuldverhältnis ergebenden Pflicht liegen (ohne daß Unmöglichkeit oder Schuldnerverzug gegeben ist), bieten schließlich Staudinger-Löwisch, Vorbem. zu §§ 275 ff., Rdn. 22 sowie Rdn. 27 ff.; vgl. diesbezüglich ferner Jauernig-Vollkommer, § 276, Rdn. 59 ff.

655 Vgl. hierzu Staudinger-Löwisch, Vorbem. zu §§ 275 ff, Rdn. 23.

656 Zur Beschränkung der Fahrlässigkeit auf den jeweiligen Haftungstatbestand - hier den Verstoß gegen eine Vertragspflicht - vgl. nur Jauernig-Vollkommer, § 276, Rdn. 28 i.V.m. Rdn. 19; Staudinger-Löwisch, § 276, Rdn. 56; Palandt-Heinrichs, § 276, Rdn. 20, sowie BGH LM Nr. 48 zu § 276 (Ci) BGB.

Ebenfalls von einer schuldhaften Verletzung der Fürsorgepflicht ist auszugehen, wenn der Arbeitgeber positive Kenntnis von der psychischen Terrorisierung eines Arbeitnehmers durch dessen Arbeitskollegen besitzt, jedoch trotz dieses Wissens das Ergreifen von im Einzelfall ihm möglichen und zumutbaren Gegenmaßnahmen unterläßt[657]. Auch hier ist aufgrund der Untätigkeit von eigenem Verschulden des Arbeitgebers auszugehen.

Das o. angesprochene Wissen um die betrieblichen Verhältnisse kann der Arbeitgeber insbesondere durch entsprechende Inkenntnissetzung seitens des betroffenen Arbeitnehmers erhalten. Eine solche Inkenntnissetzung kann letzterer durch Ausübung seines Beschwerderechts gem. § 84 I S. 1 BetrVG gegenüber dem Arbeitgeber bzw. einer durch diesen bestimmten, zuständigen Stelle bewerkstelligen[658]. Denn das Beschwerderecht besteht für alle Fälle, in welchen sich der Arbeitnehmer vom Arbeitgeber oder Arbeitnehmern des Betriebs (sowohl Vorgesetzten

---

[657] In diesem Kontext sind zahlreiche Maßnahmen denkbar. Denn im Verhältnis zum Arbeitgeber wird der den einen Arbeitskollegen mobbende Arbeitnehmer in aller Regel seine Treuepflicht verletzen, so daß seitens des Arbeitgebers beispielsweise die Möglichkeiten der Rüge, der Abmahnung, der Versetzung, der (ggf. sogar außerordentlichen) Kündigung von der Geltendmachung von Schadensersatzansprüchen in Betracht zu ziehen sind. Zur Verletzung der gegenüber dem Arbeitgeber bestehenden Treuepflicht im Falle von Mobbing sowie den diesem daraus erwachsenden rechtlichen Möglichkeiten vgl. Grunewald, NZA 1993, S. 1071 f.; Kollmer, Rdn. 90; Haller/Koch, NZA 1995, S. 356, 359; Hage/Heilmann, BB 1998, S. 742, 745; Schaub, § 130, Pkt. II.10., sowie v. Hoyningen-Huene, BB 1991, S. 2215, 2219. Weiterhin kommt ein Entgegensteuern durch Ausübung des arbeitgeberseitigen Direktionsrechts in Betracht, da sich dieses auch auf das Verhalten der Arbeitnehmer im Betrieb und gegenüber ihren Arbeitskollegen erstreckt, vgl. hierzu Schaub, § 31, Pkt. VI. 2. Zu den für den Fall einer Druckkündigung geltenden Grundsätzen vgl. die Ausführungen auf S. 74.

[658] Vgl. hierzu Wilhelm, AuA 1995, S. 234; Haller/Koch, NZA 1995, S. 356, 357, mit dem Hinweis darauf, daß das genannte Beschwerderecht als Ausfluß der arbeitsvertraglichen Beziehungen dem Arbeitnehmer auch in betriebsratslosen Betrieben zustehe; so auch Fitting, § 84, Rdn. 1, sowie Kollmer, Rdn. 55.

als auch Arbeitskollegen) benachteiligt, ungerecht behandelt oder in sonstiger Weise beeinträchtigt fühlt[659].

Weiter kann auch in der Unkenntnis der psychischen Terrorisierung eines Arbeitnehmers und einem hieraus resultierenden Untätigbleiben des Arbeitgebers eine schuldhafte Verletzung der Fürsorgepflicht zu erblicken sein. Eine Verletzung der im Verkehr erforderlichen Sorgfalt nach § 276 I S. 2 BGB wird hier dann vorliegen, wenn der Arbeitgeber im konkret zu beurteilenden Einzelfall von den maßgeblichen Umständen innerhalb seines Betriebes zumindest hätte erfahren müssen. Hierbei ist jedoch in Rechnung zu stellen, daß es sich beim Prozeß des Mobbing oftmals um einen schleichenden Prozeß handelt, innerhalb dessen die mobbenden Personen in sehr subtiler Art und Weise vorgehen[660]. Insoweit darf der an den Arbeitgeber anzulegende Sorgfaltsmaßstab hier keinesfalls überspannt werden.

Problematischer als die Beurteilung eigenen Fehlverhaltens des Arbeitgebers gestaltet sich diejenige hinsichtlich der Frage, ob sich eine den o.g. Grundsätzen folgende Haftung des Arbeitgebers auch dann begründen läßt, wenn Arbeitskollegen oder Vorgesetzte einen Arbeitnehmer psychisch terrorisieren, ohne daß der Arbeitgeber hiervon Kenntnis erlangt bzw. Kenntnis hätte erlangen können. In diesem Zusammenhang ist an die Möglichkeit einer Anrechnung fremden Verschuldens gem. § 278 BGB zu denken[661]. Eine dieser Norm folgende Fremdverschuldenszurechnung tritt dann ein, wenn der mobbende Dritte als Erfüllungsgehilfe i.S. der Vorschrift zu qualifizieren ist.

---

659   Vgl. Hess/Schlochauer/Glaubitz-Hess, § 84, Rdn. 5, der hier ausdrücklich die Problematiken des Psychoterrors sowie der sexuellen Belästigung anspricht; ferner GK-BetrVG-Wiese, § 84, Rdn. 7 f., sowie Haller/Koch, NZA 1995, S. 356, 357. Zu dem den §§ 84, 85 BetrVG nachgebildeten, jedoch von dessen Voraussetzungen unabhängigen Beschwerderecht des § 3 BeschSG im Falle der sexuellen Belästigung am Arbeitsplatz vgl. ferner Schaub, § 166, Pkt. V.5.a., sowie Mittmann, NJW 1994, S. 3048, 3050.

660   Vgl. hierzu die entsprechenden Ausführungen auf S. 7 f.

661   Durch § 278 BGB erfolgt eine Gleichstellung des Verschuldens des Schuldners mit dem seines Erfüllungsgehilfen; es handelt sich mithin um eine Zurechnungsnorm; vgl. nur Palandt-Heinrichs, § 278, Rdn. 1.

Als Erfüllungsgehilfe wird im allgemeinen derjenige bezeichnet, der mit Willen des Schuldners bei der Erfüllung einer diesem obliegenden Verbindlichkeit als dessen Hilfsperson tätig wird[662]. Bezogen auf das arbeitsvertragliche Verhältnis zwischen Arbeitgeber und Arbeitnehmer im Speziellen ist jedoch zu beachten, daß nicht jeder Mitarbeitnehmer als Erfüllungsgehilfe des Arbeitgebers im Hinblick auf dessen Fürsorgeverpflichtung gegenüber anderen Arbeitnehmern anzusehen ist[663]. Da der Arbeitgeber die Fürsorgepflicht gegenüber seinen Arbeitnehmern grundsätzlich selbst erfüllen muß, wird er zu der entsprechenden Erfüllung nur solche Arbeitnehmer heranziehen wollen, die er als besonders zuverlässig und kompetent einstuft[664]. Aus diesem Grunde können seine Mitarbeiter im aufgezeigten Kontext nicht generell als Erfüllungsgehilfen angesehen werden, sondern nur im Falle der konkreten Übertragung der Fürsorgepflichterfüllung[665]. Diese wird in erster Linie gegenüber solchen Arbeitnehmern erfolgen, die mit einer Weisungsbefugnis ausgestattet sind (wie z.B. Vorgesetzte oder Personalleiter)[666]. Gegenüber dem ohne diese Befugnis versehenen "Durchschnittsarbeitnehmer" wird eine entsprechende Übertragung hingegen fehlen, so daß dieser im besprochenen Kontext nicht als Erfüllungsgehilfe i.S.v. § 278 BGB in Betracht kommt. Eine Verschuldenszurechnung nach dieser Vorschrift bzw. eine hieraus resultierende vertragliche Haftung scheidet dann aus.

Aber auch in Bezug auf weisungsberechtigte Arbeitnehmer kann nicht grundsätzlich von der Möglichkeit der Verschuldenszurechnung nach § 278 BGB ausgegangen werden. Hier ist vielmehr erforderlich, daß das schuldhafte Fehlverhalten des mobbenden Arbeitnehmers in innerem

---

662   Vgl. BGHZ 13, 111; 50, 32, 35; 62, 119, 124; ferner MüKo-Hanau, § 278, Rdn. 12; Jauernig-Vollkommer, § 278, Rdn. 6.

663   Vgl. bereits RGZ 106, 293, 294; ferner Palandt-Heinrichs, § 278, Rdn. 29; Staudinger-Löwisch, § 278, Rdn. 56; MüKo-Lorenz, § 618, Rdn. 72; Soergel-Kraft, § 618, Rdn. 26; Hueck/Nipperdey, Bd.1, § 48 II.5.c.aa.

664   Vgl. Flory, S. 60.

665   Vgl. hierzu BAG NJW 1969, S. 766, 767, LAG Ffm. DB 1991, S. 552; Palandt-Heinrichs, § 278, Rdn. 29; Flory, S. 60.

666   Vgl. LAG Ffm., DB 1991, S. 552; Kollmer, Rdn. 86; Däubler, BB 1995, S. 1347, 1349.

sachlichen Zusammenhang mit der ihm übertragenen Aufgabe, also der Ausübung der arbeitgeberseitigen Fürsorge, erfolgt[667]. Dies ist nicht der Fall, wenn sich der mobbende Arbeitnehmer lediglich "bei Gelegenheit" der Arbeitsverrichtung Fürsorgepflichtverletzungen zu Schulden kommen läßt[668]. Letztere hat der Arbeitgeber nicht zu vertreten[669]. Als Beispiele für solche Konstellation können Beleidigungen und Belästigungen im privaten Kreise oder auf dem Weg zur Arbeitsstätte genannt werden[670].

3. Anspruch auf Schadensersatz wegen außerordentlicher Kündigung gem. § 628 II BGB

Wird der Arbeitnehmer durch dem Mobbingprozeß zurechenbare sowie schuldhafte Fürsorgepflichtverletzungen des Arbeitgebers, wie o. beispielhaft aufgeführt, zur Vertragsbeendigung veranlaßt und erleidet er hierdurch einen Schaden, so kommt für ihn ferner die Geltendmachung eines Schadensersatzanspruchs gem. § 628 II BGB in Betracht[671].

Hierbei ist zunächst vorauszusetzen, daß das schuldhafte[672], vertragswidrige Verhalten des Arbeitgebers (in Form der Fürsorgepflichtverletzung) - sog. Auflösungsverschulden[673] - im zu beurteilenden Einzelfall das Gewicht eines wichtigen, zur außerordentlichen Kündigung berech-

---

667   Vgl. Kollmer, Rdn. 87; Flory, S. 60; v. Hoyningen-Huene, BB 1991, S. 2215, 2221; Palandt-Heinrichs, § 278; Rdn. 18; Jauernig-Vollkommer, § 278, Rdn. 12.

668   Vgl. BGH NJW 1965, S. 1709, 1710; VersR 1966, S. 1154, 1155; ferner Soergel-Wolf, § 278, Rdn. 37 m.w.N.

669   Vgl. auch RGZ 106, 293, 294.

670   Vgl. Kollmer, Rdn. 87, sowie v. Hoyningen-Huene, BB 1991, S. 2215, 2221.

671   Vgl. Däubler, BB 1995, S. 1347, 1349 f.; Warschkow/Erdmann, AiB 1995, S. 509, 513; Kollmer, Rdn. 89.

672   Zum Erfordernis des Verschuldens vgl. BGH NJW 1984, S. 2093, 2094; MüKo-Schwerdtner, § 628, Rdn. 33; Soergel-Kraft, § 628, Rdn. 11. m.w.N., sowie Weiß, JuS 1985, S. 593. Zu § 628 II BGB vgl. weiterhin BAG NZA 1997, S. 649 f.

673   Zum Begriff vgl. nur BAG AP Nr. 8 zu § 4 KSchG; Staudinger-Preis, § 628, Rdn. 38, sowie Palandt-Putzo, § 628, Rdn. 6.

tigenden Grundes i.S. von § 626 BGB erlangt[674]. Dies kommt beispielsweise in Fällen der Fürsorgepflichtverletzung durch eigens seitens des Arbeitgebers praktizierten Psychoterror in Betracht, da hier regelmäßig die für eine Fortsetzung des Arbeitsverhältnisses erforderliche Vertrauensbasis zerstört sein wird[675].

Voraussetzung für das Durchgreifen des Anspruchs gem. § 628 II BGB ist weiter, daß ein unmittelbarer Zusammenhang zwischen dem vertragswidrigen Verhalten des Arbeitgebers und der Beendigung des Arbeitsverhältnisses durch den Arbeitnehmer existiert[676]. Die Beendigung hat hierbei zwar nach dem ausdrücklichen Wortlaut des § 628 II BGB durch fristlose Kündigung zu erfolgen; die h.M. wendet die Vorschrift jedoch in analoger Weise auch auf Fälle anderer Beendigungsformen, wie etwa den Aufhebungsvertrag oder die außerordentliche Kündigung mit Auslauffrist, an[677]. Denn als entscheidend für die Gewährung der durch § 628 II BGB geregelten Schadensersatzleistung wird nicht die Form der Beendigung, sondern deren Anlaß eingestuft[678]. Wird das Arbeitsverhältnis jedoch im Wege der Vereinbarung aufgelöst, so sollte sich der gemobbte Arbeitnehmer seine Schadensersatzansprüche ausdrücklich vorbehalten, da der Arbeitgeber anderenfalls die Einigung über die Auflösung dahingehend verstehen kann, daß der gemobbte Arbeitnehmer

---

674   Vgl. BAG AP Nr. 1, 6 und 7 zu § 628 BGB; AP Nr. 8 zu § 4 KSchG; NZA 1997, S. 647, 649; Staudinger-Preis, § 628, Rdn. 38; Soergel-Kraft, § 628, Rdn. 11; MüKo-Schwerdtner, § 628, Rdn. 33; Weiß, JuS 1985, S. 593.

675   Zu dem Fall der Zerstörung der Vertrauensbasis vgl. Münch. ArbR.-Wank, § 117, Rdn. 30; Staudinger-Preis, § 626, Rdn. 92, sowie Willemsen, Anmerkung zu BAG EzA § 626 n.F. Nr. 116. Zu den speziellen Fällen grober Beleidigung vgl. weiter MüKo-Schwerdtner, § 626, Rdn. 163 m.w.N.

676   Das vertragswidrige Verhalten muß also Motiv für die Kündigungserklärung sein; vgl. BAG NJW 1971, S. 2092 f., OLG Koblenz MDR 1976, S. 44; Staudinger-Preis, § 628, Rdn. 43.

677   Vgl. nur BGHZ 44, 271, 274; BAG AP Nr. 6 zu § 628 BGB; AP Nr. 8 zu § 4 KSchG; Erman-Hanau, § 628, Rdn. 13; Staudinger-Preis, § 628, Rdn. 41; a.A. jedoch Palandt-Putzo, § 628, Rdn. 1.

678   Vgl. BAG AP Nr. 6 zu § 628 BGB; AP Nr. 8 zu § 4 KSchG; Soergel-Kraft, § 628, Rdn. 13.

etwaige Rechte aus dem Auflösungsverschulden des Arbeitgebers nicht mehr geltend machen wird[679].

Schließlich muß der auf Seiten des gemobbten Arbeitnehmers eingetretene Schaden gerade auf die Beendigung des Arbeitsverhältnisses zurückzuführen sein[680]. Dies besagt freilich nichts anderes, als daß der gemobbte Arbeitnehmer lediglich den Ausgleich sämtlicher durch die vorzeitige Vertragsbeendigung *adäquat kausal* verursachten Schadensfolgen verlangen kann[681]. Ein entsprechender ursächlicher Zusammenhang wird hier insbesondere dann zu bejahen sein, wenn dem gemobbten Arbeitnehmer aufgrund der Vertragsbeendigung Vergütungsleistungen, Zuwendungen oder Tantiemen des bisherigen Arbeitgebers entgehen oder ihm Aufwendungen im Hinblick auf einen neuen Arbeitsplatz entstehen[682].

B. Deliktische, negatorische sowie quasinegatorische Ansprüche

I. Allgemeines

Im Hinblick auf denkbare deliktische, negatorische sowie quasinegatorische Ansprüche gegenüber dem Arbeitgeber im Falle des durch diesen praktizierten systematischen Psychoterrors ist zunächst auf die Ausführungen des zweiten Hauptteils, 1. Kapitel, Pkt. B. und C., zu verwei-

---

679   Vgl. BAG AP Nr. 6 zu § 628 BGB; Staudinger-Preis, § 628, Rdn. 41; KR-Weigand, § 628, Rdn. 20; a.A. Canaris, Anmerkung zu AP Nr. 6 zu § 628 BGB, der im Hinblick auf das mögliche Fehlen entsprechender Rechtskenntnisse - gerade auf Seiten des Arbeitnehmers - die pauschale Annahme eines konkludenten Anspruchsverzichts für unzulässig hält.

680   Vgl. MüKo-Schwerdtner, § 628, Rdn. 42; Staudinger-Preis, § 628, Rdn. 43.

681   Vgl. Staudinger-Preis, § 628, Rdn. 43 ff.; zu ersetzen ist der gesamte Schaden (§ 249 BGB) einschließlich des entgangenen Gewinns (§ 252 BGB); vgl. BAG NZA 1997, S. 647, 649 f.; Soergel-Kraft, § 628, Rdn. 14; Palandt-Putzo, § 628, Rdn.8.

682   Vgl. ArbG Marburg, BB 1963, S. 1376; KR-Weigand, § 628 BGB, Rdn. 37 ff.; MüKo-Schwerdtner, § 628, Rdn. 50; Palandt-Putzo, § 628, Rdn. 8. Zur Problematik einer angemessenen Begrenzung des aus § 628 II BGB resultierenden Anspruchs vgl. das sich in erster Linie an dem Gesichtspunkt der Schutzwürdigkeit orientierende Modell von Weiß, JuS 1985, S. 593 ff.

sen[683]. Als Anspruchsgrundlagen kommen auch hier v.a. die §§ 823 I, 823 II i.V.m. einem Schutzgesetz, 824 I, 826 sowie 1004 (ggf. analog) BGB in Betracht. Dies gilt unabhängig von der Frage, ob erst durch den Mobbing-Prozeß bedingte Rechtsgutverletzungen in Rede stehen oder aber solche, die bereits aus einzelnen, dem Prozeß zurechenbaren Verhaltensweisen resultieren.

Hinsichtlich des Einwandes der Sozialadäquanz im Falle subtil vorgetragenen Psychoterrors seitens des *Arbeitgebers* gelten die gleichen Grundsätze, wie sie im Hinblick auf ein entsprechendes Verhalten der *Arbeitskollegen* bereits aufgezeigt wurden[684]. Der Einwand greift nicht. Denn die Rechtsfigur des sozialadäquaten Verhaltens ist aus dogmatischen Erwägungen bereits dem Grundsatz nach abzulehnen. Selbst wenn man sie aber anerkennen wollte, so wäre sie jedenfalls auf den Prozeß des Mobbing nicht anwendbar. Denn hier geht es gerade nicht um unwesentliche, geringfügige Beeinträchtigungen oder unvermeidbare Unglücksfälle. Zu bedenken ist hierbei wiederum, daß im *Einzelfall* möglicherweise noch als unwesentliche Beeinträchtigungen zu charakterisierende Verhaltensweisen gerade in *akkumulierter Form* objektiv ein geeignetes Mittel darstellen, um den betroffenen Arbeitnehmer in seinen rechtlich geschützten Gütern zu verletzen und erhebliche Schädigungen (etwa gesundheitlicher Natur) zu bewirken.

Zum Problemkreis der Beschränkung der Haftung durch die Vorschriften des SGB VII kann ebenfalls auf die schon im Verhältnis zu dem/den Arbeitskollegen getätigten Ausführungen verwiesen werden[685]. Gegenüber dem Arbeitgeber ist hier lediglich § 104 SGB VII (anstelle der dem Arbeitskollegen gegenüber wirkenden Vorschrift des § 105 SGB VII) maßgeblich. Inhaltlich ergeben sich hieraus keine Unterschiede. Im Ergebnis kann das Haftungsprivileg des § 104 SGB VII lediglich im Falle von einzelnen, dem Mobbing-Prozeß zuzuordnenden und gesundheitliche Schädigungen unmittelbar bewirkenden fahrlässigen Verhaltens-

---

683   Vgl. S. 69 ff.

684   Vgl. hierzu die Ausführungen auf S. 107 ff.

685   Vgl. S. 123 ff.

weisen Platz greifen. Gegenteiliges ergibt sich im Falle von Gesundheitsbeschädigungen, die erst die Folge eines systematischen, lang anhaltenden Psychoterrors darstellen, da hier die vorauszusetzenden tatbestandlichen Merkmale - Arbeitsunfall bzw. Berufskrankheit - nicht vorliegen[686].

Ferner ist auch für die Fälle der Mittäterschaft, der Anstiftung, der Beihilfe sowie der Nebentäterschaft auf die gegenüber den Arbeitskollegen getätigten Ausführungen zu verweisen[687]. Auch hier ergeben sich keine Besonderheiten.

II. Speziell dem Arbeitgeber zur Verfügung stehende, dem Mobbing-Prozeß zuzuordnende Einwirkungsmöglichkeiten und deren deliktsrechtliche Beurteilung

In Ergänzung zu den schon angesprochenen, auch im Rahmen der Beziehung der Arbeitskollegen untereinander grundsätzlich in Betracht zu ziehenden Formen mobbenden Verhaltens sollen im folgenden einige mobbingspezifische Einwirkungsmöglichkeiten benannt werden, die speziell dem Arbeitgeber durch seine Stellung als Dienstherr des Arbeitnehmers zur Verfügung stehen. Gleichzeitig soll deren deliktsrechtliche Relevanz aufgezeigt werden.

In erster Linie ist hier an Handlungen zu denken, die die Persönlichkeitsrechte des Arbeitnehmers tangieren. Hier werden wiederum primär ehrverletzende Behandlungen eine Rolle spielen. Solche kommen etwa in Betracht, wenn sich der Arbeitgeber in unzulässiger Weise über das Privatleben des Arbeitnehmers lustig macht[688]. Dies kann beispielsweise in der Form geschehen, daß ersterer vertrauliche, nur ihm bekannte Informationen über die persönlichen Verhältnisse des letzteren durch Aushang am "schwarzen Brett" der gesamten Belegschaft zukommen läßt. In diesem Fall ist an eine Verletzung des Persönlichkeitsrechts des Arbeit-

---

686 Vgl. S. 125 f. sowie 127 ff.

687 Vgl. S. 130 ff.

688 Zu dieser "Mobbing-Handlung" vgl. Leymann, Mobbing, S. 34.

nehmers an der Ehre zu denken, was wiederum zu Schadensersatzansprüchen gem. § 823 I BGB bzw. § 823 II BGB i.V.m. § 185 StGB führen kann[689].

Ansprüche gleicher Art können insbesondere daraus resultieren, daß der Arbeitgeber den Arbeitnehmer psychisch terrorisiert, indem er ihn dauerhaft entgegen den durch den Arbeitsvertrag bestimmten Grundsätzen beschäftigt. Auch hierdurch kann der Arbeitgeber seine Nicht- oder Mißachtung des betroffenen Arbeitnehmers zum Ausdruck bringen[690]. Ausgangspunkt ist hierbei der zwischenzeitlich allg. anerkannte Anspruch des Arbeitnehmers auf *tatsächliche* und *vertragsgemäße* Beschäftigung, sog. Beschäftigungsanspruch[691]. Dieser resultiert aus §§ 611, 613 BGB i.V.m. der Generalklausel des § 242 BGB, die wiederum durch den allg. Schutz der Persönlichkeit gem. Art. 1, 2 GG ausgefüllt wird[692]. Dem Arbeitnehmer darf hiernach nicht die Möglichkeit genommen werden, seine Persönlichkeit in der Arbeitsleistung zu entfalten[693].

Verstößt der Arbeitgeber gegen seine o.g. Pflicht, den Arbeitnehmer vertragsgemäß zu beschäftigen, und läßt sich sein Verhalten im Einzelfall unter Berücksichtigung der tangierten Rechtsgüter und Interessen[694] von

---

689   Vgl. hierzu Wiese, ZfA 1971, S. 273, 307 f., der hier die Weitergabe von speziell dem Arbeitgeber bekannten Angaben anführt, welche die privaten Verhältnisse des Arbeitnehmers betreffen - z.B. Angaben über Scheidungen, nicht eheliche Kinder oder Kirchenaustritte. A.a.O., S. 311, nennt der Autor ferner das unbefugte Zugänglichmachen von geheimen Daten wie zurückliegende Vorstrafen oder Krankheiten.

690   Vgl. Wiese, ZfA 1971, S. 273, 297, für den Fall der sachlich unbegründeten Nichtbeschäftigung des Arbeitnehmers.

691   Vgl. BAG AP Nr. 2, 3, 4, 14 zu § 611 BGB - Beschäftigungspflicht; Staudinger-Richardi, § 611, Rdn. 798 ff.; Schaub, § 110, Pkt. I.4.; Münch. ArbR.-Blomeyer, § 93, Rdn. 1; Erfurter Kommentar-Preis, § 611 BGB, Rdn. 825, sowie MüKo-Müller-Glöge, § 611, Rdn. 397, mit dem Hinweis, daß der Schutz der Persönlichkeit des Arbeitnehmers die vertragsgemäße Beschäftigung erfordere.

692   Vgl. nur BAG AP Nr. 2 und 14 zu § 611 BGB - Beschäftigungspflicht.

693   Vgl. BAG AP Nr. 2, 4, 5, 6 und 14 zu § 611 BGB - Beschäftigungspflicht sowie MüKo-Müller-Glöge, § 611, Rdn. 397.

694   Diese Güter- und Interessenabwägung - Ausdruck des Grundsatzes der Verhältnismäßigkeit - ist bei Eingriffen in das "Rahmenrecht" an der

Arbeitgeber und Arbeitnehmer als rechtswidrige und schuldhafte Verletzung der Persönlichkeitsrechte des letzteren qualifizieren, so kommen Schadensersatzansprüche gem. § 823 I BGB bzw. solche nach § 823 II BGB i.V.m. § 185 StGB in Betracht. Konkret ist hier an Fälle zu denken, in denen der Arbeitgeber den Arbeitnehmer psychisch terrorisiert, indem er diesem dauerhaft keine Arbeitsaufgaben, lediglich völlig sinnlose Arbeitsaufgaben oder aber stark unterfordernde Aufgaben zuweist[695].

In Bezug auf die erste der o.g. Alternativen kann von einer faktischen Nichtbeschäftigung bzw. einem "Kalt-Stellen" des Arbeitnehmers gesprochen werden[696]. In diesem Fall mutet der Arbeitgeber letzterem zu, dauerhaft sein Gehalt in Empfang zu nehmen, ohne sich - faktisch - in seinem bisherigen Beruf betätigen zu können. Der hieraus resultierende - faktische - Zwang zum Nichtstun läßt den betreffenden Arbeitnehmer aber nicht mehr als vollwertiges Mitglied der Berufsgemeinschaft erscheinen und hindert ihn darüber hinaus daran, seine beruflichen Fähigkeiten zu erhalten sowie fortzubilden und mithin daran, seine Persönlichkeit zu entfalten[697]. Sowohl die Allgemeinheit als auch der betroffene Arbeitnehmer wird es für verächtlich halten müssen, den Arbeitslohn zu erhalten, ohne sich diesen durch entsprechende Arbeitsleistungen verdient zu haben; die geleistete Arbeit wird durch den Arbeitgeber in diesem Falle als minderwertig dargestellt, da letzterer lieber Geld "verschenkt", als die (vertraglich geschuldete) Leistung des Arbeitnehmers in Empfang zu nehmen[698]. Die faktische Nichtbeschäftigung stellt daher i.d.R., falls keine besonderen Gründe das Verhalten des Arbeitgebers

---

Persönlichkeit immer vorzunehmen; vgl. hierzu nur Münch. ArbR.- Blomeyer, § 95, Rdn. 4 m.w.N., sowie die Nachweise unter Fn. 359.

695   Zu diesen Mobbing-Handlungen vgl. Leymann, Mobbing, S. 34.

696   Dieses wird in der arbeitsrechtlichen Praxis oft erfolgen, um schwer kündbare bzw. abfindungsberechtigte Arbeitnehmer zur Eigenkündigung zu veranlassen; vgl. hierzu Niedl, Wem nützt Mobbing?, S. 61-62.

697   Vgl. BAG AP Nr. 2 und 14 zu § 611 BGB - Beschäftigungspflicht zu Fällen der tatsächlichen Nicht(weiter)beschäftigung, welche jedoch denjenigen der nicht vertragsgemäßen Beschäftigung gleichzustellen sind, da der Beschäftigungsanspruch, wie o. dargelegt, sowohl auf die tatsächliche als auch auf die vertragsgemäße Beschäftigung gerichtet ist.

698   Vgl. hierzu BAG, a.a.O., zum Falle der tatsächlichen Nicht(weiter)beschäftigung.

rechtfertigen, einen schwerwiegenden, in o. dargelegter Weise anspruchsbegründenden Eingriff in das Persönlichkeitsrecht an der Ehre des betroffenen Arbeitnehmers dar[699]. In dieser Fallkonstellation gilt es wiederum zu bedenken, daß neben dem Ersatz materieller Schäden (z.B. Heilkosten nach einem Nervenzusammenbruch aufgrund der Ehrverletzung) auch ein Anspruch auf Zahlung eines Schmerzensgeldes nach § 847 BGB in Betracht zu ziehen ist[700].

Ganz ähnlich wie der Fall der faktischen Nichtbeschäftigung lassen sich die Fälle der dauerhaften Zuweisung sinnloser oder aber den Arbeitnehmer deutlich unterfordernder Aufgaben beurteilen. Hier kommt jedoch der Aspekt hinzu, daß die zwar erfolgende, aber eben nicht vertragsgemäße Beschäftigung dem Arbeitnehmer als reine Beschäftigungstherapie erscheinen muß, mittels derer er von einem mitproduzierenden Subjekt zu einem beliebig verwendbaren "Produktionsmittel" degradiert wird[701].

Persönlichkeitsrechtliche Relevanz weisen fernerhin die Fälle der systematischen Überforderung des Arbeitnehmers auf[702]. Kommt der Arbeitnehmer mit der Arbeitsmenge nicht zurecht oder ist die gestellte Aufgabe inhaltlich zu schwierig, so wird er in seiner individuellen Entfaltung nicht gefördert, sondern - im Gegenteil - behindert[703]. Die Überforderung

---

699 Die persönlichkeitsrechtliche Relevanz kann sich hier ferner dadurch verstärken, daß die Nichtbeschäftigung mit einer völligen Isolierung des Arbeitnehmers einhergeht, da jedenfalls das strikte Abschneiden der sozialen Kontakte des letzteren unter persönlichkeitsrechtlichen Gesichtspunkten nicht unproblematisch erscheint; vgl. zu diesem Problemkreis Hallenberger, S. 181 ff.; Däubler, Das Arbeitsrecht 2, S. 319 ff., 322, sowie Leymann, Mobbing, S. 33.

700 Vgl. nur Münch. ArbR. - Blomeyer, § 95, Rdn. 33 f. m.w.N.

701 Vgl. hierzu Hallenberger, S. 167; Stein, FS für Brenner, S. 269 f., sowie Däubler, Das Arbeitsrecht 2, S. 312 f., der das existentielle Interesse des Arbeitnehmers hervorhebt, nicht als "nutzlos" in die Ecke gestellt und von sinnvoller Arbeit ausgeschlossen zu werden.

702 Zu dieser Form von Mobbing vgl. Leymann, Mobbing, S. 34, der hier das Zuweisen ständig neuer bzw. die Qualifikationen des Arbeitnehmers übersteigender Aufgaben nennt, wobei das Ziel der Diskreditierung eine Rolle spielen könne. Vgl. im übrigen Hallenberger, S. 167 f. m.w.N.

703 Hallenberger, S. 168 m.w.N.

kann sich in diesem Kontext folglich sowohl aus der Quantität als auch aus der Qualität der an ihn gestellten Anforderungen ergeben[704].

In den Vordergrund rückt hier jedoch das Schutzgut der Gesundheit des Arbeitnehmers. Wird letztere durch Erzeugung unmäßiger Streßpotentiale im Wege nachhaltiger und gezielter Überforderung, welche quantitativ oder qualitativ im Gegensatz zum vertraglich abgesteckten Bereich der geschuldeten Dienste steht, beschädigt, so kommen ebenfalls Ansprüche gem. § 823 I BGB sowie § 823 II BGB, in diesem Fall in Verbindung mit den §§ 223 bzw. 229 StGB, in Betracht[705]. Allerdings ist auch hier im Einzelfall eine Einschränkung der Haftung durch das Korrektiv der Adäquanz denkbar[706].

III. Schutzgesetzcharakter von § 75 II BetrVG

Zu prüfen ist weiterhin, ob § 75 II BetrVG als Schutzgesetz i.S.v. § 823 II BGB anzusehen ist. Gem. § 75 II BetrVG haben Arbeitgeber und Betriebsrat die freie Entfaltung der Persönlichkeit der im Betrieb beschäftigten Arbeitnehmer zu schützen und zu fördern. Sollte in der genannten Norm ein Schutzgesetz i.S.v. § 823 II BGB zu erblicken sein, so hätte dies zur Folge, daß in dem - im Zusammenhang mit der Mobbing-Problematik bedeutsamen - Bereich von Persönlichkeitsrechtsverletzungen[707] dem verletzten Arbeitnehmer eine weitere Anspruchsgrundlage zur Geltendmachung eines Schadensersatzanspruches zur Verfügung stünde.

---

704   Ebenda.

705   Hinsichtlich der im vertraglichen Bereich in Betracht zu ziehenden Konsequenzen der vorliegend behandelten Persönlichkeitsrechts- und Gesundheitsverletzungen kann auf die entsprechenden Ausführungen unter Punkt A. dieses Kapitels verwiesen werden.

706   Zum haftungsrechtlichen Korrektiv der Adäquanz vgl. die Ausführungen auf S. 71 f.

707   Vgl. hierzu insbesondere die Ausführungen innerhalb des vorangegangenen Gliederungspunktes.

Die o. aufgeworfene Frage ist umstritten. Teilweise wird § 75 II BetrVG durch die Literatur Schutzgesetzqualität i.s.v. § 823 II BGB[708] beigemessen[709]. Hierbei wird v.a. angeführt, die in § 75 BetrVG niedergelegten Pflichten des Arbeitgebers dienten gerade dem Schutz und den Interessen des einzelnen Arbeitnehmers[710], was letztlich eine bloße Wiederholung der allgemein an ein Schutzgesetz i.s.v. § 823 II BGB zu stellenden Anforderungen bedeutet[711].

Dem wird durch einen beachtlichen Teil der Literatur entgegengetreten[712]. Eine Schutzgesetzqualität von § 75 II BetrVG wird hier überwiegend mit der Begründung verneint, die besagte Norm sei kollektivrechtlicher Natur und wirke daher lediglich mittelbar auf die rechtlichen Beziehungen zwischen Arbeitgeber und Arbeitnehmer[713].

Beide Ansätze vermögen aufgrund ihres pauschalierenden Charakters nicht vollständig zu überzeugen. Vielmehr erscheint eine differenzierte Sichtweise geboten, welche zwischen den in § 75 II BetrVG genannten Arbeitgeberpflichten zu unterscheiden hat. Ausgangspunkt der Überlegungen muß dabei sein, daß die Regelungen des Betriebsverfassungs-

---

708   Zu den grundsätzlichen Voraussetzungen für die Annahme eines Schutzgesetzes i.s.v. § 823 II BGB vgl. die entsprechenden Ausführungen auf S. 91 f.

709   Dies zumeist ohne weitere Begründung; vgl. Fitting, § 75, Rdn. 80; Hanau, RdA 1976, S. 24, 28; Galperin/Löwisch, § 75, Rdn. 38; Brecht, § 75, Rdn. 7; Löwisch, AuR 1972, S. 359, 361; Stege/Weinspach, § 75, Rdn. 2; Riedel, JArbR Bd. 14, S. 79, 94; Schröder, S. 203; Grunewald, NZA 1993, S. 1071, 1073.

710   Vgl. statt vieler Schröder, a.a.O.

711   Vgl. nur BGH NJW 1973, S. 1547, 1548, der auf seine diesbezüglich einschlägige ständige Rechtsprechung verweist, nach welcher ein Schutzgesetz i.s.d. § 823 II BGB lediglich dann vorliegt, wenn die betreffende Norm - möglicherweise neben dem Schutz der Allgemeinheit - gerade dazu dienen soll, den einzelnen oder einzelne Personenkreise gegen die Verletzung eines Rechtsguts zu schützen.

712   Vgl. GK-BetrVG-Kreutz, § 75, Rdn. 91; Richardi, BetrVG, § 75, Rdn. 42; Herschel, Anm. zu BAG AP Nr. 2 zu § 17 BBiG; Münch.ArbR.- v. Hoyningen-Huene, § 293, Rdn. 87; Fritsch, BB 1992, S. 701, 707; vgl. ferner Isele, RdA 1962, S. 373, 374, zu den Vorschriften des BetrVG v. 11.10.1952.

713   In diesem Sinne Richardi, BetrVG, § 75, Rdn. 42; ähnlich Münch.ArbR.-v. Hoyningen-Huene, § 293, Rdn. 87.

gesetzes zwar primär die *kollektivrechtliche* Beteiligung der Arbeitnehmer an Entscheidungen im Betrieb verfolgen, welche ohne die betriebliche Mitbestimmung nicht gegeben wäre[714], daß das Betriebsverfassungsgesetz jedoch dem Arbeitnehmer eine Reihe von sichtbar *indivi-
dualrechtlich* geprägten Befugnissen zuweist, vgl. z.B. §§ 81 ff. BetrVG[715]. Da in letzteren die gesetzliche Schutzintention gerade im Hinblick auf den *einzelnen* Arbeitnehmer zu Tage tritt[716], wird deutlich, daß
die überwiegend kollektivrechtliche Ausrichtung des Betriebsverfas-
sungsgesetzes nicht bereits per se zur Verneinung des Schutzgesetz-
charakters der in ihm enthaltenen Vorschriften geeignet ist[717].

Wendet man sich dem § 75 II BetrVG im Speziellen zu, so ergibt sich
nach dem klaren Wortlaut der Vorschrift einerseits eine Schutz-, andererseits eine Förderungspflicht des Arbeitgebers hinsichtlich der freien
Entfaltung der Persönlichkeit der im Betrieb beschäftigten Arbeitnehmer.

Hinsichtlich der Anerkennung der in § 75 II BetrVG normierten Förderungspflicht als Schutzgesetz i.S.v. § 823 II BGB läßt sich bereits ein-
wenden, daß letzteres der Abwehr von Eingriffen in Rechtsgüter bzw.
rechtlich geschützter Interessen dienen, mithin eine Schädigung des
Geschützten verhindern soll[718]. Diese Intention läßt sich im Hinblick auf
die in § 75 II BetrVG genannte Förderungspflicht, die einen gestalteri-

---

714 Vgl. Dütz, Rdn. 730.

715 Vgl. Münch.ArbR.-v. Hoyningen-Huene, § 295, Rdn. 2 m.w.N.

716 Vgl. GK-BetrVG-Wiese, vor § 81, Rdn. 36; ders., RdA 1973, S. 1, 8; ebenso
     Bächle, DB 1973, S. 1400, 1402; ferner DKK-Buschmann, § 81, Rdn. 15 zu
     § 81 BetrVG; a.A. jedoch Galperin/Löwisch, vor § 81, Rdn. 9.

717 Auch Isele, RdA 1962, S. 373, 374, stellt fest, daß das
     Betriebsverfassungsgesetz zwar nicht in seiner Gesamtheit, wohl aber partiell
     als Schutzgesetz i.S.v. § 823 II BGB angesehen werden könne; in diesem
     Sinne auch GK-BetrVG-Wiese, vor § 81, Rdn. 36 mit zahlreichen weiteren
     Nachweisen; ferner Niederalt, S. 196; Mertz, RdA 1971, S. 203, 204, sowie
     Nikisch, Bd. 3, S. 175.

718 Vgl. nur Palandt-Thomas, § 823, Rdn. 141, sowie Staudinger-Schäfer, § 823,
     Rdn. 575.

schen, die Verbesserung der persönlichkeitsrechtlichen Situation der Arbeitnehmer verfolgenden Charakter aufweist, nicht erkennen[719].

Wendet man sich hingegen der in § 75 II BetrVG normierten Schutzpflicht[720] zu, so ist diese im Kontext zu der bereits aus dem Arbeitsvertrag resultierenden Pflicht des Arbeitgebers zu sehen, den einzelnen Arbeitnehmer nicht in rechtswidriger Weise in dessen Persönlichkeitsrechten zu beeinträchtigen. Begreift man die in § 75 II BetrVG aufgestellte Schutzpflicht als Umsetzung dieser gegenüber dem einzelnen Arbeitnehmer bestehenden Pflicht i.S. einer betriebsverfassungsrechtlichen Amtspflicht[721], so erstreckt sich ihre Funktion nicht lediglich auf die objektive Ordnung des Betriebes, sondern kann darüber hinaus in der Verstärkung des Schutzes des *einzelnen* Arbeitnehmers innerhalb des betrieblichen Umfeldes erblickt werden[722]. In diesem Umfang erscheint eine Anerkennung als Schutzgesetz i.S.v. § 823 II BGB angebracht. Ein Schadensersatzanspruch im Falle persönlichkeitsrechtlich relevanten Mobbings durch den Arbeitgeber läßt sich insoweit folglich auch auf § 823 II BGB i.V.m. § 75 II BetrVG stützen.

IV. Schutzgesetzcharakter von § 2 I BeschSG

Im Gegensatz zur insoweit umstrittenen Vorschrift des § 75 II BetrVG ist als Schutzgesetz i.S.v. § 823 II BGB zweifellos § 2 I des BeschSG anzuerkennen[723]. Dies ergibt sich bereits aus dem Wortlaut von § 1 Abs. 1 BeschSG, der als Ziel des Gesetzes die Wahrung der Würde von Frauen und Männern durch Schutz vor sexueller Belästigung am Arbeitsplatz

---

719   So auch Hallenberger, S. 261 f.; ähnlich Niederalt, S. 197.

720   Diese verpflichtet den Arbeitgeber u.a., selbst alles zu unterlassen, was Persönlichkeitsrechte der bei ihm beschäftigten Arbeitnehmer verletzt; vgl. statt vieler Fitting, § 75, Rdn. 66.

721   Diesen Begriff verwendet Hallenberger, S. 261.

722   Hierauf weist m.E. zu Recht Hallenberger, S. 260 f., hin.

723   Vgl. hierzu Schaub, § 166, Pkt. V.6.; von Roetteken, Der Personalrat 1995, S. 276, 282, sowie Worzalla, NZA 1994, S. 1016, 1017.

festschreibt[724]. Dieser ist aufgrund des gesamten Regelungskontextes des Beschäftigtenschutzgesetzes, welches dem *konkret* betroffenen Arbeitnehmer Rechte für den Fall der sexuellen Belästigung zuweist, als Individualschutz zu begreifen[725]. Mithin ist bei Verletzung der in § 2 I BeschSG normierten Pflichten die Geltendmachung eines Schadensersatzanspruchs gem. der genannten Norm i.V.m. § 823 II BGB möglich.

V. Haftung für den Verrichtungsgehilfen gem. § 831 BGB

Setzt der Arbeitgeber als Geschäftsherr einen Arbeitnehmer als weisungsgebundenen Verrichtungsgehilfen ein[726] und fügt dieser in Ausführung der ihm aufgetragenen Verrichtung[727] einem anderen Arbeitnehmer durch eine unerlaubte Handlung rechtswidrig einen Schaden zu, so hat der Arbeitgeber dem betroffenen Arbeitnehmer gem. § 831 Abs. 1 S. 1 BGB den hieraus resultierenden Schaden zu ersetzen. Dies muß auch dann gelten, wenn die deliktische Handlung einem Mobbingprozeß zuzuordnen ist[728].

---

724   Vgl. von Roetteken, Der Personalrat 1995, S. 276, 282, mit Hinweis auf BT-DS 12/5468.

725   Vgl. hierzu auch BT-DS 12/5468, S. 47.

726   Da das Merkmal der Weisungsgebundenheit im Hinblick auf den Begriff des Arbeitnehmers eine geradezu prägende Bedeutung aufweist - vgl. statt vieler BAG BB 1996, S. 60, 61 -, ist der Arbeitnehmer durchweg als Verrichtungsgehilfe anzusehen, wenn er mit Wissen und Wollen des Arbeitgebers in dessen Interesse tätig wird; vgl. hierzu MüKo-Stein, § 831, Rdn. 32; AK BGB-Reich, § 831, Rdn. 2; BGB-RGRK-Steffen, § 831, Rdn. 21, sowie Brox, Besonderes Schuldrecht, Rdn. 474.

727   "In Ausführung der Verrichtung" bedeutet hierbei, daß ein unmittelbarer innerer Zusammenhang zwischen aufgetragener Verrichtung und schädigender Handlung gegeben sein muß; letztere darf also nicht bloß gelegentlich der Verrichtung erfolgen; vgl. hierzu Staudinger-Belling/Eberl-Borges, § 831, Rdn. 79 f. m.w.N. Insoweit gilt hier das gleiche wie im Rahmen des § 278 BGB; vgl. hierzu Erman-Schiemann, § 831, Rdn. 11 sowie die Ausführungen auf S. 154 f. dieser Arbeit.

728   Wenn also beispielsweise der für die Qualitätskontrolle zuständige Vorgesetzte A die Arbeitsleistung des Arbeitnehmers B - wie er dies aufgrund seiner tiefen Antipathie letzterem gegenüber prinzipiell tut - in stark überzogener Weise kritisiert, den B hierbei vor den anderen Arbeitskollegen "herunterputzt" und ihn hierbei in schwerer, erniedrigender Form beleidigt; vgl. hierzu auch Leymann, Mobbing, S. 33-34.

Die Vorschrift des § 831 BGB stellt, im Gegensatz zu der des § 278 BGB, eine eigenständige Anspruchsgrundlage dar[729]. Die Haftung des Arbeitgebers resultiert hierbei aus dessen vermutetem Verschulden bei der Auswahl, Überwachung, Leitung und Ausrüstung des Verrichtungsgehilfen einerseits sowie der ebenfalls vermuteten Ursächlichkeit zwischen diesem Verschulden und dem durch den Verrichtungsgehilfen verursachten Schaden andererseits[730].

Es gilt jedoch hervorzuheben, daß der Arbeitgeber der Haftung entgeht, wenn er wenigstens eine der beiden o.g. Vermutungen widerlegt[731] (vgl. § 831 Abs. 1 S. 2 BGB). Die Widerlegung kann zum einen gelingen, indem er (Geschäftsherr i.S. der Vorschrift) darlegt, daß der Schaden des Arbeitnehmers bei Hinwegdenken jeglicher in Betracht kommender Sorgfaltspflichtverletzung des Geschäftsherrn *gleichfalls* entstanden wäre[732]. Zum anderen ist der Entlastungsbeweis erfolgreich angetreten, falls er die *eigene* Einhaltung höchstmöglicher Sorgfalt darlegen kann[733]. Hier ist u.a. auch die Frage einer sachgerechten Organisation der Überwachung zu erörtern[734]. Schließlich kann er sich entlasten, indem er nachweist, daß der den Schaden verursachende Arbeitskollege (Gehilfe i.S. der Vorschrift) *selbst* mit höchstmöglicher Sorgfalt gehandelt hat[735].

Es bestehen somit für den Arbeitgeber zahlreiche Ansatzpunkte, seiner durch § 831 I S. 1 BGB normierten Haftung zu entgehen. Daher muß der gemobbte Arbeitnehmer, kann er seinen Anspruch auf Schadensersatz

---

[729] Vgl. nur Kupisch/Krüger, S. 88.

[730] So die heute allg. Meinung; vgl. nur BGHZ 32, 53, 59; BGH VersR 1966, S. 564; MüKo-Stein, § 831, Rdn. 63, sowie Staudinger-Schäfer, § 831, Rdn. 2.

[731] Vgl. Jauernig-Teichmann, § 831, Rdn. 10 ff.; MüKo-Stein, § 831, Rdn. 64; Staudinger-Schäfer, § 831, Rdn. 135.

[732] Vgl. MüKo-Stein, § 831, Rdn. 64.

[733] Ebenda.

[734] Ebenda.

[735] Ebenda.

gegen den Arbeitgeber einzig auf die genannte Norm stützen, in Erwägung ziehen, mit seinem Anliegen aufgrund einer erfolgreichen Entlastung des letzteren zu scheitern[736].

C. Zwischenergebnis

Die vorstehende Untersuchung hat ergeben, daß auch dem Arbeitgeber gegenüber zahlreiche Ansprüche daraus resultieren können, daß einer seiner Arbeitnehmer im Betrieb psychisch terrorisiert wird. Die rechtliche Position des betroffenen Arbeitnehmers ist im Vergleich zu derjenigen gegenüber seinem/seinen mobbenden Arbeitskollegen um so stärker, als hier eine vertragliche Bindung mit gesteigerten Schutzpflichten der Parteien in Rede steht. So kommen gegenüber dem Arbeitgeber nicht lediglich Ansprüche auf Beseitigung, Unterlassung oder Schadensersatz in Betracht. Gerade aus der Verletzung arbeitgeberseitiger Fürsorgepflichten können vielmehr zusätzlich Ansprüche auf Erfüllung und hiermit korrespondierende Leistungsverweigerungsrechte resultieren. Setzen die genannten Ansprüche ein Verschulden voraus, so wird die Wahrscheinlichkeit einer Haftung des Arbeitgebers durch die Möglichkeit einer Zurechnung fremden Verschuldens nach § 278 BGB erheblich gesteigert.

---

736 Vgl. hierzu auch Kollmer, Rdn. 88, der sogar davon ausgeht, daß der Arbeitnehmer hier in den *seltensten* Fällen einen Anspruch werde realisieren können.

3. Kapitel: Die Problematik der Beweisbarkeit von Mobbing am Arbeitsplatz

Im folgenden soll in gedrängter Form die Problematik der Beweisbarkeit von Mobbing am Arbeitsplatz[737] erörtert werden. Hierbei ist davon auszugehen, daß auch im Falle der psychischen Terrorisierung - allgemeinen zivilprozeßrechtlichen Grundsätzen folgend - jede Partei die Beweislast dafür trägt, daß der Tatbestand die ihr jeweils günstigen Norm erfüllt ist[738]. Danach ist der gemobbte Arbeitnehmer als Kläger in einem gerichtlichen Prozeß, falls die beklagte Partei seinen Vortrag bestreitet, für die anspruchsbegründenden Tatsachen beweispflichtig[739]. Die im Einzelfall beweisbedürftigen Tatsachen hängen hierbei von der jeweils in Betracht zu ziehenden Anspruchsgrundlage ab.

Die für den gemobbten Arbeitnehmer schwierigste Situation dürfte dann bestehen, wenn er Ansprüche aufgrund sittenwidriger vorsätzlicher Schädigung nach § 826 BGB geltend machen möchte. Hier hat er ggf. sämtliche tatbestandlichen Merkmale, also Schadenszufügung, haftungsbegründende Kausalität, Verschulden und insbesondere Sittenwidrigkeit zu beweisen[740]. Dies ist schon deswegen mit erheblichen Schwierigkeiten verbunden, da ihm hier sowohl im Rahmen des Verschuldens als auch beim Nachweis des Sittenverstoßes der Beweis subjektiver Merkmale obliegt[741].

---

737   Vgl. hierzu Däubler, BB 1995, S. 1347, 1350; Kollmer, Rdn. 65 ff., sowie Etzel, b&b 4/1994, S. 153, 159. Ferner wird die Problematik angesprochen durch Haller/Koch, NZA 1995, S. 356, 360, sowie Grunewald, NZA 1993, S. 1071, 1073.

738   Vgl. nur Rosenberg/Schwab/Gottwald, S.670 f., sowie Thomas/Putzo, Vorbem. zu § 284, Rdn. 23.

739   Vgl. Rosenberg/Schwab/Gottwald, S. 671; explizit zur Mobbing-Problematik Schaub, § 108, Pkt. V.8.c., sowie Etzel, b&b 4/1994, S. 153, 159.

740   Vgl. Baumgärtel, § 826, Rdn. 1; Soergel-Hönn, § 826, Rdn. 253; RG MuW 1927/28, S. 177, 178.

741   Vgl. Baumgärtel, a.a.O.; MüKo-Mertens, § 826, Rdn. 104 i.V.m. Rdn. 42 ff.; vgl. ferner Kupisch/Krüger, S. 70.

Aber auch im Rahmen von Ansprüchen gem. § 823 I BGB sowie § 823 II BGB i.V.m. Schutzgesetz ist der gemobbte Arbeitnehmer grundsätzlich für alle tatbestandlichen Voraussetzungen - im zweitgenannten Falle insbes. auch für den objektiven Schutzgesetzverstoß der Gegenpartei - beweispflichtig[742].

Schließlich obliegt es im Bereich vertraglicher Ansprüche dem gemobbten Arbeitnehmer, eine wie immer geartete Fürsorgepflichtverletzung des Arbeitgebers nachzuweisen. Erst danach kann das Gericht dem Arbeitgeber gem. § 282 BGB analog auferlegen, seinerseits den Nachweis fehlenden Verschuldens zu erbringen (insoweit es auf die Frage des Vertretenmüssens ankommt)[743].

Zum Zwecke der Beweisführung kann sich der gemobbte Arbeitnehmer grundsätzlich aller Beweismittel bedienen, welche die Zivilprozeßordnung zur Verfügung stellt. Insoweit kommen prinzipiell die Inaugenscheinnahme (§§ 371 ff. ZPO), der Zeugenbeweis (§§ 373 ff. ZPO), der Sachverständigenbeweis (§§ 402 ff. ZPO), der Urkundsbeweis (§§ 415 ff. ZPO) sowie die Parteivernehmung (§§ 445 ff. ZPO) in Betracht.

Im Hinblick auf die o. g. Beweismittel ergeben sich gerade in Fällen von Mobbing beträchtliche Beweisschwierigkeiten. Dies gilt zunächst hinsichtlich des in der gerichtlichen Praxis häufigsten und daher auch bezogen auf das Problemfeld Mobbing oftmals entscheidenden Beweismittels des Zeugenbeweises[744]. Hier ergeben sich in aller Regel erhebliche Einschränkungen faktischer Natur, da der betroffene Arbeitnehmer seinen Widersachern oftmals isoliert gegenübersteht und keine Zeugen, die

---

742 Zu § 823 I BGB vgl. MüKo-Mertens, § 823, Rdn. 58; Palandt-Thomas, § 823, Rdn. 167; Baumgärtel, § 823 I, Rdn. 1; zu § 823 II BGB vgl. Baumgärtel, § 823 II, Rdn. 84, sowie MüKo-Mertens, § 823, Rdn. 58 i.V.m. Rdn. 190.

743 Vgl. Däubler, BB 1995, S. 1347, 1350. Zur Möglichkeit einer analogen Anwendung des § 282 BGB im Falle der Geltendmachung von Schadensersatzansprüchen aus positiver Vertragsverletzung vgl. den Überblick bei Staudinger-Löwisch, § 282, Rdn. 17 ff., sowie Palandt-Heinrichs, § 282, Rdn. 6 ff.

744 Vgl. hierzu statt vieler Jauernig, Zivilprozeßrecht, S. 208.

172

Mobbing am Arbeitsplatz

seinen Vortrag bestätigen könnten, benennen kann[745]. Ferner ist zu bedenken, daß selbst im Falle der Existenz unbeteiligter, dem Grunde nach zeugnisfähiger Arbeitskollegen diese aufgrund zu befürchtender Repressalien oftmals wenig Interesse haben werden, gegen Kollegen, Vorgesetzte oder gar den Arbeitgeber auszusagen[746]. Berücksichtigt man weiterhin den Prozeßcharakter des Mobbing, so werden selbst im Falle einer Zeugnisbereitschaft zahlreiche Erinnerungslücken den Wert der entsprechenden Zeugenaussagen schmälern[747].

Problematisch gestaltet sich aber auch die Beweiserbringung durch die weiteren in Betracht zu ziehenden Beweismittel. So bleibt es dem gemobbten Arbeitnehmer zwar grundsätzlich unbenommen, den Mobbing-Prozeß schriftlich zu dokumentieren[748] und die entsprechenden Unterlagen in unterschriebener Form als Privaturkunden i.S.v. § 416 ZPO zum Beweise seines Vortrags in den Prozeß einzuführen[749]. Der Beweiswert letzterer beschränkt sich gem. § 416 ZPO allerdings auf die Abgabe der entsprechenden Erklärung(en) durch den gemobbten Arbeitnehmer, jedoch umfaßt er gerade nicht die inhaltliche Richtigkeit der Erklärung(en) selbst[750]. Da das Gericht vielmehr gem. §286 ZPO dem Grundsatz der freien Beweiswürdigung folgend darüber entscheidet, ob die in der/den Privaturkunde(n) bestätigten tatsächlichen Vorgänge wirklich so ge-

---

745   Vgl. Etzel, b&b 4/1994, S.153, 159.

746   Ebenda.

747   Ebenda.

748   Eine Möglichkeit kann in diesem Zusammenhang die Anlage eines sog. Befindenstagebuches darstellen, in dem belastende Vorkommnisse durch den betroffenen Arbeitnehmer festgehalten werden; vgl. hierzu nur Eckert, S. 48 m.w.N.

749   Vgl. Etzel, b&b 4/1994, S. 153, 159; Däubler, BB 1995, S. 1347, 1350, mit dem m.E. berechtigten Hinweis darauf, daß das Anfertigen genauer Notizen durch einen eingeschüchterten und verunsicherten Menschen wenig wahrscheinlich sei. Zu dem Begriff und den Voraussetzungen einer Privaturkunde vgl. statt vieler Zöller, vor § 415, Rdn. 2 f. i.V.m. § 416, Rdn. 1.

750   Vgl. Thomas/Putzo, § 416, Rdn. 3; des weiteren Zöller, § 416, Rdn. 4.

schehen sind oder nicht[751], ist der Ausgang des Prozesses in diesem Fall zumindest ungewiß.

Schließlich wird die weiterhin in Betracht zu ziehende Vernehmung der Mobber als beklagte Partei nach §§ 445 ff. ZPO, ohnehin nur von subsidiärer Bedeutung[752], schon deswegen regelmäßig nicht zum Beweise des Mobbinggeschehens führen, als es die Mobber meist mit Erfolg vermeiden werden, sich durch für sie ungünstige Ausführungen selbst zu belasten[753].

An dieser Stelle der Untersuchung bleibt folglich das insoweit ernüchternde Zwischenergebnis festzuhalten, daß sich der gemobbte Arbeitnehmer einerseits zwar *materiellrechtlich* auf eine Reihe von Anspruchsgrundlagen seinem mobbenden Arbeitgeber bzw. seinen mobbenden Arbeitskollegen gegenüber stützen kann, daß er die entsprechenden Ansprüche jedoch in *prozessualer* Hinsicht aufgrund seiner spezifischen betrieblichen Situation und der hiermit korrespondierenden Beweisschwierigkeiten unverhältnismäßig häufig nicht wird durchsetzen können.

---

751 Vgl. BGH NJW 1986, S. 3086; WM 1993, S. 1801, 1803, sowie Thomas/Putzo, § 416, Rdn. 3.

752 Vgl. nur Thomas/Putzo, Vorbemerkung zu § 445, Rdn. 1.

753 Vielmehr ist für den Fall, daß der Arbeitnehmer von mehreren Arbeitskollegen psychisch terrorisiert wird, davon auszugehen, daß diese sich im Wesentlichen untereinander stützen und hierdurch ihre jeweiligen, vom Vortrag des gemobbten Arbeitnehmers abweichenden Aussagen als glaubwürdig erscheinen lassen werden; vgl. hierzu Däubler, BB 1995, S. 1347, 1350.

Exkurs: Möglichkeiten der Prävention

Hat die bisherige Untersuchung gezeigt, daß die zivil- bzw. arbeitsrechtlich denkbaren Reaktionsmöglichkeiten des gemobbten Arbeitnehmers diesem in tatsächlicher Hinsicht nicht durchweg weiterhelfen werden, so erscheint es geboten, im folgenden in Kürze auf die Möglichkeiten der betrieblichen Mobbing-Prävention[754] einzugehen. Diese wird u.a. aufgrund der Verschlechterung des betrieblichen Klimas, des regelmäßigen Leistungsabbaus des gemobbten Arbeitnehmers[755] und nicht zuletzt wegen der Vermeidung möglicher Regreßpflichten aufgrund von Schutzpflichtversäumnissen[756] auch im Interesse des Arbeitgebers liegen, falls dieser den betroffenen Arbeitnehmer nicht gerade selbst aus dem Betrieb drängen bzw. gedrängt sehen möchte[757].

An erster Stelle läßt sich im aufgezeigten Kontext - als m.E. entscheidende Vorsorgemaßnahme - die Möglichkeit nennen, die im Betrieb Beschäftigten über die Problematik von Mobbing am Arbeitsplatz aufzuklären bzw. zu informieren[758]. Dies kann etwa durch Auslage von Broschüren oder Abhalten von Informationsveranstaltungen erfolgen[759]. Auch die Organisation von Seminaren ist naheliegend[760]. Existiert ein Betriebsrat, so hat dieser gem. § 98 Abs. 3 BetrVG ein Vorschlagsrecht be-

---

754   Vgl. in diesem Zusammenhang Hage/Heilmann, BB 1998, S. 742, 747 f.; Kollmer, Rdn. 37 und Rdn. 134; Brinkmann, S. 159 ff., sowie Esser/Wolmerath, Mobbing-Ratgeber, S. 101 ff.

755   Vgl. hierzu die Ausführungen zu den Wirkungen von Mobbing auf S. 45 ff.

756   Vgl. die Ausführungen im 2. Kapitel des zweiten Hauptteils.

757   Teilweise wird die Pflicht des Arbeitgebers zur betrieblichen Prävention sogar explizit durch das Gesetz als arbeitgeberseitige Schutzpflicht deklariert; vgl. hierzu § 2 Abs. 1 S. 2 BeschSG.

758   So auch Hage/Heilmann, BB 1998, S. 742, 747. Zum Aspekt der Aufklärung und Information über Mobbing vgl. ferner Esser/Wolmerath, Mobbing-Ratgeber, S. 101 ff.

759   Vgl. Esser/Wolmerath, Mobbing-Ratgeber, S. 109, sowie Hage/Heilmann, BB 1998, S. 742, 747.

760   Vgl. insoweit auch die Nachweise aus der Rechtsprechung zur Erforderlichkeit der Teilnahme von Betriebsratsmitgliedern an einer Schulungsveranstaltung zum Thema "Mobbing" unter Fn. 21.

züglich einzelner Teilnehmer oder Teilnehmergruppen[761]. Auf diese
Weise kann u.U. eine zielgerichte Auswahl solcher "Kandidaten" erfolgen, bei welchen belästigende oder beleidigende Verhaltensweisen
vermutet werden[762].

Wenngleich sich durch die genannten Informations- bzw. Aufklärungs-
möglichkeiten keine vollständige Verhütung von Mobbing-Konflikten erreichen lassen wird, so können sie doch eine Motivation zu angemessenem betrieblichem Verhalten bewirken[763]. Darüber hinaus werden
Mitarbeiter und Vorgesetzte nur durch eine entsprechende Sensibilisie-
rung überhaupt in die Lage versetzt, einschlägige Entwicklungen zu erkennen und ihnen ggf. entgegenzusteuern[764]. Daß dies hinsichtlich der
letztgenannten Gruppe von besonders starker Bedeutung ist, wird deutlich, wenn man sich vergegenwärtigt, daß mangelhaftes Führungsverhalten oftmals wesentlich die Entwicklung von Mobbing am Arbeitsplatz begünstigt[765].

Bedenkt man weiter, daß den Ausgangspunkt für Mobbing am Arbeitsplatz regelmäßig ein Konflikt zwischen verschiedenen, im Betrieb tätigen
Personen darstellt[766], so erscheint die betriebliche Konfliktbewältigung
ein zusätzlicher Ansatzpunkt einer entsprechenden Vorbeugung. Bestehen innerhalb des Betriebes Möglichkeiten einer offenen Auseinderset-
zung, so kann allein dies die extreme Zuspitzung des Konflikts bis hin

---

761   Zu der Ausgestaltung des durch § 98 Abs. 3 BetrVG geregelten
Mitbestimmungstatbestandes im einzelnen vgl. Richardi, BetrVG, § 98, Rdn. 54
ff.

762   Vgl. v. Hoyningen-Huene, BB 1991, S. 2215, 2216-2217, sowie Kollmer, Rdn.
37 m.w.N. Zu den Grenzen des Mitbestimmungsrechtes des Betriebsrates
gem. § 98 Abs. 3 BetrVG, die insbesondere durch den Arbeitgeber gezogen
werden, vgl. jedoch statt vieler GK-BetrVG-Kreutz, § 98, Rdn. 18 m.w.N.

763   Vgl. Hage/Heilmann, BB 1998, S. 742, 747.

764   Vgl. Brinkmann, S. 159.

765   Vgl. die entsprechenden Ausführungen zu den Ursachen von Mobbing am
Arbeitsplatz auf S. 36 ff., 41.

766   Vgl. die Nachweise auf S. 36 ff.

zur psychischen Terrorisierung einzelner Mitarbeiter verhindern[767]. Einer solch "offenen Kommunikation" wird in aller Regel die Einführung von Gruppengesprächen, Qualitätszirkeln oder ähnlichen Problemlösungsgruppen zuträglich sein[768].

Ferner wird es der Arbeitgeber oftmals selbst in der Hand haben, durch sinnvolle Organistion der betrieblichen Abläufe das jeweilige Streßpotential der beteiligten Arbeitnehmer in einem vernünftigen Rahmen zu halten und hierdurch beispielsweise gruppenspezifische Überlastungen längerer Art zu vermeiden[769]. In diesem Kontext gilt es als anerkannt, daß eine geeignete Gestaltung der Arbeitsorganisation sich nicht nur leistungssteigernd auf die jeweilige Arbeitsgruppe auswirkt, sondern auch eine konfliktreduzierende Wirkung entfaltet[770]. Somit werden sich durch eine sinnvolle Arbeitsorganisation mögliche Ansatzpunkte für das Entstehen von Mobbing am Arbeitsplatz[771] minimieren lassen.

Als weitere Präventionsmöglichkeit ist für Betriebe, in denen ein Betriebsrat existiert, die Möglichkeit des Abschlusses einer freiwilligen Betriebsvereinbarung gem. § 88 BetrVG zu nennen, die zwecks individueller Abschreckung beispielsweise die Verpflichtung des Arbeitgebers zur Abmahnung solcher Arbeitnehmer vorsehen kann, welche ihre Kollegen psychisch terrorisieren[772]. Von der Möglichkeit des Abschlusses entsprechender Betriebsvereinbarungen wird zwischenzeitlich bereits nachweislich Gebrauch gemacht[773].

---

[767] Vgl. hierzu S. 40-41.

[768] Vgl. Beermann/Meschkutat, S. 40.

[769] Zum Aspekt der Arbeitsorganisation vgl. Beermann/Meschkutat, S. 39 f.

[770] Vgl. Vogt, S. 41 m.w.N.

[771] Vgl. diesbezüglich die entsprechenden Erläuterungen auf S. 41 f.

[772] Vgl. v. Hoyningen-Huene, BB 1991, S. 2215, 2217, für die Problematik der Belästigung und Beleidigung von Arbeitnehmern durch Vorgesetzte; ferner Brinkmann, S. 163.

[773] Vgl. Hage/Heilmann, BB 1998, S. 742, 746, die hier die seit dem 1.7.1996 bei der Volkswagen AG geltende Betriebsvereinbarung "Partnerschaftliches Verhalten am Arbeitsplatz" (auszugsweise auch abgedruckt in AuR 1996, S. 443 f.) sowie die einer Betriebsvereinbarung vergleichbare

Ferner hat der Arbeitgeber die Möglichkeit, im Zusammenhang mit der durch ihn zu treffenden Personalauswahl die Gefahr von Mobbing zu minimieren oder wenigstens zu erkennen. So steht ihm innerhalb von Vorstellungsgesprächen ein Fragerecht zu[774], das sich insbesondere auch auf - für den Bereich Mobbing charakteristische - Vorstrafen, welche im Zusammenhang mit Belästigungen und Beleidigungen stehen, bezieht[775].

Stellen die vorbenannten Möglichkeiten keinesfalls eine abschließende Aufzählung aller denkbaren Formen dar, der Entstehung von Mobbing am Arbeitsplatz vorzubeugen, so verdeutlichen sie doch die Existenz zahlreicher Präventionsmöglichkeiten, deren Ausschöpfung, wie oben bereits erläutert, im regelmäßigen Interesse der im Betrieb tätigen Arbeitnehmer, aber auch in dem des Arbeitgebers, liegen wird.

Dienstvereinbarung des Bezirksamtes Berlin-Weißensee zur "Mobbingabwehr" (abgedruckt in AuA 1996, S. 349 f.) anführen. Vgl. in diesem Kontext ferner die durch Esser/Wolmerath, AiB 1997, S. 23 ff., erstellte Musterbetriebsvereinbarung "Mobbing".

774   Allgemein zum Fragerecht vgl. statt vieler den Überblick bei Schaub, § 26, Pkt. III.2. und 3., sowie Münch. ArbR.-Buchner, § 38, Rdn. 33 ff.

775   Vgl. hierzu v. Hoyningen-Huene, BB 1991, S. 2215, 2217, der jedoch gleichzeitig darauf hinweist, daß die Ausübung des Fragerechtes nicht durchweg beurteilungsfähige Antworten hervorbringe. Zu weiteren Möglichkeiten der Mobbing-Prävention im Rahmen der Personalauswahl, wie z.B. Analyse von Bewerbungsunterlagen und Lebenslauf sowie Durchführung strukturierter Bewerbungsinterviews, vgl. Brinkmann, S. 160 f.

Schlußteil: Zusammenfassung der wesentlichen Ergebnisse der Untersuchung in Thesen

Mobbing ist gleichbedeutend mit Psychoterror am Arbeitsplatz. Es stellt einen Prozeß systematischer Druckausübung auf die Psyche des betroffenen Arbeitnehmers dar. Im Verlauf dieses Prozesses wird letzterer durch eine oder mehrere Person(en) in nicht unerheblichem Maße mit kommunikativen und als feindselig zu bewertenden Verhaltensweisen konfrontiert. Hierbei besteht zwischen den als feindselig zu bewertenden Verhaltensweisen ein gewisser zeitlicher Zusammenhang. Der als feindselig einzuordnende Charakter des jeweiligen Einzelverhaltens ist bei objektiver Würdigung entweder diesem selbst zu entnehmen oder läßt sich in Ansehung weiterer Verhaltensweisen, die ebenfalls in den Prozeß der systematischen Terrorisierung der Psyche des betroffenen Arbeitnehmers fallen, feststellen. Das systematische Einwirken impliziert das Bewußtsein der Mobber, den Gemobbten nachhaltig und über einen längeren Zeitraum hinweg feindseligen und quälenden Verhaltensweisen auszusetzen und hierdurch (jedenfalls) Druck auf seine Psyche auszuüben. Der Eintritt einer konkreten Rechtsgutverletzung muß von diesem Bewußtsein jedoch nicht zwangsläufig umfaßt sein.

Das Phänomen Mobbing ist folglich bereits aufgrund seines Prozeßcharakters sowie der ihm zugrunde liegenden Systematik deutlich von *einmaligen* Auseinandersetzungen am Arbeitsplatz, welche punktuell und eher zufällig erfolgen, abzugrenzen. Während diese "alltäglichen Konflikte" regelmäßig noch in einem sozialverträglichen Rahmen zwischenmenschlicher Kommunikation liegen, wird diese Grenze im Falle von Mobbing, also nachhaltig ausgeübten Psychoterrors am Arbeitsplatz, überschritten.

Wird der Arbeitnehmer von seinen Kollegen einem Mobbing unterzogen, so scheiden mangels schuldrechtlicher Sonderverbindung vertragliche Anprüche gegenüber diesen aus. Eine schuldrechtliche Sonderverbindung läßt sich in diesem Kontext insbesondere nicht - in Ansehung der zwischen Arbeitgeber und mobbenden Arbeitskollegen abgeschlossenen Arbeitsverträge - auf die Rechtsfigur des "Vertrages mit Schutzwirkung zugunsten Dritter" stützen.

Dies hat seinen Grund darin, daß die durch die Rechtsprechung diesbezüglich entwickelten Kriterien bezogen auf das Verhältnis zwischen Arbeitgeber, Arbeitskollegen und einzelnem Arbeitnehmer nicht vorliegen. Durch die genannten Kriterien wird jedoch einer uferlosen Ausweitung des vertraglichen Haftungsbereichs in sachgemäßer Weise entgegengetreten; sie sind daher unverzichtbar.

Bereits von einer Erkennbarkeit des Kreises zukünftiger "schutzwürdiger" Arbeitskollegen ist bei Abschluß des Arbeitsvertrages regelmäßig nicht auszugehen. Weiterhin besteht auch keine Schutzbedürftigkeit des Arbeitnehmers. Dieser erfährt gegenüber den Arbeitskollegen vielmehr durch die deliktsrechtlichen Regelungen ausreichenden Schutz. Da nämlich der einzelne Arbeitskollege - im Gegensatz zum Arbeitgeber - im allgemeinen in seiner Person und aufgrund seiner eigenen arbeitsvertraglichen Pflicht tätig wird, somit sein *eigenes* Verhalten in Rede steht, scheidet ein Berufen des mobbenden Arbeitskollegen auf die nach § 831 I S. 2 BGB bestehende Exkulpationsmöglichkeit gegenüber dem gemobbten Arbeitnehmer regelmäßig aus.

Die deliktrechtliche Haftung mobbender Arbeitnehmer bestimmt sich im wesentlichen nach §§ 823 I, 823 II i.V.m. einem Schutzgesetz sowie § 826 BGB. Auch eine Haftung nach § 824 I BGB ist denkbar. Die verschiedenen in diesem Zusammenhang in Betracht zu ziehenden Rechtsgutverletzungen können sowohl durch einmaliges Verhalten als auch erst durch einen Prozeß zahlreicher Verhaltensweisen, wie er für das Phänomen des Mobbing charakteristisch ist, erfolgen.

Die den Arbeitnehmer über einen längeren Zeitraum psychisch terrorisierenden und hierdurch in seinen Rechtsgütern verletzenden Arbeitskollegen können sich nicht auf ein Entfallen ihrer Haftung aufgrund sozialadäquaten Verhaltens berufen. Dies ergibt sich bereits aus der grundsätzlichen Ablehnungswürdigkeit dieser Rechtsfigur als tatbestandsausschließendes bzw. rechtfertigendes Element.

Des weiteren resultiert das o. skizzierte Ergebnis aus der Unvereinbarkeit des Grundgedankens der sozialen Adäquanz mit dem Phänomen des bewußten, die Psyche in systematischer Weise terrorisierenden

Vorgehens einzelner Arbeitnehmer. Hier erscheint eine Haftungsfreistellung nicht geboten, da in diesem Falle gerade nicht von "unvermeidbaren Unglücksfällen" gesprochen werden kann. Zugrunde zu legen ist hierbei freilich eine Gesamtschau der einzelnen, den Prozeß bildenden betrieblichen Vorkommnisse.

In Bezug auf Beschädigungen der Gesundheit eines Arbeitnehmers, welche erst die Folge eines systematischen, lang anhaltenden Psychoterrors darstellen, entfaltet das Haftungsprivileg des § 105 SGB VII (gleiches gilt im Hinblick auf § 104 SGB VII) keine Wirkung. Die diesbezüglich vorauszusetzenden tatbestandlichen Merkmale des Arbeitsunfalls sowie der Berufskrankheit liegen in dem genannten Fall nicht vor. Dies hat zur Konsequenz, daß der gemobbte Arbeitnehmer hier deliktische Ansprüche gegenüber den mobbenden Kollegen hat.

Ferner stehen dem durch seine Arbeitskollegen psychisch terrorisierten Arbeitnehmer diesen gegenüber die in § 1004 BGB (ggf. analog) normierten negatorischen bzw. quasinegatorischen Abwehransprüche zu.

Hinsichtlich der Ansprüche des gemobbten Arbeitnehmers gegenüber seinem Arbeitgeber ist zunächst auf Umfang und Inhalt der Ansprüche, wie sie gegenüber den Arbeitskollegen bestehen, zu verweisen. Darüber hinausgehend sind hier jedoch aufgrund der arbeitsvertraglichen Bindung der Parteien weitere Ansprüche, wie z.B. auf Erfüllung vertraglicher Fürsorgepflichten (und hiermit das Entstehen entsprechender Zurückbehaltungsrechte) denkbar. Im vertraglichen Bereich ist fernerhin die ggf. mögliche Zurechnung des Verschuldens von Erfüllungsgehilfen des Arbeitgebers nach § 278 BGB zu beachten. Besonderheiten resultieren im vertraglichen Bereich weiter aus den Regelungen des Beschäftigtenschutzgesetzes.

Im deliktischen Bereich ergeben sich zwischen Arbeitgeber und gemobbtem Arbeitnehmer aus § 75 II BetrVG sowie § 2 I BeschSG besondere Ansatzpunkte für die Geltendmachung von Schadensersatzansprüchen, da sowohl § 2 I BeschSG als auch § 75 II BetrVG, letzterer jedoch lediglich in beschränktem Umfang, als Schutzgesetz i.S.v. § 823 II BGB zu qualifizieren sind.

Die Beweisbarkeit von Mobbing am Arbeitsplatz sowie die Durchsetzung der hiermit verbundenen rechtlichen Ansprüche wird in prozessualer Hinsicht v.a. durch die regelmäßig isolierte Stellung des betroffenen Arbeitnehmers, der oftmals keine aussagebereiten Zeugen zur Stützung seines Vortrags vor Gericht finden wird, überdurchschnittlich stark eingeschränkt. Nicht zuletzt aus diesem Grunde erlangt die betriebliche Prävention im besprochenen Kontext eine ernstzunehmende Bedeutung.